皮书系列

2018年

智 库 成 果 出 版 与 传 播 平 台

社长致辞

蓦然回首，皮书的专业化历程已经走过了二十年。20年来从一个出版社的学术产品名称到媒体热词再到智库成果研创及传播平台，皮书以专业化为主线，进行了系列化、市场化、品牌化、数字化、国际化、平台化的运作，实现了跨越式的发展。特别是在党的十八大以后，以习近平总书记为核心的党中央高度重视新型智库建设，皮书也迎来了长足的发展，总品种达到600余种，经过专业评审机制、淘汰机制遴选，目前，每年稳定出版近400个品种。“皮书”已经成为中国新型智库建设的抓手，成为国际国内社会各界快速、便捷地了解真实中国的最佳窗口。

20年孜孜以求，“皮书”始终将自己的研究视野与经济社会发展中的前沿热点问题紧密相连。600个研究领域，3万多位分布于800余个研究机构的专家学者参与了研创写作。皮书数据库中共收录了15万篇专业报告，50余万张数据图表，合计30亿字，每年报告下载量近80万次。皮书为中国学术与社会发展实践的结合提供了一个激荡智力、传播思想的入口，皮书作者们用学术的话语、客观翔实的数据谱写出了中国故事壮丽的篇章。

20年跬步千里，“皮书”始终将自己的发展与时代赋予的使命与责任紧紧相连。每年百余场新闻发布会，10万余次中外媒体报道，中、英、俄、日、韩等12个语种共同出版。皮书所具有的凝聚力正在形成一种无形的力量，吸引着社会各界关注中国的发展，参与中国的发展，它是我们向世界传递中国声音、总结中国经验、争取中国国际话语权最主要的平台。

皮书这一系列成就的取得，得益于中国改革开放的伟大时代，离不开来自中国社会科学院、新闻出版广电总局、全国哲学社会科学规划办公室等主管部门的大力支持和帮助，也离不开皮书研创者和出版者的共同努力。他们与皮书的故事创造了皮书的历史，他们对皮书的拳拳之心将继续谱写皮书的未来！

现在，“皮书”品牌已经进入了快速成长的青壮年时期。全方位进行规范化管理，树立中国的学术出版标准；不断提升皮书的内容质量和影响力，搭建起中国智库产品和智库建设的交流服务平台和国际传播平台；发布各类皮书指数，并使之成为中国指数，让中国智库的声音响彻世界舞台，为人类的发展做出中国的贡献——这是皮书未来发展的图景。作为“皮书”这个概念的提出者，“皮书”从一般图书到系列图书和品牌图书，最终成为智库研究和社会科学应用对策研究的知识服务和成果推广平台这整个过程的操盘者，我相信，这也是每一位皮书人执着追求的目标。

“当代中国正经历着我国历史上最为广泛而深刻的社会变革，也正在进行着人类历史上最为宏大而独特的实践创新。这种前无古人的伟大实践，必将给理论创造、学术繁荣提供强大动力和广阔空间。”

在这个需要思想而且一定能够产生思想的时代，皮书的研创出版一定能创造出新的更大的辉煌！

社会科学文献出版社社长

中国社会学会秘书长

谢寿光

2017年11月

社会科学文献出版社简介

社会科学文献出版社（以下简称“社科文献出版社”）成立于1985年，是直属于中国社会科学院的人文社会科学学术出版机构。成立至今，社科文献出版社始终依托中国社会科学院和国内外人文社会科学界丰厚的学术出版和专家学者资源，坚持“创社科经典，出传世文献”的出版理念、“权威、前沿、原创”的产品定位以及学术成果和智库成果出版的专业化、数字化、国际化、市场化的经营道路。

社科文献出版社是中国新闻出版业转型与文化体制改革的先行者。积极探索文化体制改革的先进方向和现代企业经营决策机制，社科文献出版社先后荣获“全国文化体制改革工作先进单位”、中国出版政府奖·先进出版单位奖，中国社会科学院先进集体、全国科普工作先进集体等荣誉称号。多人次荣获“第十届韬奋出版奖”“全国新闻出版行业领军人才”“数字出版先进人物”“北京市新闻出版广电行业领军人才”等称号。

社科文献出版社是中国人文社会科学学术出版的大社名社，也是以皮书为代表的智库成果出版的专业强社。年出版图书2000余种，其中皮书400余种，出版新书字数5.5亿字，承印与发行中国社科院院属期刊72种，先后创立了皮书系列、列国志、中国史话、社科文献学术译库、社科文献学术文库、甲骨文书系等一大批既有学术影响又有市场价值的品牌，确立了在社会学、近代史、苏东问题研究等专业学科及领域出版的领先地位。图书多次荣获中国出版政府奖、“三个一百”原创图书出版工程、“五个‘一’工程奖”、“大众喜爱的50种图书”等奖项，在中央国家机关“强素质·做表率”读书活动中，入选图书品种数位居各大出版社之首。

社科文献出版社是中国学术出版规范与标准的倡议者与制定者，代表全国50多家出版社发起实施学术著作出版规范的倡议，承担学术著作规范国家标准的起草工作，率先编撰完成《皮书手册》对皮书品牌进行规范化管理，并在此基础上推出中国版芝加哥手册——《社科文献出版社学术出版手册》。

社科文献出版社是中国数字出版的引领者，拥有皮书数据库、列国志数据库、“一带一路”数据库、减贫数据库、集刊数据库等4大产品线11个数据库产品，机构用户达1300余家，海外用户百余家，荣获“数字出版转型示范单位”“新闻出版标准化先进单位”“专业数字内容资源知识服务模式试点企业标准化示范单位”等称号。

社科文献出版社是中国学术出版走出去的践行者。社科文献出版社海外图书出版与学术合作业务遍及全球40余个国家和地区，并于2016年成立俄罗斯分社，累计输出图书500余种，涉及近20个语种，累计获得国家社科基金中华学术外译项目资助76种、“丝路书香工程”项目资助60种、中国图书对外推广计划项目资助71种以及经典中国国际出版工程资助28种，被五部委联合认定为“2015-2016年度国家文化出口重点企业”。

如今，社科文献出版社完全靠自身积累拥有固定资产3.6亿元，年收入3亿元，设置了七大出版分社、六大专业部门，成立了皮书研究院和博士后科研工作站，培养了一支近400人的高素质与高效率的编辑、出版、营销和国际推广队伍，为未来成为学术出版的大社、名社、强社，成为文化体制改革与文化企业转型发展的排头兵奠定了坚实的基础。

宏观经济类

经济蓝皮书

2018 年中国经济形势分析与预测

李平 / 主编　2017 年 12 月出版　定价：89.00 元

◆　本书为总理基金项目，由著名经济学家李扬领衔，联合中国社会科学院等数十家科研机构、国家部委和高等院校的专家共同撰写，系统分析了 2017 年的中国经济形势并预测 2018 年中国经济运行情况。

城市蓝皮书

中国城市发展报告 No.11

潘家华　单菁菁 / 主编　2018 年 9 月出版　估价：99.00 元

◆　本书是由中国社会科学院城市发展与环境研究中心编著的，多角度、全方位地立体展示了中国城市的发展状况，并对中国城市的未来发展提出了许多建议。该书有强烈的时代感，对中国城市发展实践有重要的参考价值。

人口与劳动绿皮书

中国人口与劳动问题报告 No.19

张车伟 / 主编　2018 年 10 月出版　估价：99.00 元

◆　本书为中国社会科学院人口与劳动经济研究所主编的年度报告，对当前中国人口与劳动形势做了比较全面和系统的深入讨论，为研究中国人口与劳动问题提供了一个专业性的视角。

中国省域竞争力蓝皮书

中国省域经济综合竞争力发展报告（2017 ~ 2018）

李建平　李闽榕　高燕京 / 主编　2018 年 5 月出版　估价：198.00 元

◆　本书融多学科的理论为一体，深入追踪研究了省域经济发展与中国国家竞争力的内在关系，为提升中国省域经济综合竞争力提供有价值的决策依据。

金融蓝皮书

中国金融发展报告（2018）

王国刚 / 主编　2018 年 2 月出版　估价：99.00 元

◆　本书由中国社会科学院金融研究所组织编写，概括和分析了 2017 年中国金融发展和运行中的各方面情况，研讨和评论了 2017 年发生的主要金融事件，有利于读者了解掌握 2017 年中国的金融状况，把握 2018 年中国金融的走势。

区域经济类

京津冀蓝皮书

京津冀发展报告（2018）

祝合良　叶堂林　张贵祥 / 等著　2018 年 6 月出版　估价：99.00 元

◆　本书遵循问题导向与目标导向相结合、统计数据分析与大数据分析相结合、纵向分析和长期监测与结构分析和综合监测相结合等原则，对京津冀协同发展新形势与新进展进行测度与评价。

社会政法类

社会蓝皮书

2018年中国社会形势分析与预测

李培林　陈光金　张翼 / 主编　2017年12月出版　定价：89.00元

本书由中国社会科学院社会学研究所组织研究机构专家、高校学者和政府研究人员撰写，聚焦当下社会热点，对2017年中国社会发展的各个方面内容进行了权威解读，同时对2018年社会形势发展趋势进行了预测。

法治蓝皮书

中国法治发展报告 No.16（2018）

李林　田禾 / 主编　2018年3月出版　估价：118.00元

本年度法治蓝皮书回顾总结了2017年度中国法治发展取得的成就和存在的不足，对中国政府、司法、检务透明度进行了跟踪调研，并对2018年中国法治发展形势进行了预测和展望。

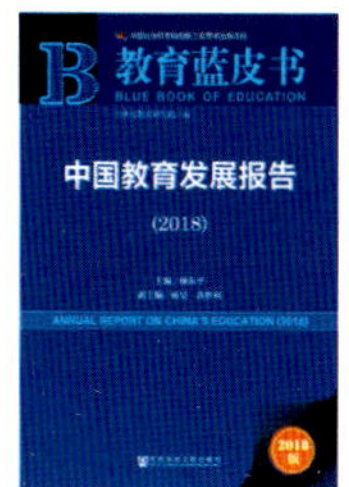

教育蓝皮书

中国教育发展报告（2018）

杨东平 / 主编　2018年4月出版　估价：99.00元

本书重点关注了2017年教育领域的热点，资料翔实，分析有据，既有专题研究，又有实践案例，从多角度对2017年教育改革和实践进行了分析和研究。

社会体制蓝皮书

中国社会体制改革报告 No.6（2018）

龚维斌 / 主编　2018 年 3 月出版　估价：99.00 元

◆　本书由国家行政学院社会治理研究中心和北京师范大学中国社会管理研究院共同组织编写，主要对 2017 年社会体制改革情况进行回顾和总结，对 2018 年的改革走向进行分析，提出相关政策建议。

社会心态蓝皮书

中国社会心态研究报告（2018）

王俊秀　杨宜音 / 主编　2018 年 12 月出版　估价：99.00 元

◆　本书是中国社会科学院社会学研究所社会心理研究中心“社会心态蓝皮书课题组”的年度研究成果，运用社会心理学、社会学、经济学、传播学等多种学科的方法进行了调查和研究，对于目前中国社会心态状况有较广泛和深入的揭示。

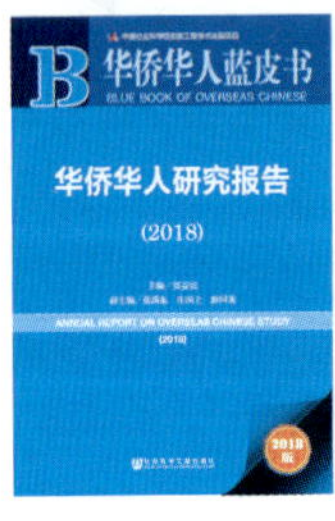

华侨华人蓝皮书

华侨华人研究报告（2018）

贾益民 / 主编　2018 年 1 月出版　估价：139.00 元

◆　本书关注华侨华人生产与生活的方方面面。华侨华人是中国建设 21 世纪海上丝绸之路的重要中介者、推动者和参与者。本书旨在全面调研华侨华人，提供最新涉侨动态、理论研究成果和政策建议。

民族发展蓝皮书

中国民族发展报告（2018）

王延中 / 主编　2018 年 10 月出版　估价：188.00 元

◆　本书从民族学人类学视角，研究近年来少数民族和民族地区的发展情况，展示民族地区经济、政治、文化、社会和生态文明“五位一体”建设取得的辉煌成就和面临的困难挑战，为深刻理解中央民族工作会议精神、加快民族地区全面建成小康社会进程提供了实证材料。

产业经济类

房地产蓝皮书

中国房地产发展报告 No.15（2018）

李春华　王业强 / 主编　2018 年 5 月出版　估价：99.00 元

2018 年《房地产蓝皮书》持续追踪中国房地产市场最新动态，深度剖析市场热点，展望 2018 年发展趋势，积极谋划应对策略。对 2017 年房地产市场的发展态势进行全面、综合的分析。

新能源汽车蓝皮书

中国新能源汽车产业发展报告（2018）

中国汽车技术研究中心　日产（中国）投资有限公司
东风汽车有限公司 / 编著　2018 年 8 月出版　估价：99.00 元

本书对中国 2017 年新能源汽车产业发展进行了全面系统的分析，并介绍了国外的发展经验。有助于相关机构、行业和社会公众等了解中国新能源汽车产业发展的最新动态，为政府部门出台新能源汽车产业相关政策法规、企业制定相关战略规划，提供必要的借鉴和参考。

行业及其他类

旅游绿皮书

2017 ~ 2018 年中国旅游发展分析与预测

中国社会科学院旅游研究中心 / 编　2018 年 2 月出版　估价：99.00 元

本书从政策、产业、市场、社会等多个角度勾画出 2017 年中国旅游发展全貌，剖析了其中的热点和核心问题，并就未来发展作出预测。

民营医院蓝皮书

中国民营医院发展报告（2018）

薛晓林 / 主编　2018 年 1 月出版　估价：99.00 元

◆ 本书在梳理国家对社会办医的各种利好政策的前提下，对我国民营医疗发展现状、我国民营医院竞争力进行了分析，并结合我国医疗体制改革对民营医院的发展趋势、发展策略、战略规划等方面进行了预估。

会展蓝皮书

中外会展业动态评估研究报告（2018）

张敏 / 主编　2018 年 12 月出版　估价：99.00 元

◆ 本书回顾了 2017 年的会展业发展动态，结合“供给侧改革”、“互联网 +”、“绿色经济”的新形势分析了我国展会的行业现状，并介绍了国外的发展经验，有助于行业和社会了解最新的展会业动态。

中国上市公司蓝皮书

中国上市公司发展报告（2018）

张平　王宏淼 / 主编　2018 年 9 月出版　估价：99.00 元

◆ 本书由中国社会科学院上市公司研究中心组织编写的，着力于全面、真实、客观反映当前中国上市公司财务状况和价值评估的综合性年度报告。本书详尽分析了 2017 年中国上市公司情况，特别是现实中暴露出的制度性、基础性问题，并对资本市场改革进行了探讨。

工业和信息化蓝皮书

人工智能发展报告（2017 ~ 2018）

尹丽波 / 主编　2018 年 6 月出版　估价：99.00 元

◆ 本书国家工业信息安全发展研究中心在对 2017 年全球人工智能技术和产业进行全面跟踪研究基础上形成的研究报告。该报告内容翔实、视角独特，具有较强的产业发展前瞻性和预测性，可为相关主管部门、行业协会、企业等全面了解人工智能发展形势以及进行科学决策提供参考。

国际问题与全球治理类

世界经济黄皮书

2018 年世界经济形势分析与预测

张宇燕 / 主编　2018 年 1 月出版　估价：99.00 元

◆　本书由中国社会科学院世界经济与政治研究所的研究团队撰写，分总论、国别与地区、专题、热点、世界经济统计与预测等五个部分，对 2018 年世界经济形势进行了分析。

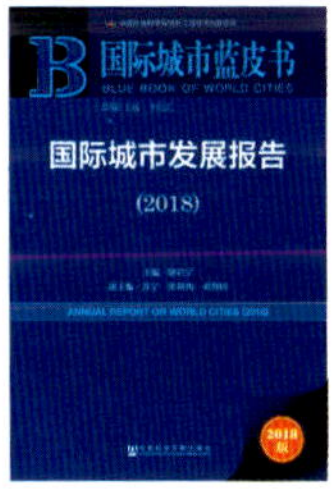

国际城市蓝皮书

国际城市发展报告（2018）

屠启宇 / 主编　2018 年 2 月出版　估价：99.00 元

◆　本书作者以上海社会科学院从事国际城市研究的学者团队为核心，汇集同济大学、华东师范大学、复旦大学、上海交通大学、南京大学、浙江大学相关城市研究专业学者。立足动态跟踪介绍国际城市发展时间中，最新出现的重大战略、重大理念、重大项目、重大报告和最佳案例。

非洲黄皮书

非洲发展报告 No.20（2017 ~ 2018）

张宏明 / 主编　2018 年 7 月出版　估价：99.00 元

◆　本书是由中国社会科学院西亚非洲研究所组织编撰的非洲形势年度报告，比较全面、系统地分析了 2017 年非洲政治形势和热点问题，探讨了非洲经济形势和市场走向，剖析了大国对非洲关系的新动向；此外，还介绍了国内非洲研究的新成果。

国别类

美国蓝皮书

美国研究报告（2018）

郑秉文　黄平 / 主编　2018 年 5 月出版　估价：99.00 元

◆　本书是由中国社会科学院美国研究所主持完成的研究成果，它回顾了美国 2017 年的经济、政治形势与外交战略，对美国内政外交发生的重大事件及重要政策进行了较为全面的回顾和梳理。

德国蓝皮书

德国发展报告（2018）

郑春荣 / 主编　2018 年 6 月出版　估价：99.00 元

◆　本报告由同济大学德国研究所组织编撰，由该领域的专家学者对德国的政治、经济、社会文化、外交等方面的形势发展情况，进行全面的阐述与分析。

俄罗斯黄皮书

俄罗斯发展报告（2018）

李永全 / 编著　2018 年 6 月出版　估价：99.00 元

◆　本书系统介绍了 2017 年俄罗斯经济政治情况，并对 2016 年该地区发生的焦点、热点问题进行了分析与回顾；在此基础上，对该地区 2018 年的发展前景进行了预测。

文化传媒类

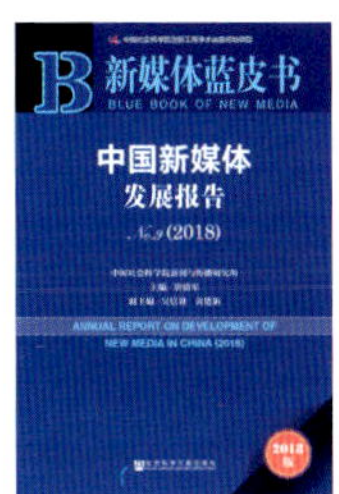

新媒体蓝皮书

中国新媒体发展报告 No.9（2018）

唐绪军 / 主编　2018 年 6 月出版　估价：99.00 元

本书是由中国社会科学院新闻与传播研究所组织编写的关于新媒体发展的最新年度报告，旨在全面分析中国新媒体的发展现状，解读新媒体的发展趋势，探析新媒体的深刻影响。

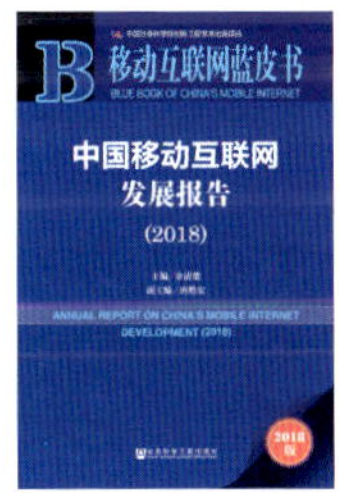

移动互联网蓝皮书

中国移动互联网发展报告（2018）

余清楚 / 主编　2018 年 6 月出版　估价：99.00 元

本书着眼于对 2017 年度中国移动互联网的发展情况做深入解析，对未来发展趋势进行预测，力求从不同视角、不同层面全面剖析中国移动互联网发展的现状、年度突破及热点趋势等。

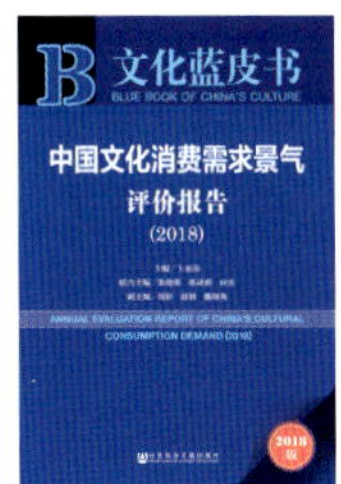

文化蓝皮书

中国文化消费需求景气评价报告（2018）

王亚南 / 主编　2018 年 2 月出版　估价：99.00 元

本书首创全国文化发展量化检测评价体系，也是至今全国唯一的文化民生量化检测评价体系，对于检验全国及各地"以人民为中心"的文化发展具有首创意义。

地方发展类

北京蓝皮书

北京经济发展报告（2017 ~ 2018）

杨松 / 主编　2018 年 6 月出版　估价：99.00 元

◆　本书对 2017 年北京市经济发展的整体形势进行了系统性的分析与回顾，并对 2018 年经济形势走势进行了预测与研判，聚焦北京市经济社会发展中的全局性、战略性和关键领域的重点问题，运用定量和定性分析相结合的方法，对北京市经济社会发展的现状、问题、成因进行了深入分析，提出了可操作性的对策建议。

温州蓝皮书

2018 年温州经济社会形势分析与预测

蒋儒标　王春光　金浩 / 主编　2018 年 4 月出版　估价：99.00 元

◆　本书是中共温州市委党校和中国社会科学院社会学研究所合作推出的第十一本温州蓝皮书，由来自党校、政府部门、科研机构、高校的专家、学者共同撰写的 2017 年温州区域发展形势的最新研究成果。

黑龙江蓝皮书

黑龙江社会发展报告（2018）

王爱丽 / 主编　2018 年 6 月出版　估价：99.00 元

◆　本书以千份随机抽样问卷调查和专题研究为依据，运用社会学理论框架和分析方法，从专家和学者的独特视角，对 2017 年黑龙江省关系民生的问题进行广泛的调研与分析，并对 2017 年黑龙江省诸多社会热点和焦点问题进行了有益的探索。这些研究不仅可以为政府部门更加全面深入了解省情、科学制定决策提供智力支持，同时也可以为广大读者认识、了解、关注黑龙江社会发展提供理性思考。

宏观经济类

城市蓝皮书
中国城市发展报告（No.11）
著(编)者：潘家华 单菁菁
2018年9月出版 / 估价：99.00元
PSN B-2007-091-1/1

城乡一体化蓝皮书
中国城乡一体化发展报告（2018）
著(编)者：付崇兰
2018年9月出版 / 估价：99.00元
PSN B-2011-226-1/2

城镇化蓝皮书
中国新型城镇化健康发展报告（2018）
著(编)者：张占斌
2018年8月出版 / 估价：99.00元
PSN B-2014-396-1/1

创新蓝皮书
创新型国家建设报告（2018～2019）
著(编)者：詹正茂
2018年12月出版 / 估价：99.00元
PSN B-2009-140-1/1

低碳发展蓝皮书
中国低碳发展报告（2018）
著(编)者：张希良 齐晔
2018年6月出版 / 估价：99.00元
PSN B-2011-223-1/1

低碳经济蓝皮书
中国低碳经济发展报告（2018）
著(编)者：薛进军 赵忠秀
2018年11月出版 / 估价：99.00元
PSN B-2011-194-1/1

发展和改革蓝皮书
中国经济发展和体制改革报告No.9
著(编)者：邹东涛 王再文
2018年1月出版 / 估价：99.00元
PSN B-2008-122-1/1

国家创新蓝皮书
中国创新发展报告（2017）
著(编)者：陈劲 2018年3月出版 / 估价：99.00元
PSN B-2014-370-1/1

金融蓝皮书
中国金融发展报告（2018）
著(编)者：王国刚
2018年2月出版 / 估价：99.00元
PSN B-2004-031-1/7

经济蓝皮书
2018年中国经济形势分析与预测
著(编)者：李平 2017年12月出版 / 定价：89.00元
PSN B-1996-001-1/1

经济蓝皮书春季号
2018年中国经济前景分析
著(编)者：李扬 2018年5月出版 / 估价：99.00元
PSN B-1999-008-1/1

经济蓝皮书夏季号
中国经济增长报告（2017～2018）
著(编)者：李扬 2018年9月出版 / 估价：99.00元
PSN B-2010-176-1/1

经济信息绿皮书
中国与世界经济发展报告（2018）
著(编)者：杜平
2017年12月出版 / 估价：99.00元
PSN G-2003-023-1/1

农村绿皮书
中国农村经济形势分析与预测（2017～2018）
著(编)者：魏后凯 黄秉信
2018年4月出版 / 估价：99.00元
PSN G-1998-003-1/1

人口与劳动绿皮书
中国人口与劳动问题报告No.19
著(编)者：张车伟 2018年11月出版 / 估价：99.00元
PSN G-2000-012-1/1

新型城镇化蓝皮书
新型城镇化发展报告（2017）
著(编)者：李伟 宋敏 沈体雁
2018年3月出版 / 估价：99.00元
PSN B-2005-038-1/1

中国省域竞争力蓝皮书
中国省域经济综合竞争力发展报告（2016～2017）
著(编)者：李建平 李闽榕 高燕京
2018年2月出版 / 估价：198.00元
PSN B-2007-088-1/1

中小城市绿皮书
中国中小城市发展报告（2018）
著(编)者：中国城市经济学会中小城市经济发展委员会
中国城镇化促进会中小城市发展委员会
《中国中小城市发展报告》编纂委员会
中小城市发展战略研究院
2018年11月出版 / 估价：128.00元
PSN G-2010-161-1/1

区域经济类

东北蓝皮书
中国东北地区发展报告（2018）
著(编)者：姜晓秋　2018年11月出版 / 估价：99.00元
PSN B-2006-067-1/1

金融蓝皮书
中国金融中心发展报告（2017~2018）
著(编)者：王力 黄育华　2018年11月出版 / 估价：99.00元
PSN B-2011-186-6/7

京津冀蓝皮书
京津冀发展报告（2018）
著(编)者：祝合良 叶堂林 张贵祥
2018年6月出版 / 估价：99.00元
PSN B-2012-262-1/1

西北蓝皮书
中国西北发展报告（2018）
著(编)者：任宗哲 白宽犁 王建康
2018年4月出版 / 估价：99.00元
PSN B-2012-261-1/1

西部蓝皮书
中国西部发展报告（2018）
著(编)者：璋勇 任保平　2018年8月出版 / 估价：99.00元
PSN B-2005-039-1/1

长江经济带产业蓝皮书
长江经济带产业发展报告（2018）
著(编)者：吴传清　2018年11月出版 / 估价：128.00元
PSN B-2017-666-1/1

长江经济带蓝皮书
长江经济带发展报告（2017~2018）
著(编)者：王振　2018年11月出版 / 估价：99.00元
PSN B-2016-575-1/1

长江中游城市群蓝皮书
长江中游城市群新型城镇化与产业协同发展报告（2018）
著(编)者：杨刚强　2018年11月出版 / 估价：99.00元
PSN B-2016-578-1/1

长三角蓝皮书
2017年创新融合发展的长三角
著(编)者：刘飞跃　2018年3月出版 / 估价：99.00元
PSN B-2005-038-1/1

长株潭城市群蓝皮书
长株潭城市群发展报告（2017）
著(编)者：张萍 朱有志　2018年1月出版 / 估价：99.00元
PSN B-2008-109-1/1

中部竞争力蓝皮书
中国中部经济社会竞争力报告（2018）
著(编)者：教育部人文社会科学重点研究基地南昌大学中国中部经济社会发展研究中心
2018年12月出版 / 估价：99.00元
PSN B-2012-276-1/1

中部蓝皮书
中国中部地区发展报告（2018）
著(编)者：宋亚平　2018年12月出版 / 估价：99.00元
PSN B-2007-089-1/1

区域蓝皮书
中国区域经济发展报告（2017~2018）
著(编)者：赵弘　2018年5月出版 / 估价：99.00元
PSN B-2004-034-1/1

中三角蓝皮书
长江中游城市群发展报告（2018）
著(编)者：秦尊文　2018年9月出版 / 估价：99.00元
PSN B-2014-417-1/1

中原蓝皮书
中原经济区发展报告（2018）
著(编)者：李英杰　2018年6月出版 / 估价：99.00元
PSN B-2011-192-1/1

珠三角流通蓝皮书
珠三角商圈发展研究报告（2018）
著(编)者：王先庆 林至颖　2018年7月出版 / 估价：99.00元
PSN B-2012-292-1/1

社会政法类

北京蓝皮书
中国社区发展报告（2017~2018）
著(编)者：于燕燕　2018年9月出版 / 估价：99.00元
PSN B-2007-083-5/8

殡葬绿皮书
中国殡葬事业发展报告（2017~2018）
著(编)者：李伯森　2018年4月出版 / 估价：158.00元
PSN G-2010-180-1/1

城市管理蓝皮书
中国城市管理报告（2017-2018）
著(编)者：刘林 刘承水　2018年5月出版 / 估价：158.00元
PSN B-2013-336-1/1

城市生活质量蓝皮书
中国城市生活质量报告（2017）
著(编)者：张连城 张平 杨春学 郎丽华
2018年2月出版 / 估价：99.00元
PSN B-2013-326-1/1

城市政府能力蓝皮书
中国城市政府公共服务能力评估报告（2018）
著(编)者：何艳玲　2018年4月出版 / 估价：99.00元
PSN B-2013-338-1/1

创业蓝皮书
中国创业发展研究报告（2017～2018）
著(编)者：黄群慧 赵卫星 钟宏武
2018年11月出版 / 估价：99.00元
PSN B-2016-577-1/1

慈善蓝皮书
中国慈善发展报告（2018）
著(编)者：杨团　2018年6月出版 / 估价：99.00元
PSN B-2009-142-1/1

党建蓝皮书
党的建设研究报告No.2（2018）
著(编)者：崔建民 陈东平　2018年1月出版 / 估价：99.00元
PSN B-2016-523-1/1

地方法治蓝皮书
中国地方法治发展报告No.3（2018）
著(编)者：李林 田禾　2018年3月出版 / 估价：118.00元
PSN B-2015-442-1/1

电子政务蓝皮书
中国电子政务发展报告（2018）
著(编)者：李季　2018年8月出版 / 估价：99.00元
PSN B-2003-022-1/1

法治蓝皮书
中国法治发展报告No.16（2018）
著(编)者：吕艳滨　2018年3月出版 / 估价：118.00元
PSN B-2004-027-1/3

法治蓝皮书
中国法院信息化发展报告 No.2（2018）
著(编)者：李林 田禾　2018年2月出版 / 估价：108.00元
PSN B-2017-604-3/3

法治政府蓝皮书
中国法治政府发展报告（2018）
著(编)者：中国政法大学法治政府研究院
2018年4月出版 / 估价：99.00元
PSN B-2015-502-1/2

法治政府蓝皮书
中国法治政府评估报告（2018）
著(编)者：中国政法大学法治政府研究院
2018年9月出版 / 估价：168.00元
PSN B-2016-576-2/2

反腐倡廉蓝皮书
中国反腐倡廉建设报告 No.8
著(编)者：张英伟　2018年12月出版 / 估价：99.00元
PSN B-2012-259-1/1

扶贫蓝皮书
中国扶贫开发报告（2018）
著(编)者：李培林 魏后凯　2018年12月出版 / 估价：128.00元
PSN B-2016-599-1/1

妇女发展蓝皮书
中国妇女发展报告 No.6
著(编)者：王金玲　2018年9月出版 / 估价：158.00元
PSN B-2006-069-1/1

妇女教育蓝皮书
中国妇女教育发展报告 No.3
著(编)者：张李玺　2018年10月出版 / 估价：99.00元
PSN B-2008-121-1/1

妇女绿皮书
2018年：中国性别平等与妇女发展报告
著(编)者：谭琳　2018年12月出版 / 估价：99.00元
PSN G-2006-073-1/1

公共安全蓝皮书
中国城市公共安全发展报告（2017～2018）
著(编)者：黄育华 杨文明 赵建辉
2018年6月出版 / 估价：99.00元
PSN B-2017-628-1/1

公共服务蓝皮书
中国城市基本公共服务力评价（2018）
著(编)者：钟君 刘志昌 吴正杲
2018年12月出版 / 估价：99.00元
PSN B-2011-214-1/1

公民科学素质蓝皮书
中国公民科学素质报告（2017～2018）
著(编)者：李群 陈雄 马宗文
2018年1月出版 / 估价：99.00元
PSN B-2014-379-1/1

公益蓝皮书
中国公益慈善发展报告（2016）
著(编)者：朱健刚 胡小军　2018年2月出版 / 估价：99.00元
PSN B-2012-283-1/1

国际人才蓝皮书
中国国际移民报告（2018）
著(编)者：王辉耀　2018年2月出版 / 估价：99.00元
PSN B-2012-304-3/4

国际人才蓝皮书
中国留学发展报告（2018）No.7
著(编)者：王辉耀 苗绿　2018年12月出版 / 估价：99.00元
PSN B-2012-244-2/4

海洋社会蓝皮书
中国海洋社会发展报告（2017）
著(编)者：崔凤 宋宁而　2018年3月出版 / 估价：99.00元
PSN B-2015-478-1/1

行政改革蓝皮书
中国行政体制改革报告No.7（2018）
著(编)者：魏礼群　2018年6月出版 / 估价：99.00元
PSN B-2011-231-1/1

华侨华人蓝皮书
华侨华人研究报告（2017）
著(编)者：贾益民　2018年1月出版 / 估价：139.00元
PSN B-2011-204-1/1

环境竞争力绿皮书
中国省域环境竞争力发展报告（2018）
著(编)者：李建平 李闽榕 王金南
2018年11月出版 / 估价：198.00元
PSN G-2010-165-1/1

环境绿皮书
中国环境发展报告（2017～2018）
著(编)者：李波 2018年4月出版 / 估价：99.00元
PSN G-2006-048-1/1

家庭蓝皮书
中国“创建幸福家庭活动”评估报告（2018）
著(编)者：国务院发展研究中心“创建幸福家庭活动评估”课题组
2018年12月出版 / 估价：99.00元
PSN B-2015-508-1/1

健康城市蓝皮书
中国健康城市建设研究报告（2018）
著(编)者：王鸿春 盛继洪 2018年12月出版 / 估价：99.00元
PSN B-2016-564-2/2

健康中国蓝皮书
社区首诊与健康中国分析报告（2018）
著(编)者：高和荣 杨叔禹 姜杰
2018年4月出版 / 估价：99.00元
PSN B-2017-611-1/1

教师蓝皮书
中国中小学教师发展报告（2017）
著(编)者：曾晓东 鱼霞 2018年6月出版 / 估价：99.00元
PSN B-2012-289-1/1

教育扶贫蓝皮书
中国教育扶贫报告（2018）
著(编)者：司树杰 王文静 李兴洲
2018年12月出版 / 估价：99.00元
PSN B-2016-590-1/1

教育蓝皮书
中国教育发展报告（2018）
著(编)者：杨东平 2018年4月出版 / 估价：99.00元
PSN B-2006-047-1/1

金融法治建设蓝皮书
中国金融法治建设年度报告（2015～2016）
著(编)者：朱小黄 2018年6月出版 / 估价：99.00元
PSN B-2017-633-1/1

京津冀教育蓝皮书
京津冀教育发展研究报告（2017～2018）
著(编)者：方中雄 2018年4月出版 / 估价：99.00元
PSN B-2017-608-1/1

就业蓝皮书
2018年中国本科生就业报告
著(编)者：麦可思研究院 2018年6月出版 / 估价：99.00元
PSN B-2009-146-1/2

就业蓝皮书
2018年中国高职高专生就业报告
著(编)者：麦可思研究院 2018年6月出版 / 估价：99.00元
PSN B-2015-472-2/2

科学教育蓝皮书
中国科学教育发展报告（2018）
著(编)者：王康友 2018年10月出版 / 估价：99.00元
PSN B-2015-487-1/1

劳动保障蓝皮书
中国劳动保障发展报告（2018）
著(编)者：刘燕斌 2018年9月出版 / 估价：158.00元
PSN B-2014-415-1/1

老龄蓝皮书
中国老年宜居环境发展报告（2017）
著(编)者：党俊武 周燕珉 2018年1月出版 / 估价：99.00元
PSN B-2013-320-1/1

连片特困区蓝皮书
中国连片特困区发展报告（2017～2018）
著(编)者：游俊 冷志明 丁建军
2018年4月出版 / 估价：99.00元
PSN B-2013-321-1/1

流动儿童蓝皮书
中国流动儿童教育发展报告（2017）
著(编)者：杨东平 2018年1月出版 / 估价：99.00元
PSN B-2017-600-1/1

民调蓝皮书
中国民生调查报告（2018）
著(编)者：谢耘耕 2018年12月出版 / 估价：99.00元
PSN B-2014-398-1/1

民族发展蓝皮书
中国民族发展报告（2018）
著(编)者：王延中 2018年10月出版 / 估价：188.00元
PSN B-2006-070-1/1

女性生活蓝皮书
中国女性生活状况报告No.12（2018）
著(编)者：韩湘景 2018年7月出版 / 估价：99.00元
PSN B-2006-071-1/1

汽车社会蓝皮书
中国汽车社会发展报告（2017～2018）
著(编)者：王俊秀 2018年1月出版 / 估价：99.00元
PSN B-2011-224-1/1

青年蓝皮书
中国青年发展报告（2018）No.3
著(编)者：廉思 2018年4月出版 / 估价：99.00元
PSN B-2013-333-1/1

青少年蓝皮书
中国未成年人互联网运用报告（2017～2018）
著(编)者：季为民 李文革 沈杰
2018年11月出版 / 估价：99.00元
PSN B-2010-156-1/1

人权蓝皮书
中国人权事业发展报告No.8（2018）
著(编)者：李君如　2018年9月出版 / 估价：99.00元
PSN B-2011-215-1/1

社会保障绿皮书
中国社会保障发展报告No.9（2018）
著(编)者：王延中　2018年1月出版 / 估价：99.00元
PSN G-2001-014-1/1

社会风险评估蓝皮书
风险评估与危机预警报告（2017～2018）
著(编)者：唐钧　2018年8月出版 / 估价：99.00元
PSN B-2012-293-1/1

社会工作蓝皮书
中国社会工作发展报告（2016~2017）
著(编)者：民政部社会工作研究中心
2018年8月出版 / 估价：99.00元
PSN B-2009-141-1/1

社会管理蓝皮书
中国社会管理创新报告No.6
著(编)者：连玉明　2018年11月出版 / 估价：99.00元
PSN B-2012-300-1/1

社会蓝皮书
2018年中国社会形势分析与预测
著(编)者：李培林 陈光金 张翼
2017年12月出版 / 定价：89.00元
PSN B-1998-002-1/1

社会体制蓝皮书
中国社会体制改革报告No.6（2018）
著(编)者：龚维斌　2018年3月出版 / 估价：99.00元
PSN B-2013-330-1/1

社会心态蓝皮书
中国社会心态研究报告（2018）
著(编)者：王俊秀　2018年12月出版 / 估价：99.00元
PSN B-2011-199-1/1

社会组织蓝皮书
中国社会组织报告（2017-2018）
著(编)者：黄晓勇　2018年1月出版 / 估价：99.00元
PSN B-2008-118-1/2

社会组织蓝皮书
中国社会组织评估发展报告（2018）
著(编)者：徐家良　2018年12月出版 / 估价：99.00元
PSN B-2013-366-2/2

生态城市绿皮书
中国生态城市建设发展报告（2018）
著(编)者：刘举科 孙伟平 胡文臻
2018年9月出版 / 估价：158.00元
PSN G-2012-269-1/1

生态文明绿皮书
中国省域生态文明建设评价报告（ECI 2018）
著(编)者：严耕　2018年12月出版 / 估价：99.00元
PSN G-2010-170-1/1

退休生活蓝皮书
中国城市居民退休生活质量指数报告（2017）
著(编)者：杨一帆　2018年5月出版 / 估价：99.00元
PSN B-2017-618-1/1

危机管理蓝皮书
中国危机管理报告（2018）
著(编)者：文学国 范正青
2018年8月出版 / 估价：99.00元
PSN B-2010-171-1/1

学会蓝皮书
2018年中国学会发展报告
著(编)者：麦可思研究院
2018年12月出版 / 估价：99.00元
PSN B-2016-597-1/1

医改蓝皮书
中国医药卫生体制改革报告（2017～2018）
著(编)者：文学国 房志武
2018年11月出版 / 估价：99.00元
PSN B-2014-432-1/1

应急管理蓝皮书
中国应急管理报告（2018）
著(编)者：宋英华　2018年9月出版 / 估价：99.00元
PSN B-2016-562-1/1

政府绩效评估蓝皮书
中国地方政府绩效评估报告 No.2
著(编)者：贠杰　2018年12月出版 / 估价：99.00元
PSN B-2017-672-1/1

政治参与蓝皮书
中国政治参与报告（2018）
著(编)者：房宁　2018年8月出版 / 估价：128.00元
PSN B-2011-200-1/1

政治文化蓝皮书
中国政治文化报告（2018）
著(编)者：邢元敏 魏大鹏 龚克
2018年8月出版 / 估价：128.00元
PSN B-2017-615-1/1

中国传统村落蓝皮书
中国传统村落保护现状报告（2018）
著(编)者：胡彬彬 李向军 王晓波
2018年12月出版 / 估价：99.00元
PSN B-2017-663-1/1

中国农村妇女发展蓝皮书
农村流动女性城市生活发展报告（2018）
著(编)者：谢丽华　2018年12月出版 / 估价：99.00元
PSN B-2014-434-1/1

宗教蓝皮书
中国宗教报告（2017）
著(编)者：邱永辉　2018年8月出版 / 估价：99.00元
PSN B-2008-117-1/1

产业经济类

保健蓝皮书
中国保健服务产业发展报告 No.2
著(编)者：中国保健协会　中共中央党校
2018年7月出版 / 估价：198.00元
PSN B-2012-272-3/3

保健蓝皮书
中国保健食品产业发展报告 No.2
著(编)者：中国保健协会
中国社会科学院食品药品产业发展与监管研究中心
2018年8月出版 / 估价：198.00元
PSN B-2012-271-2/3

保健蓝皮书
中国保健用品产业发展报告 No.2
著(编)者：中国保健协会
国务院国有资产监督管理委员会研究中心
2018年3月出版 / 估价：198.00元
PSN B-2012-270-1/3

保险蓝皮书
中国保险业竞争力报告（2018）
著(编)者：保监会　2018年12月出版 / 估价：99.00元
PSN B-2013-311-1/1

冰雪蓝皮书
中国冰上运动产业发展报告（2018）
著(编)者：孙承华 杨占武 刘戈 张鸿俊
2018年9月出版 / 估价：99.00元
PSN B-2017-648-3/3

冰雪蓝皮书
中国滑雪产业发展报告（2018）
著(编)者：孙承华 伍斌 魏庆华 张鸿俊
2018年9月出版 / 估价：99.00元
PSN B-2016-559-1/3

餐饮产业蓝皮书
中国餐饮产业发展报告（2018）
著(编)者：邢颖
2018年6月出版 / 估价：99.00元
PSN B-2009-151-1/1

茶业蓝皮书
中国茶产业发展报告（2018）
著(编)者：杨江帆 李闽榕
2018年10月出版 / 估价：99.00元
PSN B-2010-164-1/1

产业安全蓝皮书
中国文化产业安全报告（2018）
著(编)者：北京印刷学院文化产业安全研究院
2018年12月出版 / 估价：99.00元
PSN B-2014-378-12/14

产业安全蓝皮书
中国新媒体产业安全报告（2016~2017）
著(编)者：肖丽　2018年6月出版 / 估价：99.00元
PSN B-2015-500-14/14

产业安全蓝皮书
中国出版传媒产业安全报告（2017~2018）
著(编)者：北京印刷学院文化产业安全研究院
2018年3月出版 / 估价：99.00元
PSN B-2014-384-13/14

产业蓝皮书
中国产业竞争力报告（2018）No.8
著(编)者：张其仔　2018年12月出版 / 估价：168.00元
PSN B-2010-175-1/1

动力电池蓝皮书
中国新能源汽车动力电池产业发展报告（2018）
著(编)者：中国汽车技术研究中心
2018年8月出版 / 估价：99.00元
PSN B-2017-639-1/1

杜仲产业绿皮书
中国杜仲橡胶资源与产业发展报告（2017~2018）
著(编)者：杜红岩 胡文臻 俞锐
2018年1月出版 / 估价：99.00元
PSN G-2013-350-1/1

房地产蓝皮书
中国房地产发展报告No.15（2018）
著(编)者：李春华 王业强
2018年5月出版 / 估价：99.00元
PSN B-2004-028-1/1

服务外包蓝皮书
中国服务外包产业发展报告（2017~2018）
著(编)者：王晓红 刘德军
2018年6月出版 / 估价：99.00元
PSN B-2013-331-2/2

服务外包蓝皮书
中国服务外包竞争力报告（2017~2018）
著(编)者：刘春生 王力 黄育华
2018年12月出版 / 估价：99.00元
PSN B-2011-216-1/2

工业和信息化蓝皮书
世界信息技术产业发展报告（2017~2018）
著(编)者：尹丽波　2018年6月出版 / 估价：99.00元
PSN B-2015-449-2/6

工业和信息化蓝皮书
战略性新兴产业发展报告（2017~2018）
著(编)者：尹丽波　2018年6月出版 / 估价：99.00元
PSN B-2015-450-3/6

客车蓝皮书
中国客车产业发展报告（2017～2018）
著(编)者：姚蔚　　2018年10月出版 / 估价：99.00元
PSN B-2013-361-1/1

流通蓝皮书
中国商业发展报告（2018～2019）
著(编)者：王雪峰 林诗慧
2018年7月出版 / 估价：99.00元
PSN B-2009-152-1/2

能源蓝皮书
中国能源发展报告（2018）
著(编)者：崔民选 王军生 陈义和
2018年12月出版 / 估价：99.00元
PSN B-2006-049-1/1

农产品流通蓝皮书
中国农产品流通产业发展报告（2017）
著(编)者：贾敬敦 张东科 张玉玺 张鹏毅 周伟
2018年1月出版 / 估价：99.00元
PSN B-2012-288-1/1

汽车工业蓝皮书
中国汽车工业发展年度报告（2018）
著(编)者：中国汽车工业协会
中国汽车技术研究中心
丰田汽车公司
2018年5月出版 / 估价：168.00元
PSN B-2015-463-1/2

汽车工业蓝皮书
中国汽车零部件产业发展报告（2017～2018）
著(编)者：中国汽车工业协会
中国汽车工程研究院深圳市沃特玛电池有限公司
2018年9月出版 / 估价：99.00元
PSN B-2016-515-2/2

汽车蓝皮书
中国汽车产业发展报告（2018）
著(编)者：中国汽车工程学会
大众汽车集团（中国）
2018年11月出版 / 估价：99.00元
PSN B-2008-124-1/1

世界茶业蓝皮书
世界茶业发展报告（2018）
著(编)者：李闽榕 冯廷佺
2018年5月出版 / 估价：168.00元
PSN B-2017-619-1/1

世界能源蓝皮书
世界能源发展报告（2018）
著(编)者：黄晓勇　　2018年6月出版 / 估价：168.00元
PSN B-2013-349-1/1

体育蓝皮书
国家体育产业基地发展报告（2016～2017）
著(编)者：李颖川　　2018年4月出版 / 估价：168.00元
PSN B-2017-609-5/5

体育蓝皮书
中国体育产业发展报告（2018）
著(编)者：阮伟 钟秉枢
2018年12月出版 / 估价：99.00元
PSN B-2010-179-1/5

文化金融蓝皮书
中国文化金融发展报告（2018）
著(编)者：杨涛 金巍
2018年5月出版 / 估价：99.00元
PSN B-2017-610-1/1

新能源汽车蓝皮书
中国新能源汽车产业发展报告（2018）
著(编)者：中国汽车技术研究中心
日产（中国）投资有限公司
东风汽车有限公司
2018年8月出版 / 估价：99.00元
PSN B-2013-347-1/1

薏仁米产业蓝皮书
中国薏仁米产业发展报告No.2（2018）
著(编)者：李发耀 石明　秦礼康
2018年8月出版 / 估价：99.00元
PSN B-2017-645-1/1

邮轮绿皮书
中国邮轮产业发展报告（2018）
著(编)者：汪泓　　2018年10月出版 / 估价：99.00元
PSN G-2014-419-1/1

智能养老蓝皮书
中国智能养老产业发展报告（2018）
著(编)者：朱勇　　2018年10月出版 / 估价：99.00元
PSN B-2015-488-1/1

中国节能汽车蓝皮书
中国节能汽车发展报告（2017～2018）
著(编)者：中国汽车工程研究院股份有限公司
2018年9月出版 / 估价：99.00元
PSN B-2016-565-1/1

中国陶瓷产业蓝皮书
中国陶瓷产业发展报告（2018）
著(编)者：左和平 黄速建
2018年10月出版 / 估价：99.00元
PSN B-2016-573-1/1

装备制造业蓝皮书
中国装备制造业发展报告（2018）
著(编)者：徐东华　　2018年12月出版 / 估价：118.00元
PSN B-2015-505-1/1

行业及其他类

“三农”互联网金融蓝皮书
中国“三农”互联网金融发展报告（2018）
著(编)者：李勇坚 王弢
2018年8月出版 / 估价：99.00元
PSN B-2016-560-1/1

SUV蓝皮书
中国SUV市场发展报告（2017~2018）
著(编)者：靳军　2018年9月出版 / 估价：99.00元
PSN B-2016-571-1/1

冰雪蓝皮书
中国冬季奥运会发展报告（2018）
著(编)者：孙承华 伍斌 魏庆华 张鸿俊
2018年9月出版 / 估价：99.00元
PSN B-2017-647-2/3

彩票蓝皮书
中国彩票发展报告（2018）
著(编)者：益彩基金　2018年4月出版 / 估价：99.00元
PSN B-2015-462-1/1

测绘地理信息蓝皮书
测绘地理信息供给侧结构性改革研究报告（2018）
著(编)者：库热西·买合苏提
2018年12月出版 / 估价：168.00元
PSN B-2009-145-1/1

产权市场蓝皮书
中国产权市场发展报告（2017）
著(编)者：曹和平　2018年5月出版 / 估价：99.00元
PSN B-2009-147-1/1

城投蓝皮书
中国城投行业发展报告（2018）
著(编)者：华景斌
2018年11月出版 / 估价：300.00元
PSN B-2016-514-1/1

大数据蓝皮书
中国大数据发展报告（No.2）
著(编)者：连玉明　2018年5月出版 / 估价：99.00元
PSN B-2017-620-1/1

大数据应用蓝皮书
中国大数据应用发展报告No.2（2018）
著(编)者：陈军君　2018年8月出版 / 估价：99.00元
PSN B-2017-644-1/1

对外投资与风险蓝皮书
中国对外直接投资与国家风险报告（2018）
著(编)者：中债资信评估有限责任公司
中国社会科学院世界经济与政治研究所
2018年4月出版 / 估价：189.00元
PSN B-2017-606-1/1

工业和信息化蓝皮书
人工智能发展报告（2017~2018）
著(编)者：尹丽波　2018年6月出版 / 估价：99.00元
PSN B-2015-448-1/6

工业和信息化蓝皮书
世界智慧城市发展报告（2017~2018）
著(编)者：尹丽波　2018年6月出版 / 估价：99.00元
PSN B-2017-624-6/6

工业和信息化蓝皮书
世界网络安全发展报告（2017~2018）
著(编)者：尹丽波　2018年6月出版 / 估价：99.00元
PSN B-2015-452-5/6

工业和信息化蓝皮书
世界信息化发展报告（2017~2018）
著(编)者：尹丽波　2018年6月出版 / 估价：99.00元
PSN B-2015-451-4/6

工业设计蓝皮书
中国工业设计发展报告（2018）
著(编)者：王晓红 于炜 张立群　2018年9月出版 / 估价：168.00元
PSN B-2014-420-1/1

公共关系蓝皮书
中国公共关系发展报告（2018）
著(编)者：柳斌杰　2018年11月出版 / 估价：99.00元
PSN B-2016-579-1/1

管理蓝皮书
中国管理发展报告（2018）
著(编)者：张晓东　2018年10月出版 / 估价：99.00元
PSN B-2014-416-1/1

海关发展蓝皮书
中国海关发展前沿报告（2018）
著(编)者：干春晖　2018年6月出版 / 估价：99.00元
PSN B-2017-616-1/1

互联网医疗蓝皮书
中国互联网健康医疗发展报告（2018）
著(编)者：芮晓武　2018年6月出版 / 估价：99.00元
PSN B-2016-567-1/1

黄金市场蓝皮书
中国商业银行黄金业务发展报告（2017~2018）
著(编)者：平安银行　2018年3月出版 / 估价：99.00元
PSN B-2016-524-1/1

会展蓝皮书
中外会展业动态评估研究报告（2018）
著(编)者：张敏 任中峰 聂鑫焱 牛盼强
2018年12月出版 / 估价：99.00元
PSN B-2013-327-1/1

基金会蓝皮书
中国基金会发展报告（2017~2018）
著(编)者：中国基金会发展报告课题组
2018年4月出版 / 估价：99.00元
PSN B-2013-368-1/1

基金会绿皮书
中国基金会发展独立研究报告（2018）
著(编)者：基金会中心网　中央民族大学基金会研究中心
2018年6月出版 / 估价：99.00元
PSN G-2011-213-1/1

基金会透明度蓝皮书
中国基金会透明度发展研究报告（2018）
著(编)者：基金会中心网
清华大学廉政与治理研究中心
2018年9月出版 / 估价：99.00元
PSN B-2013-339-1/1

建筑装饰蓝皮书
中国建筑装饰行业发展报告（2018）
著(编)者：葛道顺 刘晓一
2018年10月出版 / 估价：198.00元
PSN B-2016-553-1/1

金融监管蓝皮书
中国金融监管报告（2018）
著(编)者：胡滨 2018年5月出版 / 估价：99.00元
PSN B-2012-281-1/1

金融蓝皮书
中国互联网金融行业分析与评估（2018～2019）
著(编)者：黄国平 伍旭川 2018年12月出版 / 估价：99.00元
PSN B-2016-585-7/7

金融科技蓝皮书
中国金融科技发展报告（2018）
著(编)者：李扬 孙国峰 2018年10月出版 / 估价：99.00元
PSN B-2014-374-1/1

金融信息服务蓝皮书
中国金融信息服务发展报告（2018）
著(编)者：李平 2018年5月出版 / 估价：99.00元
PSN B-2017-621-1/1

京津冀金融蓝皮书
京津冀金融发展报告（2018）
著(编)者：王爱俭 王璟怡 2018年10月出版 / 估价：99.00元
PSN B-2016-527-1/1

科普蓝皮书
国家科普能力发展报告（2018）
著(编)者：王康友 2018年5月出版 / 估价：138.00元
PSN B-2017-632-4/4

科普蓝皮书
中国基层科普发展报告（2017～2018）
著(编)者：赵立新 陈玲 2018年9月出版 / 估价：99.00元
PSN B-2016-568-3/4

科普蓝皮书
中国科普基础设施发展报告（2017～2018）
著(编)者：任福君 2018年6月出版 / 估价：99.00元
PSN B-2010-174-1/3

科普蓝皮书
中国科普人才发展报告（2017～2018）
著(编)者：郑念 任嵘嵘 2018年7月出版 / 估价：99.00元
PSN B-2016-512-2/4

科普能力蓝皮书
中国科普能力评价报告（2018～2019）
著(编)者：李富强 李群 2018年8月出版 / 估价：99.00元
PSN B-2016-555-1/1

临空经济蓝皮书
中国临空经济发展报告（2018）
著(编)者：连玉明 2018年9月出版 / 估价：99.00元
PSN B-2014-421-1/1

旅游安全蓝皮书
中国旅游安全报告（2018）
著(编)者：郑向敏 谢朝武 2018年5月出版 / 估价：158.00元
PSN B-2012-280-1/1

旅游绿皮书
2017～2018年中国旅游发展分析与预测
著(编)者：宋瑞 2018年2月出版 / 估价：99.00元
PSN G-2002-018-1/1

煤炭蓝皮书
中国煤炭工业发展报告（2018）
著(编)者：岳福斌 2018年12月出版 / 估价：99.00元
PSN B-2008-123-1/1

民营企业社会责任蓝皮书
中国民营企业社会责任报告（2018）
著(编)者：中华全国工商业联合会
2018年12月出版 / 估价：99.00元
PSN B-2015-510-1/1

民营医院蓝皮书
中国民营医院发展报告（2017）
著(编)者：薛晓林 2018年1月出版 / 估价：99.00元
PSN B-2012-299-1/1

闽商蓝皮书
闽商发展报告（2018）
著(编)者：李闽榕 王日根 林琛
2018年12月出版 / 估价：99.00元
PSN B-2012-298-1/1

农业应对气候变化蓝皮书
中国农业气象灾害及其灾损评估报告（No.3）
著(编)者：矫梅燕 2018年1月出版 / 估价：118.00元
PSN B-2014-413-1/1

品牌蓝皮书
中国品牌战略发展报告（2018）
著(编)者：汪同三 2018年10月出版 / 估价：99.00元
PSN B-2016-580-1/1

企业扶贫蓝皮书
中国企业扶贫研究报告（2018）
著(编)者：钟宏武 2018年12月出版 / 估价：99.00元
PSN B-2016-593-1/1

企业公益蓝皮书
中国企业公益研究报告（2018）
著(编)者：钟宏武 汪杰 黄晓娟
2018年12月出版 / 估价：99.00元
PSN B-2015-501-1/1

企业国际化蓝皮书
中国企业全球化报告（2018）
著(编)者：王辉耀 苗绿 2018年11月出版 / 估价：99.00元
PSN B-2014-427-1/1

企业蓝皮书
中国企业绿色发展报告No.2（2018）
著(编)者：李红玉 朱光辉
2018年8月出版 / 估价：99.00元
PSN B-2015-481-2/2

企业社会责任蓝皮书
中资企业海外社会责任研究报告（2017~2018）
著(编)者：钟宏武 叶柳红 张蒽
2018年1月出版 / 估价：99.00元
PSN B-2017-603-2/2

企业社会责任蓝皮书
中国企业社会责任研究报告（2018）
著(编)者：黄群慧 钟宏武 张蒽 汪杰
2018年11月出版 / 估价：99.00元
PSN B-2009-149-1/2

汽车安全蓝皮书
中国汽车安全发展报告（2018）
著(编)者：中国汽车技术研究中心
2018年8月出版 / 估价：99.00元
PSN B-2014-385-1/1

汽车电子商务蓝皮书
中国汽车电子商务发展报告（2018）
著(编)者：中华全国工商业联合会汽车经销商商会
北方工业大学
北京易观智库网络科技有限公司
2018年10月出版 / 估价：158.00元
PSN B-2015-485-1/1

汽车知识产权蓝皮书
中国汽车产业知识产权发展报告（2018）
著(编)者：中国汽车工程研究院股份有限公司
中国汽车工程学会
重庆长安汽车股份有限公司
2018年12月出版 / 估价：99.00元
PSN B-2016-594-1/1

青少年体育蓝皮书
中国青少年体育发展报告（2017）
著(编)者：刘扶民 杨桦 2018年1月出版 / 估价：99.00元
PSN B-2015-482-1/1

区块链蓝皮书
中国区块链发展报告（2018）
著(编)者：李伟 2018年9月出版 / 估价：99.00元
PSN B-2017-649-1/1

群众体育蓝皮书
中国群众体育发展报告（2017）
著(编)者：刘国永 戴健 2018年5月出版 / 估价：99.00元
PSN B-2014-411-1/3

群众体育蓝皮书
中国社会体育指导员发展报告（2018）
著(编)者：刘国永 王欢 2018年4月出版 / 估价：99.00元
PSN B-2016-520-3/3

人力资源蓝皮书
中国人力资源发展报告（2018）
著(编)者：余兴安 2018年11月出版 / 估价：99.00元
PSN B-2012-287-1/1

融资租赁蓝皮书
中国融资租赁业发展报告（2017~2018）
著(编)者：李光荣 王力 2018年8月出版 / 估价：99.00元
PSN B-2015-443-1/1

商会蓝皮书
中国商会发展报告No.5（2017）
著(编)者：王钦敏 2018年7月出版 / 估价：99.00元
PSN B-2008-125-1/1

商务中心区蓝皮书
中国商务中心区发展报告No.4（2017~2018）
著(编)者：李国红 单菁菁 2018年9月出版 / 估价：99.00元
PSN B-2015-444-1/1

设计产业蓝皮书
中国创新设计发展报告（2018）
著(编)者：王晓红 张立群 于炜
2018年11月出版 / 估价：99.00元
PSN B-2016-581-2/2

社会责任管理蓝皮书
中国上市公司社会责任能力成熟度报告No.4（2018）
著(编)者：肖红军 王晓光 李伟阳
2018年12月出版 / 估价：99.00元
PSN B-2015-507-2/2

社会责任管理蓝皮书
中国企业公众透明度报告No.4（2017~2018）
著(编)者：黄速建 熊梦 王晓光 肖红军
2018年4月出版 / 估价：99.00元
PSN B-2015-440-1/2

食品药品蓝皮书
食品药品安全与监管政策研究报告（2016~2017）
著(编)者：唐民皓 2018年6月出版 / 估价：99.00元
PSN B-2009-129-1/1

输血服务蓝皮书
中国输血行业发展报告（2018）
著(编)者：孙俊 2018年12月出版 / 估价：99.00元
PSN B-2016-582-1/1

水利风景区蓝皮书
中国水利风景区发展报告（2018）
著(编)者：董建文 兰思仁
2018年10月出版 / 估价：99.00元
PSN B-2015-480-1/1

私募市场蓝皮书
中国私募股权市场发展报告（2017~2018）
著(编)者：曹和平 2018年12月出版 / 估价：99.00元
PSN B-2010-162-1/1

碳排放权交易蓝皮书
中国碳排放权交易报告（2018）
著(编)者：孙永平 2018年11月出版 / 估价：99.00元
PSN B-2017-652-1/1

碳市场蓝皮书
中国碳市场报告（2018）
著(编)者：定金彪 2018年11月出版 / 估价：99.00元
PSN B-2014-430-1/1

体育蓝皮书
中国公共体育服务发展报告（2018）
著(编)者：戴健　2018年12月出版 / 估价：99.00元
PSN B-2013-367-2/5

土地市场蓝皮书
中国农村土地市场发展报告（2017～2018）
著(编)者：李光荣　2018年3月出版 / 估价：99.00元
PSN B-2016-526-1/1

土地整治蓝皮书
中国土地整治发展研究报告（No.5）
著(编)者：国土资源部土地整治中心
2018年7月出版 / 估价：99.00元
PSN B-2014-401-1/1

土地政策蓝皮书
中国土地政策研究报告（2018）
著(编)者：高延利 李宪文　2017年12月出版 / 估价：99.00元
PSN B-2015-506-1/1

网络空间安全蓝皮书
中国网络空间安全发展报告（2018）
著(编)者：惠志斌 覃庆玲
2018年11月出版 / 估价：99.00元
PSN B-2015-466-1/1

文化志愿服务蓝皮书
中国文化志愿服务发展报告（2018）
著(编)者：张永新 良警宇　2018年11月出版 / 估价：128.00元
PSN B-2016-596-1/1

西部金融蓝皮书
中国西部金融发展报告（2017～2018）
著(编)者：李忠民　2018年8月出版 / 估价：99.00元
PSN B-2010-160-1/1

协会商会蓝皮书
中国行业协会商会发展报告（2017）
著(编)者：景朝阳 李勇　2018年4月出版 / 估价：99.00元
PSN B-2015-461-1/1

新三板蓝皮书
中国新三板市场发展报告（2018）
著(编)者：王力　2018年8月出版 / 估价：99.00元
PSN B-2016-533-1/1

信托市场蓝皮书
中国信托业市场报告（2017～2018）
著(编)者：用益金融信托研究院
2018年1月出版 / 估价：198.00元
PSN B-2014-371-1/1

信息化蓝皮书
中国信息化形势分析与预测（2017～2018）
著(编)者：周宏仁　2018年8月出版 / 估价：99.00元
PSN B-2010-168-1/1

信用蓝皮书
中国信用发展报告（2017～2018）
著(编)者：章政 田侃　2018年4月出版 / 估价：99.00元
PSN B-2013-328-1/1

休闲绿皮书
2017～2018年中国休闲发展报告
著(编)者：宋瑞　2018年7月出版 / 估价：99.00元
PSN G-2010-158-1/1

休闲体育蓝皮书
中国休闲体育发展报告（2017～2018）
著(编)者：李相如 钟秉枢
2018年10月出版 / 估价：99.00元
PSN B-2016-516-1/1

养老金融蓝皮书
中国养老金融发展报告（2018）
著(编)者：董克用 姚余栋
2018年9月出版 / 估价：99.00元
PSN B-2016-583-1/1

遥感监测绿皮书
中国可持续发展遥感监测报告（2017）
著(编)者：顾行发 汪克强 潘教峰 李闽榕 徐东华 王琦安
2018年6月出版 / 估价：298.00元
PSN B-2017-629-1/1

药品流通蓝皮书
中国药品流通行业发展报告（2018）
著(编)者：佘鲁林 温再兴
2018年7月出版 / 估价：198.00元
PSN B-2014-429-1/1

医疗器械蓝皮书
中国医疗器械行业发展报告（2018）
著(编)者：王宝亭 耿鸿武
2018年10月出版 / 估价：99.00元
PSN B-2017-661-1/1

医院蓝皮书
中国医院竞争力报告（2018）
著(编)者：庄一强 曾益新　2018年3月出版 / 估价：118.00元
PSN B-2016-528-1/1

瑜伽蓝皮书
中国瑜伽业发展报告（2017~2018）
著(编)者：张永建 徐华锋 朱泰余
2018年6月出版 / 估价：198.00元
PSN B-2017-625-1/1

债券市场蓝皮书
中国债券市场发展报告（2017～2018）
著(编)者：杨农　2018年10月出版 / 估价：99.00元
PSN B-2016-572-1/1

志愿服务蓝皮书
中国志愿服务发展报告（2018）
著(编)者：中国志愿服务联合会
2018年11月出版 / 估价：99.00元
PSN B-2017-664-1/1

中国上市公司蓝皮书
中国上市公司发展报告（2018）
著(编)者：张鹏 张平 黄胤英
2018年9月出版 / 估价：99.00元
PSN B-2014-414-1/1

中国新三板蓝皮书
中国新三板创新与发展报告（2018）
著(编)者：刘平安 闻召林
2018年8月出版 / 估价：158.00元
PSN B-2017-638-1/1

中医文化蓝皮书
北京中医药文化传播发展报告（2018）
著(编)者：毛嘉陵　2018年5月出版 / 估价：99.00元
PSN B-2015-468-1/2

中医文化蓝皮书
中国中医药文化传播发展报告（2018）
著(编)者：毛嘉陵　2018年7月出版 / 估价：99.00元
PSN B-2016-584-2/2

中医药蓝皮书
北京中医药知识产权发展报告No.2
著(编)者：汪洪 屠志涛　2018年4月出版 / 估价：168.00元
PSN B-2017-602-1/1

资本市场蓝皮书
中国场外交易市场发展报告（2016～2017）
著(编)者：高峦　2018年3月出版 / 估价：99.00元
PSN B-2009-153-1/1

资产管理蓝皮书
中国资产管理行业发展报告（2018）
著(编)者：郑智　2018年7月出版 / 估价：99.00元
PSN B-2014-407-2/2

资产证券化蓝皮书
中国资产证券化发展报告（2018）
著(编)者：纪志宏　2018年11月出版 / 估价：99.00元
PSN B-2017-660-1/1

自贸区蓝皮书
中国自贸区发展报告（2018）
著(编)者：王力 黄育华　2018年6月出版 / 估价：99.00元
PSN B-2016-558-1/1

国际问题与全球治理类

“一带一路”跨境通道蓝皮书
“一带一路”跨境通道建设研究报告（2018）
著(编)者：郭业洲　2018年8月出版 / 估价：99.00元
PSN B-2016-557-1/1

“一带一路”蓝皮书
“一带一路”建设发展报告（2018）
著(编)者：王晓泉　2018年6月出版 / 估价：99.00元
PSN B-2016-552-1/1

“一带一路”投资安全蓝皮书
中国“一带一路”投资与安全研究报告（2017～2018）
著(编)者：邹统钎 梁昊光　2018年4月出版 / 估价：99.00元
PSN B-2017-612-1/1

“一带一路”文化交流蓝皮书
中阿文化交流发展报告（2017）
著(编)者：王辉　2018年9月出版 / 估价：99.00元
PSN B-2017-655-1/1

G20国家创新竞争力黄皮书
二十国集团（G20）国家创新竞争力发展报告（2017～2018）
著(编)者：李建平 李闽榕 赵新力 周天勇
2018年7月出版 / 估价：168.00元
PSN Y-2011-229-1/1

阿拉伯黄皮书
阿拉伯发展报告（2016～2017）
著(编)者：罗林　2018年3月出版 / 估价：99.00元
PSN Y-2014-381-1/1

北部湾蓝皮书
泛北部湾合作发展报告（2017～2018）
著(编)者：吕余生　2018年12月出版 / 估价：99.00元
PSN B-2008-114-1/1

北极蓝皮书
北极地区发展报告（2017）
著(编)者：刘惠荣　2018年7月出版 / 估价：99.00元
PSN B-2017-634-1/1

大洋洲蓝皮书
大洋洲发展报告（2017～2018）
著(编)者：喻常森　2018年10月出版 / 估价：99.00元
PSN B-2013-341-1/1

东北亚区域合作蓝皮书
2017年“一带一路”倡议与东北亚区域合作
著(编)者：刘亚政 金美花
2018年5月出版 / 估价：99.00元
PSN B-2017-631-1/1

东盟黄皮书
东盟发展报告（2017）
著(编)者：杨晓强 庄国土
2018年3月出版 / 估价：99.00元
PSN Y-2012-303-1/1

东南亚蓝皮书
东南亚地区发展报告（2017～2018）
著(编)者：王勤　2018年12月出版 / 估价：99.00元
PSN B-2012-240-1/1

非洲黄皮书
非洲发展报告No.20（2017～2018）
著(编)者：张宏明　2018年7月出版 / 估价：99.00元
PSN Y-2012-239-1/1

非传统安全蓝皮书
中国非传统安全研究报告（2017～2018）
著(编)者：潇枫 罗中枢　2018年8月出版 / 估价：99.00元
PSN B-2012-273-1/1

国际安全蓝皮书
中国国际安全研究报告（2018）
著(编)者：刘慧　　2018年7月出版 / 估价：99.00元
PSN B-2016-521-1/1

国际城市蓝皮书
国际城市发展报告（2018）
著(编)者：屠启宇　　2018年2月出版 / 估价：99.00元
PSN B-2012-260-1/1

国际形势黄皮书
全球政治与安全报告（2018）
著(编)者：张宇燕　　2018年1月出版 / 估价：99.00元
PSN Y-2001-016-1/1

公共外交蓝皮书
中国公共外交发展报告（2018）
著(编)者：赵启正 雷蔚真　　2018年4月出版 / 估价：99.00元
PSN B-2015-457-1/1

金砖国家黄皮书
金砖国家综合创新竞争力发展报告（2018）
著(编)者：赵新力 李闽榕 黄茂兴
2018年8月出版 / 估价：128.00元
PSN Y-2017-643-1/1

拉美黄皮书
拉丁美洲和加勒比发展报告（2017~2018）
著(编)者：袁东振　　2018年6月出版 / 估价：99.00元
PSN Y-1999-007-1/1

澜湄合作蓝皮书
澜沧江-湄公河合作发展报告（2018）
著(编)者：刘稚　　2018年9月出版 / 估价：99.00元
PSN B-2011-196-1/1

欧洲蓝皮书
欧洲发展报告（2017~2018）
著(编)者：黄平 周弘 程卫东
2018年6月出版 / 估价：99.00元
PSN B-1999-009-1/1

葡语国家蓝皮书
葡语国家发展报告（2016~2017）
著(编)者：王成安 张敏 刘金兰
2018年4月出版 / 估价：99.00元
PSN B-2015-503-1/2

葡语国家蓝皮书
中国与葡语国家关系发展报告·巴西（2016）
著(编)者：张曙光　　2018年8月出版 / 估价：99.00元
PSN B-2016-563-2/2

气候变化绿皮书
应对气候变化报告（2018）
著(编)者：王伟光 郑国光　　2018年11月出版 / 估价：99.00元
PSN G-2009-144-1/1

全球环境竞争力绿皮书
全球环境竞争力报告（2018）
著(编)者：李建平 李闽榕 王金南
2018年12月出版 / 估价：198.00元
PSN G-2013-363-1/1

全球信息社会蓝皮书
全球信息社会发展报告（2018）
著(编)者：丁波涛 唐涛　　2018年10月出版 / 估价：99.00元
PSN B-2017-665-1/1

日本经济蓝皮书
日本经济与中日经贸关系研究报告（2018）
著(编)者：张季风　　2018年6月出版 / 估价：99.00元
PSN B-2008-102-1/1

上海合作组织黄皮书
上海合作组织发展报告（2018）
著(编)者：李进峰　　2018年6月出版 / 估价：99.00元
PSN Y-2009-130-1/1

世界创新竞争力黄皮书
世界创新竞争力发展报告（2017）
著(编)者：李建平 李闽榕 赵新力
2018年1月出版 / 估价：168.00元
PSN Y-2013-318-1/1

世界经济黄皮书
2018年世界经济形势分析与预测
著(编)者：张宇燕　　2018年1月出版 / 估价：99.00元
PSN Y-1999-006-1/1

丝绸之路蓝皮书
丝绸之路经济带发展报告（2018）
著(编)者：任宗哲 白宽犁 谷孟宾
2018年1月出版 / 估价：99.00元
PSN B-2014-410-1/1

新兴经济体蓝皮书
金砖国家发展报告（2018）
著(编)者：林跃勤 周文　　2018年8月出版 / 估价：99.00元
PSN B-2011-195-1/1

亚太蓝皮书
亚太地区发展报告（2018）
著(编)者：李向阳　　2018年5月出版 / 估价：99.00元
PSN B-2001-015-1/1

印度洋地区蓝皮书
印度洋地区发展报告（2018）
著(编)者：汪戎　　2018年6月出版 / 估价：99.00元
PSN B-2013-334-1/1

渝新欧蓝皮书
渝新欧沿线国家发展报告（2018）
著(编)者：杨柏 黄森　　2018年6月出版 / 估价：99.00元
PSN B-2017-626-1/1

中阿蓝皮书
中国-阿拉伯国家经贸发展报告（2018）
著(编)者：张廉 段庆林 王林聪 杨巧红
2018年12月出版 / 估价：99.00元
PSN B-2016-598-1/1

中东黄皮书
中东发展报告No.20（2017~2018）
著(编)者：杨光　　2018年10月出版 / 估价：99.00元
PSN Y-1998-004-1/1

中亚黄皮书
中亚国家发展报告（2018）
著(编)者：孙力　　2018年6月出版 / 估价：99.00元
PSN Y-2012-238-1/1

国别类

澳大利亚蓝皮书
澳大利亚发展报告（2017-2018）
著(编)者：孙有中 韩锋　2018年12月出版 / 估价：99.00元
PSN B-2016-587-1/1

巴西黄皮书
巴西发展报告（2017）
著(编)者：刘国枝　2018年5月出版 / 估价：99.00元
PSN Y-2017-614-1/1

德国蓝皮书
德国发展报告（2018）
著(编)者：郑春荣　2018年6月出版 / 估价：99.00元
PSN B-2012-278-1/1

俄罗斯黄皮书
俄罗斯发展报告（2018）
著(编)者：李永全　2018年6月出版 / 估价：99.00元
PSN Y-2006-061-1/1

韩国蓝皮书
韩国发展报告（2017）
著(编)者：牛林杰 刘宝全　2018年5月出版 / 估价：99.00元
PSN B-2010-155-1/1

加拿大蓝皮书
加拿大发展报告（2018）
著(编)者：唐小松　2018年9月出版 / 估价：99.00元
PSN B-2014-389-1/1

美国蓝皮书
美国研究报告（2018）
著(编)者：郑秉文 黄平　2018年5月出版 / 估价：99.00元
PSN B-2011-210-1/1

缅甸蓝皮书
缅甸国情报告（2017）
著(编)者：孔鹏 杨祥章　2018年1月出版 / 估价：99.00元
PSN B-2013-343-1/1

日本蓝皮书
日本研究报告（2018）
著(编)者：杨伯江　2018年6月出版 / 估价：99.00元
PSN B-2002-020-1/1

土耳其蓝皮书
土耳其发展报告（2018）
著(编)者：郭长刚 刘义　2018年9月出版 / 估价：99.00元
PSN B-2014-412-1/1

伊朗蓝皮书
伊朗发展报告（2017～2018）
著(编)者：冀开运　2018年10月 / 估价：99.00元
PSN B-2016-574-1/1

以色列蓝皮书
以色列发展报告（2018）
著(编)者：张倩红　2018年8月出版 / 估价：99.00元
PSN B-2015-483-1/1

印度蓝皮书
印度国情报告（2017）
著(编)者：吕昭义　2018年4月出版 / 估价：99.00元
PSN B-2012-241-1/1

英国蓝皮书
英国发展报告（2017～2018）
著(编)者：王展鹏　2018年12月出版 / 估价：99.00元
PSN B-2015-486-1/1

越南蓝皮书
越南国情报告（2018）
著(编)者：谢林城　2018年1月出版 / 估价：99.00元
PSN B-2006-056-1/1

泰国蓝皮书
泰国研究报告（2018）
著(编)者：庄国土 张禹东　刘文正
2018年10月出版 / 估价：99.00元
PSN B-2016-556-1/1

文化传媒类

“三农”舆情蓝皮书
中国“三农”网络舆情报告（2017～2018）
著(编)者：农业部信息中心
2018年6月出版 / 估价：99.00元
PSN B-2017-640-1/1

传媒竞争力蓝皮书
中国传媒国际竞争力研究报告（2018）
著(编)者：李本乾 刘强 王大可
2018年8月出版 / 估价：99.00元
PSN B-2013-356-1/1

传媒蓝皮书
中国传媒产业发展报告（2018）
著(编)者：崔保国　2018年5月出版 / 估价：99.00元
PSN B-2005-035-1/1

传媒投资蓝皮书
中国传媒投资发展报告（2018）
著(编)者：张向东 谭云明
2018年6月出版 / 估价：148.00元
PSN B-2015-474-1/1

非物质文化遗产蓝皮书
中国非物质文化遗产发展报告（2018）
著(编)者：陈平　2018年5月出版 / 估价：128.00元
PSN B-2015-469-1/2

非物质文化遗产蓝皮书
中国非物质文化遗产保护发展报告（2018）
著(编)者：宋俊华　2018年10月出版 / 估价：128.00元
PSN B-2016-586-2/2

广电蓝皮书
中国广播电影电视发展报告（2018）
著(编)者：国家新闻出版广电总局发展研究中心
2018年7月出版 / 估价：99.00元
PSN B-2006-072-1/1

广告主蓝皮书
中国广告主营销传播趋势报告No.9
著(编)者：黄升民 杜国清 邵华冬 等
2018年10月出版 / 估价：158.00元
PSN B-2005-041-1/1

国际传播蓝皮书
中国国际传播发展报告（2018）
著(编)者：胡正荣 李继东 姬德强
2018年12月出版 / 估价：99.00元
PSN B-2014-408-1/1

国家形象蓝皮书
中国国家形象传播报告（2017）
著(编)者：张昆　2018年3月出版 / 估价：128.00元
PSN B-2017-605-1/1

互联网治理蓝皮书
中国网络社会治理研究报告（2018）
著(编)者：罗昕 支庭荣
2018年9月出版 / 估价：118.00元
PSN B-2017-653-1/1

纪录片蓝皮书
中国纪录片发展报告（2018）
著(编)者：何苏六　2018年10月出版 / 估价：99.00元
PSN B-2011-222-1/1

科学传播蓝皮书
中国科学传播报告（2016~2017）
著(编)者：詹正茂　2018年6月出版 / 估价：99.00元
PSN B-2008-120-1/1

两岸创意经济蓝皮书
两岸创意经济研究报告（2018）
著(编)者：罗昌智 董泽平
2018年10月出版 / 估价：99.00元
PSN B-2014-437-1/1

媒介与女性蓝皮书
中国媒介与女性发展报告（2017~2018）
著(编)者：刘利群　2018年5月出版 / 估价：99.00元
PSN B-2013-345-1/1

媒体融合蓝皮书
中国媒体融合发展报告（2017）
著(编)者：梅宁华 支庭荣　2018年1月出版 / 估价：99.00元
PSN B-2015-479-1/1

全球传媒蓝皮书
全球传媒发展报告（2017~2018）
著(编)者：胡正荣 李继东　2018年6月出版 / 估价：99.00元
PSN B-2012-237-1/1

少数民族非遗蓝皮书
中国少数民族非物质文化遗产发展报告（2018）
著(编)者：肖远平（彝） 柴立（满）
2018年10月出版 / 估价：118.00元
PSN B-2015-467-1/1

视听新媒体蓝皮书
中国视听新媒体发展报告（2018）
著(编)者：国家新闻出版广电总局发展研究中心
2018年7月出版 / 估价：118.00元
PSN B-2011-184-1/1

数字娱乐产业蓝皮书
中国动画产业发展报告（2018）
著(编)者：孙立军 孙平 牛兴侦
2018年10月出版 / 估价：99.00元
PSN B-2011-198-1/2

数字娱乐产业蓝皮书
中国游戏产业发展报告（2018）
著(编)者：孙立军 刘跃军
2018年10月出版 / 估价：99.00元
PSN B-2017-662-2/2

文化创新蓝皮书
中国文化创新报告（2017·No.8）
著(编)者：傅才武　2018年4月出版 / 估价：99.00元
PSN B-2009-143-1/1

文化建设蓝皮书
中国文化发展报告（2018）
著(编)者：江畅 孙伟平 戴茂堂
2018年5月出版 / 估价：99.00元
PSN B-2014-392-1/1

文化科技蓝皮书
文化科技创新发展报告（2018）
著(编)者：于平 李凤亮　2018年10月出版 / 估价：99.00元
PSN B-2013-342-1/1

文化蓝皮书
中国公共文化服务发展报告（2017~2018）
著(编)者：刘新成 张永新 张旭
2018年12月出版 / 估价：99.00元
PSN B-2007-093-2/10

文化蓝皮书
中国少数民族文化发展报告（2017~2018）
著(编)者：武翠英 张晓明 任乌晶
2018年9月出版 / 估价：99.00元
PSN B-2013-369-9/10

文化蓝皮书
中国文化产业供需协调检测报告（2018）
著(编)者：王亚南　2018年2月出版 / 估价：99.00元
PSN B-2013-323-8/10

文化蓝皮书
中国文化消费需求景气评价报告（2018）
著(编)者：王亚南　2018年2月出版 / 估价：99.00元
PSN B-2011-236-4/10

文化蓝皮书
中国公共文化投入增长测评报告（2018）
著(编)者：王亚南　2018年2月出版 / 估价：99.00元
PSN B-2014-435-10/10

文化品牌蓝皮书
中国文化品牌发展报告（2018）
著(编)者：欧阳友权　2018年5月出版 / 估价：99.00元
PSN B-2012-277-1/1

文化遗产蓝皮书
中国文化遗产事业发展报告（2017～2018）
著(编)者：苏杨 张颖岚 卓杰 白海峰 陈晨 陈叙图
2018年8月出版 / 估价：99.00元
PSN B-2008-119-1/1

文学蓝皮书
中国文情报告（2017～2018）
著(编)者：白烨　2018年5月出版 / 估价：99.00元
PSN B-2011-221-1/1

新媒体蓝皮书
中国新媒体发展报告No.9（2018）
著(编)者：唐绪军　2018年7月出版 / 估价：99.00元
PSN B-2010-169-1/1

新媒体社会责任蓝皮书
中国新媒体社会责任研究报告（2018）
著(编)者：钟瑛　2018年12月出版 / 估价：99.00元
PSN B-2014-423-1/1

移动互联网蓝皮书
中国移动互联网发展报告（2018）
著(编)者：余清楚　2018年6月出版 / 估价：99.00元
PSN B-2012-282-1/1

影视蓝皮书
中国影视产业发展报告（2018）
著(编)者：司若 陈鹏 陈锐　2018年4月出版 / 估价：99.00元
PSN B-2016-529-1/1

舆情蓝皮书
中国社会舆情与危机管理报告（2018）
著(编)者：谢耘耕　2018年9月出版 / 估价：138.00元
PSN B-2011-235-1/1

地方发展类-经济

澳门蓝皮书
澳门经济社会发展报告（2017～2018）
著(编)者：吴志良 郝雨凡　2018年7月出版 / 估价：99.00元
PSN B-2009-138-1/1

澳门绿皮书
澳门旅游休闲发展报告（2017～2018）
著(编)者：郝雨凡 林广志　2018年5月出版 / 估价：99.00元
PSN G-2017-617-1/1

北京蓝皮书
北京经济发展报告（2017～2018）
著(编)者：杨松　2018年6月出版 / 估价：99.00元
PSN B-2006-054-2/8

北京旅游绿皮书
北京旅游发展报告（2018）
著(编)者：北京旅游学会
2018年7月出版 / 估价：99.00元
PSN G-2012-301-1/1

北京体育蓝皮书
北京体育产业发展报告（2017～2018）
著(编)者：钟秉枢 陈杰 杨铁黎
2018年9月出版 / 估价：99.00元
PSN B-2015-475-1/1

滨海金融蓝皮书
滨海新区金融发展报告（2017）
著(编)者：王爱俭 李向前　2018年4月出版 / 估价：99.00元
PSN B-2014-424-1/1

城乡一体化蓝皮书
北京城乡一体化发展报告（2017～2018）
著(编)者：吴宝新 张宝秀 黄序
2018年5月出版 / 估价：99.00元
PSN B-2012-258-2/2

非公有制企业社会责任蓝皮书
北京非公有制企业社会责任报告（2018）
著(编)者：宋贵伦 冯培　2018年6月出版 / 估价：99.00元
PSN B-2017-613-1/1

福建旅游蓝皮书
福建省旅游产业发展现状研究（2017~2018）
著(编)者：陈敏华 黄远水
2018年12月出版 / 估价：128.00元
PSN B-2016-591-1/1

福建自贸区蓝皮书
中国(福建)自由贸易试验区发展报告(2017~2018)
著(编)者：黄茂兴　2018年4月出版 / 估价：118.00元
PSN B-2016-531-1/1

甘肃蓝皮书
甘肃经济发展分析与预测（2018）
著(编)者：安文华 罗哲　2018年1月出版 / 估价：99.00元
PSN B-2013-312-1/6

甘肃蓝皮书
甘肃商贸流通发展报告（2018）
著(编)者：张应华 王福生 王晓芳
2018年1月出版 / 估价：99.00元
PSN B-2016-522-6/6

甘肃蓝皮书
甘肃县域和农村发展报告（2018）
著(编)者：朱智文 包东红 王建兵
2018年1月出版 / 估价：99.00元
PSN B-2013-316-5/6

甘肃农业科技绿皮书
甘肃农业科技发展研究报告（2018）
著(编)者：魏胜文 乔德华 张东伟
2018年12月出版 / 估价：198.00元
PSN B-2016-592-1/1

巩义蓝皮书
巩义经济社会发展报告（2018）
著(编)者：丁同民 朱军 2018年4月出版 / 估价：99.00元
PSN B-2016-532-1/1

广东外经贸蓝皮书
广东对外经济贸易发展研究报告（2017～2018）
著(编)者：陈万灵 2018年6月出版 / 估价：99.00元
PSN B-2012-286-1/1

广西北部湾经济区蓝皮书
广西北部湾经济区开放开发报告（2017～2018）
著(编)者：广西壮族自治区北部湾经济区和东盟开放合作办公室
广西社会科学院
广西北部湾发展研究院
2018年2月出版 / 估价：99.00元
PSN B-2010-181-1/1

广州蓝皮书
广州城市国际化发展报告（2018）
著(编)者：张跃国 2018年8月出版 / 估价：99.00元
PSN B-2012-246-11/14

广州蓝皮书
中国广州城市建设与管理发展报告（2018）
著(编)者：张其学 陈小钢 王宏伟 2018年8月出版 / 估价：99.00元
PSN B-2007-087-4/14

广州蓝皮书
广州创新型城市发展报告（2018）
著(编)者：尹涛 2018年6月出版 / 估价：99.00元
PSN B-2012-247-12/14

广州蓝皮书
广州经济发展报告（2018）
著(编)者：张跃国 尹涛 2018年7月出版 / 估价：99.00元
PSN B-2005-040-1/14

广州蓝皮书
2018年中国广州经济形势分析与预测
著(编)者：魏明海 谢博能 李华
2018年6月出版 / 估价：99.00元
PSN B-2011-185-9/14

广州蓝皮书
中国广州科技创新发展报告（2018）
著(编)者：于欣伟 陈爽 邓佑满 2018年8月出版 / 估价：99.00元
PSN B-2006-065-2/14

广州蓝皮书
广州农村发展报告（2018）
著(编)者：朱名宏 2018年7月出版 / 估价：99.00元
PSN B-2010-167-8/14

广州蓝皮书
广州汽车产业发展报告（2018）
著(编)者：杨再高 冯兴亚 2018年7月出版 / 估价：99.00元
PSN B-2006-066-3/14

广州蓝皮书
广州商贸业发展报告（2018）
著(编)者：张跃国 陈杰 荀振英
2018年7月出版 / 估价：99.00元
PSN B-2012-245-10/14

贵阳蓝皮书
贵阳城市创新发展报告No.3（白云篇）
著(编)者：连玉明 2018年5月出版 / 估价：99.00元
PSN B-2015-491-3/10

贵阳蓝皮书
贵阳城市创新发展报告No.3（观山湖篇）
著(编)者：连玉明 2018年5月出版 / 估价：99.00元
PSN B-2015-497-9/10

贵阳蓝皮书
贵阳城市创新发展报告No.3（花溪篇）
著(编)者：连玉明 2018年5月出版 / 估价：99.00元
PSN B-2015-490-2/10

贵阳蓝皮书
贵阳城市创新发展报告No.3（开阳篇）
著(编)者：连玉明 2018年5月出版 / 估价：99.00元
PSN B-2015-492-4/10

贵阳蓝皮书
贵阳城市创新发展报告No.3（南明篇）
著(编)者：连玉明 2018年5月出版 / 估价：99.00元
PSN B-2015-496-8/10

贵阳蓝皮书
贵阳城市创新发展报告No.3（清镇篇）
著(编)者：连玉明 2018年5月出版 / 估价：99.00元
PSN B-2015-489-1/10

贵阳蓝皮书
贵阳城市创新发展报告No.3（乌当篇）
著(编)者：连玉明 2018年5月出版 / 估价：99.00元
PSN B-2015-495-7/10

贵阳蓝皮书
贵阳城市创新发展报告No.3（息烽篇）
著(编)者：连玉明 2018年5月出版 / 估价：99.00元
PSN B-2015-493-5/10

贵阳蓝皮书
贵阳城市创新发展报告No.3（修文篇）
著(编)者：连玉明 2018年5月出版 / 估价：99.00元
PSN B-2015-494-6/10

贵阳蓝皮书
贵阳城市创新发展报告No.3（云岩篇）
著(编)者：连玉明 2018年5月出版 / 估价：99.00元
PSN B-2015-498-10/10

贵州房地产蓝皮书
贵州房地产发展报告No.5（2018）
著(编)者：武廷方 2018年7月出版 / 估价：99.00元
PSN B-2014-426-1/1

贵州蓝皮书
贵州册亨经济社会发展报告（2018）
著(编)者：黄德林 2018年3月出版 / 估价：99.00元
PSN B-2016-525-8/9

贵州蓝皮书
贵州地理标志产业发展报告（2018）
著(编)者：李发耀 黄其松 2018年8月出版 / 估价：99.00元
PSN B-2017-646-10/10

贵州蓝皮书
贵安新区发展报告（2017~2018）
著(编)者：马长青 吴大华 2018年6月出版 / 估价：99.00元
PSN B-2015-459-4/10

贵州蓝皮书
贵州国家级开放创新平台发展报告（2017~2018）
著(编)者：申晓庆 吴大华 季泓
2018年11月出版 / 估价：99.00元
PSN B-2016-518-7/10

贵州蓝皮书
贵州国有企业社会责任发展报告（2017~2018）
著(编)者：郭丽 2018年12月出版 / 估价：99.00元
PSN B-2015-511-6/10

贵州蓝皮书
贵州民航业发展报告（2017）
著(编)者：申振东 吴大华 2018年1月出版 / 估价：99.00元
PSN B-2015-471-5/10

贵州蓝皮书
贵州民营经济发展报告（2017）
著(编)者：杨静 吴大华 2018年3月出版 / 估价：99.00元
PSN B-2016-530-9/9

杭州都市圈蓝皮书
杭州都市圈发展报告（2018）
著(编)者：沈翔 戚建国 2018年5月出版 / 估价：128.00元
PSN B-2012-302-1/1

河北经济蓝皮书
河北省经济发展报告（2018）
著(编)者：马树强 金浩 张贵 2018年4月出版 / 估价：99.00元
PSN B-2014-380-1/1

河北蓝皮书
河北经济社会发展报告（2018）
著(编)者：康振海 2018年1月出版 / 估价：99.00元
PSN B-2014-372-1/3

河北蓝皮书
京津冀协同发展报告（2018）
著(编)者：陈璐 2018年1月出版 / 估价：99.00元
PSN B-2017-601-2/3

河南经济蓝皮书
2018年河南经济形势分析与预测
著(编)者：王世炎 2018年3月出版 / 估价：99.00元
PSN B-2007-086-1/1

河南蓝皮书
河南城市发展报告（2018）
著(编)者：张占仓 王建国 2018年5月出版 / 估价：99.00元
PSN B-2009-131-3/9

河南蓝皮书
河南工业发展报告（2018）
著(编)者：张占仓 2018年5月出版 / 估价：99.00元
PSN B-2013-317-5/9

河南蓝皮书
河南金融发展报告（2018）
著(编)者：喻新安 谷建全
2018年6月出版 / 估价：99.00元
PSN B-2014-390-7/9

河南蓝皮书
河南经济发展报告（2018）
著(编)者：张占仓 完世伟
2018年4月出版 / 估价：99.00元
PSN B-2010-157-4/9

河南蓝皮书
河南能源发展报告（2018）
著(编)者：国网河南省电力公司经济技术研究院
河南省社会科学院
2018年3月出版 / 估价：99.00元
PSN B-2017-607-9/9

河南商务蓝皮书
河南商务发展报告（2018）
著(编)者：焦锦淼 穆荣国 2018年5月出版 / 估价：99.00元
PSN B-2014-399-1/1

河南双创蓝皮书
河南创新创业发展报告（2018）
著(编)者：喻新安 杨雪梅 2018年8月出版 / 估价：99.00元
PSN B-2017-641-1/1

黑龙江蓝皮书
黑龙江经济发展报告（2018）
著(编)者：朱宇 2018年1月出版 / 估价：99.00元
PSN B-2011-190-2/2

湖南城市蓝皮书
区域城市群整合
著(编)者：童中贤 韩未名 2018年12月出版 / 估价：99.00元
PSN B-2006-064-1/1

湖南蓝皮书
湖南城乡一体化发展报告（2018）
著(编)者：陈文胜 王文强 陆福兴
2018年8月出版 / 估价：99.00元
PSN B-2015-477-8/8

湖南蓝皮书
2018年湖南电子政务发展报告
著(编)者：梁志峰 2018年5月出版 / 估价：128.00元
PSN B-2014-394-6/8

湖南蓝皮书
2018年湖南经济发展报告
著(编)者：卞鹰 2018年5月出版 / 估价：128.00元
PSN B-2011-207-2/8

湖南蓝皮书
2016年湖南经济展望
著(编)者：梁志峰 2018年5月出版 / 估价：128.00元
PSN B-2011-206-1/8

湖南蓝皮书
2018年湖南县域经济社会发展报告
著(编)者：梁志峰　2018年5月出版 / 估价：128.00元
PSN B-2014-395-7/8

湖南县域绿皮书
湖南县域发展报告（No.5）
著(编)者：袁准 周小毛 黎仁寅
2018年3月出版 / 估价：99.00元
PSN G-2012-274-1/1

沪港蓝皮书
沪港发展报告（2018）
著(编)者：尤安山　2018年9月出版 / 估价：99.00元
PSN B-2013-362-1/1

吉林蓝皮书
2018年吉林经济社会形势分析与预测
著(编)者：邵汉明　2017年12月出版 / 估价：99.00元
PSN B-2013-319-1/1

吉林省城市竞争力蓝皮书
吉林省城市竞争力报告（2018~2019）
著(编)者：崔岳春 张磊　2018年12月出版 / 估价：99.00元
PSN B-2016-513-1/1

济源蓝皮书
济源经济社会发展报告（2018）
著(编)者：喻新安　2018年4月出版 / 估价：99.00元
PSN B-2014-387-1/1

江苏蓝皮书
2018年江苏经济发展分析与展望
著(编)者：王庆五 吴先满　2018年7月出版 / 估价：128.00元
PSN B-2017-635-1/3

江西蓝皮书
江西经济社会发展报告（2018）
著(编)者：陈石俊 龚建文　2018年10月出版 / 估价：128.00元
PSN B-2015-484-1/2

江西蓝皮书
江西设区市发展报告（2018）
著(编)者：姜玮 梁勇　2018年10月出版 / 估价：99.00元
PSN B-2016-517-2/2

经济特区蓝皮书
中国经济特区发展报告（2017）
著(编)者：陶一桃　2018年1月出版 / 估价：99.00元
PSN B-2009-139-1/1

辽宁蓝皮书
2018年辽宁经济社会形势分析与预测
著(编)者：梁启东 魏红江　2018年6月出版 / 估价：99.00元
PSN B-2006-053-1/1

民族经济蓝皮书
中国民族地区经济发展报告（2018）
著(编)者：李曦辉　2018年7月出版 / 估价：99.00元
PSN B-2017-630-1/1

南宁蓝皮书
南宁经济发展报告（2018）
著(编)者：胡建华　2018年9月出版 / 估价：99.00元
PSN B-2016-569-2/3

浦东新区蓝皮书
上海浦东经济发展报告（2018）
著(编)者：沈开艳 周奇　2018年2月出版 / 估价：99.00元
PSN B-2011-225-1/1

青海蓝皮书
2018年青海经济社会形势分析与预测
著(编)者：陈玮　2017年12月出版 / 估价：99.00元
PSN B-2012-275-1/2

山东蓝皮书
山东经济形势分析与预测（2018）
著(编)者：李广杰　2018年7月出版 / 估价：99.00元
PSN B-2014-404-1/5

山东蓝皮书
山东省普惠金融发展报告（2018）
著(编)者：齐鲁财富网
2018年9月出版 / 估价：99.00元
PSN B2017-676-5/5

山西蓝皮书
山西资源型经济转型发展报告（2018）
著(编)者：李志强　2018年7月出版 / 估价：99.00元
PSN B-2011-197-1/1

陕西蓝皮书
陕西经济发展报告（2018）
著(编)者：任宗哲 白宽犁 裴成荣
2018年1月出版 / 估价：99.00元
PSN B-2009-135-1/6

陕西蓝皮书
陕西精准脱贫研究报告（2018）
著(编)者：任宗哲 白宽犁 王建康
2018年6月出版 / 估价：99.00元
PSN B-2017-623-6/6

上海蓝皮书
上海经济发展报告（2018）
著(编)者：沈开艳
2018年2月出版 / 估价：99.00元
PSN B-2006-057-1/7

上海蓝皮书
上海资源环境发展报告（2018）
著(编)者：周冯琦 汤庆合
2018年2月出版 / 估价：99.00元
PSN B-2006-060-4/7

上饶蓝皮书
上饶发展报告（2016~2017）
著(编)者：廖其志　2018年3月出版 / 估价：128.00元
PSN B-2014-377-1/1

深圳蓝皮书
深圳经济发展报告（2018）
著(编)者：张骁儒　2018年6月出版 / 估价：99.00元
PSN B-2008-112-3/7

四川蓝皮书
四川城镇化发展报告（2018）
著(编)者：侯水平 陈炜
2018年4月出版 / 估价：99.00元
PSN B-2015-456-7/7

四川蓝皮书
2018年四川经济形势分析与预测
著(编)者：杨钢　2018年1月出版 / 估价：99.00元
PSN B-2007-098-2/7

四川蓝皮书
四川企业社会责任研究报告（2017～2018）
著(编)者：侯水平 盛毅　2018年5月出版 / 估价：99.00元
PSN B-2014-386-4/7

四川蓝皮书
四川生态建设报告（2018）
著(编)者：李晟之　2018年5月出版 / 估价：99.00元
PSN B-2015-455-6/7

体育蓝皮书
上海体育产业发展报告（2017~2018）
著(编)者：张林 黄海燕　2018年10月出版 / 估价：99.00元
PSN B-2015-454-4/5

体育蓝皮书
长三角地区体育产业发展报告（2017～2018）
著(编)者：张林　2018年4月出版 / 估价：99.00元
PSN B-2015-453-3/5

天津金融蓝皮书
天津金融发展报告（2018）
著(编)者：王爱俭 孔德昌　2018年3月出版 / 估价：99.00元
PSN B-2014-418-1/1

图们江区域合作蓝皮书
图们江区域合作发展报告（2018）
著(编)者：李铁　2018年6月出版 / 估价：99.00元
PSN B-2015-464-1/1

温州蓝皮书
2018年温州经济社会形势分析与预测
著(编)者：蒋儒标 王春光 金浩
2018年4月出版 / 估价：99.00元
PSN B-2008-105-1/1

西咸新区蓝皮书
西咸新区发展报告（2018）
著(编)者：李扬 王军
2018年6月出版 / 估价：99.00元
PSN B-2016-534-1/1

修武蓝皮书
修武经济社会发展报告（2018）
著(编)者：张占仓 袁凯声
2018年10月出版 / 估价：99.00元
PSN B-2017-651-1/1

偃师蓝皮书
偃师经济社会发展报告（2018）
著(编)者：张占仓 袁凯声 何武周
2018年7月出版 / 估价：99.00元
PSN B-2017-627-1/1

扬州蓝皮书
扬州经济社会发展报告（2018）
著(编)者：陈扬
2018年12月出版 / 估价：108.00元
PSN B-2011-191-1/1

长垣蓝皮书
长垣经济社会发展报告（2018）
著(编)者：张占仓 袁凯声 秦保建
2018年10月出版 / 估价：99.00元
PSN B-2017-654-1/1

遵义蓝皮书
遵义发展报告（2018）
著(编)者：邓彦 曾征 龚永育
2018年9月出版 / 估价：99.00元
PSN B-2014-433-1/1

地方发展类-社会

安徽蓝皮书
安徽社会发展报告（2018）
著(编)者：程桦　2018年4月出版 / 估价：99.00元
PSN B-2013-325-1/1

安徽社会建设蓝皮书
安徽社会建设分析报告（2017～2018）
著(编)者：黄家海 蔡宪
2018年11月出版 / 估价：99.00元
PSN B-2013-322-1/1

北京蓝皮书
北京公共服务发展报告（2017～2018）
著(编)者：施昌奎　2018年3月出版 / 估价：99.00元
PSN B-2008-103-7/8

北京蓝皮书
北京社会发展报告（2017～2018）
著(编)者：李伟东
2018年7月出版 / 估价：99.00元
PSN B-2006-055-3/8

北京蓝皮书
北京社会治理发展报告（2017～2018）
著(编)者：殷星辰　2018年7月出版 / 估价：99.00元
PSN B-2014-391-8/8

北京律师蓝皮书
北京律师发展报告 No.3（2018）
著(编)者：王隽　2018年12月出版 / 估价：99.00元
PSN B-2011-217-1/1

北京人才蓝皮书
北京人才发展报告（2018）
著(编)者：敏华　2018年12月出版 / 估价：128.00元
PSN B-2011-201-1/1

北京社会心态蓝皮书
北京社会心态分析报告（2017～2018）
北京市社会心理服务促进中心
2018年10月出版 / 估价：99.00元
PSN B-2014-422-1/1

北京社会组织管理蓝皮书
北京社会组织发展与管理（2018）
著(编)者：黄江松
2018年4月出版 / 估价：99.00元
PSN B-2015-446-1/1

北京养老产业蓝皮书
北京居家养老发展报告（2018）
著(编)者：陆杰华　周明明
2018年8月出版 / 估价：99.00元
PSN B-2015-465-1/1

法治蓝皮书
四川依法治省年度报告No.4（2018）
著(编)者：李林　杨天宗　田禾
2018年3月出版 / 估价：118.00元
PSN B-2015-447-2/3

福建妇女发展蓝皮书
福建省妇女发展报告（2018）
著(编)者：刘群英　2018年11月出版 / 估价：99.00元
PSN B-2011-220-1/1

甘肃蓝皮书
甘肃社会发展分析与预测（2018）
著(编)者：安文华　包晓霞　谢增虎
2018年1月出版 / 估价：99.00元
PSN B-2013-313-2/6

广东蓝皮书
广东全面深化改革研究报告（2018）
著(编)者：周林生　涂成林
2018年12月出版 / 估价：99.00元
PSN B-2015-504-3/3

广东蓝皮书
广东社会工作发展报告（2018）
著(编)者：罗观翠　2018年6月出版 / 估价：99.00元
PSN B-2014-402-2/3

广州蓝皮书
广州青年发展报告（2018）
著(编)者：徐柳　张强
2018年8月出版 / 估价：99.00元
PSN B-2013-352-13/14

广州蓝皮书
广州社会保障发展报告（2018）
著(编)者：张跃国　2018年8月出版 / 估价：99.00元
PSN B-2014-425-14/14

广州蓝皮书
2018年中国广州社会形势分析与预测
著(编)者：张强　郭志勇　何镜清
2018年6月出版 / 估价：99.00元
PSN B-2008-110-5/14

贵州蓝皮书
贵州法治发展报告（2018）
著(编)者：吴大华　2018年5月出版 / 估价：99.00元
PSN B-2012-254-2/10

贵州蓝皮书
贵州人才发展报告（2017）
著(编)者：于杰　吴大华
2018年9月出版 / 估价：99.00元
PSN B-2014-382-3/10

贵州蓝皮书
贵州社会发展报告（2018）
著(编)者：王兴骥　2018年4月出版 / 估价：99.00元
PSN B-2010-166-1/10

杭州蓝皮书
杭州妇女发展报告（2018）
著(编)者：魏颖　2018年10月出版 / 估价：99.00元
PSN B-2014-403-1/1

河北蓝皮书
河北法治发展报告（2018）
著(编)者：康振海　2018年6月出版 / 估价：99.00元
PSN B-2017-622-3/3

河北食品药品安全蓝皮书
河北食品药品安全研究报告（2018）
著(编)者：丁锦霞　2018年10月出版 / 估价：99.00元
PSN B-2015-473-1/1

河南蓝皮书
河南法治发展报告（2018）
著(编)者：张林海　2018年7月出版 / 估价：99.00元
PSN B-2014-376-6/9

河南蓝皮书
2018年河南社会形势分析与预测
著(编)者：牛苏林　2018年5月出版 / 估价：99.00元
PSN B-2005-043-1/9

河南民办教育蓝皮书
河南民办教育发展报告（2018）
著(编)者：胡大白　2018年9月出版 / 估价：99.00元
PSN B-2017-642-1/1

黑龙江蓝皮书
黑龙江社会发展报告（2018）
著(编)者：谢宝禄　2018年1月出版 / 估价：99.00元
PSN B-2011-189-1/2

湖南蓝皮书
2018年湖南两型社会与生态文明建设报告
著(编)者：卞鹰　2018年5月出版 / 估价：128.00元
PSN B-2011-208-3/8

湖南蓝皮书
2018年湖南社会发展报告
著(编)者：卞鹰　2018年5月出版 / 估价：128.00元
PSN B-2014-393-5/8

健康城市蓝皮书
北京健康城市建设研究报告（2018）
著(编)者：王鸿春　盛继洪　2018年9月出版 / 估价：99.00元
PSN B-2015-460-1/2

江苏法治蓝皮书
江苏法治发展报告No.6（2017）
著(编)者：蔡道通 龚廷泰　　2018年8月出版 / 估价：99.00元
PSN B-2012-290-1/1

江苏蓝皮书
2018年江苏社会发展分析与展望
著(编)者：王庆五 刘旺洪　　2018年8月出版 / 估价：128.00元
PSN B-2017-636-2/3

南宁蓝皮书
南宁法治发展报告（2018）
著(编)者：杨维超　　2018年12月出版 / 估价：99.00元
PSN B-2015-509-1/3

南宁蓝皮书
南宁社会发展报告（2018）
著(编)者：胡建华　　2018年10月出版 / 估价：99.00元
PSN B-2016-570-3/3

内蒙古蓝皮书
内蒙古反腐倡廉建设报告 No.2
著(编)者：张志华　　2018年6月出版 / 估价：99.00元
PSN B-2013-365-1/1

青海蓝皮书
2018年青海人才发展报告
著(编)者：王宇燕　　2018年9月出版 / 估价：99.00元
PSN B-2017-650-2/2

青海生态文明建设蓝皮书
青海生态文明建设报告（2018）
著(编)者：张西明 高华　　2018年12月出版 / 估价：99.00元
PSN B-2016-595-1/1

人口与健康蓝皮书
深圳人口与健康发展报告（2018）
著(编)者：陆杰华 傅崇辉　　2018年11月出版 / 估价：99.00元
PSN B-2011-228-1/1

山东蓝皮书
山东社会形势分析与预测（2018）
著(编)者：李善峰　　2018年6月出版 / 估价：99.00元
PSN B-2014-405-2/5

陕西蓝皮书
陕西社会发展报告（2018）
著(编)者：任宗哲 白宽犁 牛昉　　2018年1月出版 / 估价：99.00元
PSN B-2009-136-2/6

上海蓝皮书
上海法治发展报告（2018）
著(编)者：叶必丰　　2018年9月出版 / 估价：99.00元
PSN B-2012-296-6/7

上海蓝皮书
上海社会发展报告（2018）
著(编)者：杨雄 周海旺
2018年2月出版 / 估价：99.00元
PSN B-2006-058-2/7

社会建设蓝皮书
2018年北京社会建设分析报告
著(编)者：宋贵伦 冯虹　　2018年9月出版 / 估价：99.00元
PSN B-2010-173-1/1

深圳蓝皮书
深圳法治发展报告（2018）
著(编)者：张骁儒　　2018年6月出版 / 估价：99.00元
PSN B-2015-470-6/7

深圳蓝皮书
深圳劳动关系发展报告（2018）
著(编)者：汤庭芬　　2018年8月出版 / 估价：99.00元
PSN B-2007-097-2/7

深圳蓝皮书
深圳社会治理与发展报告（2018）
著(编)者：张骁儒　　2018年6月出版 / 估价：99.00元
PSN B-2008-113-4/7

生态安全绿皮书
甘肃国家生态安全屏障建设发展报告（2018）
著(编)者：刘举科 喜文华
2018年10月出版 / 估价：99.00元
PSN G-2017-659-1/1

顺义社会建设蓝皮书
北京市顺义区社会建设发展报告（2018）
著(编)者：王学武　　2018年9月出版 / 估价：99.00元
PSN B-2017-658-1/1

四川蓝皮书
四川法治发展报告（2018）
著(编)者：郑泰安　　2018年1月出版 / 估价：99.00元
PSN B-2015-441-5/7

四川蓝皮书
四川社会发展报告（2018）
著(编)者：李羚　　2018年6月出版 / 估价：99.00元
PSN B-2008-127-3/7

云南社会治理蓝皮书
云南社会治理年度报告（2017）
著(编)者：晏雄 韩全芳
2018年5月出版 / 估价：99.00元
PSN B-2017-667-1/1

地方发展类-文化

北京传媒蓝皮书
北京新闻出版广电发展报告（2017～2018）
著(编)者：王志　　2018年11月出版 / 估价：99.00元
PSN B-2016-588-1/1

北京蓝皮书
北京文化发展报告（2017～2018）
著(编)者：李建盛　　2018年5月出版 / 估价：99.00元
PSN B-2007-082-4/8

创意城市蓝皮书
北京文化创意产业发展报告（2018）
著(编)者：郭万超 张京成　2018年12月出版 / 估价：99.00元
PSN B-2012-263-1/7

创意城市蓝皮书
天津文化创意产业发展报告（2017～2018）
著(编)者：谢思全　2018年6月出版 / 估价：99.00元
PSN B-2016-536-7/7

创意城市蓝皮书
武汉文化创意产业发展报告（2018）
著(编)者：黄永林 陈汉桥　2018年12月出版 / 估价：99.00元
PSN B-2013-354-4/7

创意上海蓝皮书
上海文化创意产业发展报告（2017～2018）
著(编)者：王慧敏 王兴全　2018年8月出版 / 估价：99.00元
PSN B-2016-561-1/1

非物质文化遗产蓝皮书
广州市非物质文化遗产保护发展报告（2018）
著(编)者：宋俊华　2018年12月出版 / 估价：99.00元
PSN B-2016-589-1/1

甘肃蓝皮书
甘肃文化发展分析与预测（2018）
著(编)者：王俊莲 周小华　2018年1月出版 / 估价：99.00元
PSN B-2013-314-3/6

甘肃蓝皮书
甘肃舆情分析与预测（2018）
著(编)者：陈双梅 张谦元　2018年1月出版 / 估价：99.00元
PSN B-2013-315-4/6

广州蓝皮书
中国广州文化发展报告（2018）
著(编)者：屈哨兵 陆志强　2018年6月出版 / 估价：99.00元
PSN B-2009-134-7/14

广州蓝皮书
广州文化创意产业发展报告（2018）
著(编)者：徐咏虹　2018年7月出版 / 估价：99.00元
PSN B-2008-111-6/14

海淀蓝皮书
海淀区文化和科技融合发展报告（2018）
著(编)者：陈名杰 孟景伟　2018年5月出版 / 估价：99.00元
PSN B-2013-329-1/1

河南蓝皮书
河南文化发展报告（2018）
著(编)者：卫绍生　2018年7月出版 / 估价：99.00元
PSN B-2008-106-2/9

湖北文化产业蓝皮书
湖北省文化产业发展报告（2018）
著(编)者：黄晓华　2018年9月出版 / 估价：99.00元
PSN B-2017-656-1/1

湖北文化蓝皮书
湖北文化发展报告（2017~2018）
著(编)者：湖北大学高等人文研究院
中华文化发展湖北省协同创新中心
2018年10月出版 / 估价：99.00元
PSN B-2016-566-1/1

江苏蓝皮书
2018年江苏文化发展分析与展望
著(编)者：王庆五 樊和平　2018年9月出版 / 估价：128.00元
PSN B-2017-637-3/3

江西文化蓝皮书
江西非物质文化遗产发展报告（2018）
著(编)者：张圣才 傅安平　2018年12月出版 / 估价：128.00元
PSN B-2015-499-1/1

洛阳蓝皮书
洛阳文化发展报告（2018）
著(编)者：刘福兴 陈启明　2018年7月出版 / 估价：99.00元
PSN B-2015-476-1/1

南京蓝皮书
南京文化发展报告（2018）
著(编)者：中共南京市委宣传部
2018年12月出版 / 估价：99.00元
PSN B-2014-439-1/1

宁波文化蓝皮书
宁波"一人一艺"全民艺术普及发展报告（2017）
著(编)者：张爱琴　2018年11月出版 / 估价：128.00元
PSN B-2017-668-1/1

山东蓝皮书
山东文化发展报告（2018）
著(编)者：涂可国　2018年5月出版 / 估价：99.00元
PSN B-2014-406-3/5

陕西蓝皮书
陕西文化发展报告（2018）
著(编)者：任宗哲 白宽犁 王长寿
2018年1月出版 / 估价：99.00元
PSN B-2009-137-3/6

上海蓝皮书
上海传媒发展报告（2018）
著(编)者：强荧 焦雨虹　2018年2月出版 / 估价：99.00元
PSN B-2012-295-5/7

上海蓝皮书
上海文学发展报告（2018）
著(编)者：陈圣来　2018年6月出版 / 估价：99.00元
PSN B-2012-297-7/7

上海蓝皮书
上海文化发展报告（2018）
著(编)者：荣跃明　2018年2月出版 / 估价：99.00元
PSN B-2006-059-3/7

深圳蓝皮书
深圳文化发展报告（2018）
著(编)者：张骁儒　2018年7月出版 / 估价：99.00元
PSN B-2016-554-7/7

四川蓝皮书
四川文化产业发展报告（2018）
著(编)者：向宝云 张立伟　2018年4月出版 / 估价：99.00元
PSN B-2006-074-1/7

郑州蓝皮书
2018年郑州文化发展报告
著(编)者：王哲　2018年9月出版 / 估价：99.00元
PSN B-2008-107-1/1

皮书起源

“皮书”起源于十七、十八世纪的英国，主要指官方或社会组织正式发表的重要文件或报告，多以“白皮书”命名。在中国，“皮书”这一概念被社会广泛接受，并被成功运作、发展成为一种全新的出版形态，则源于中国社会科学院社会科学文献出版社。

皮书定义

皮书是对中国与世界发展状况和热点问题进行年度监测，以专业的角度、专家的视野和实证研究方法，针对某一领域或区域现状与发展态势展开分析和预测，具备原创性、实证性、专业性、连续性、前沿性、时效性等特点的公开出版物，由一系列权威研究报告组成。

皮书作者

皮书系列的作者以中国社会科学院、著名高校、地方社会科学院的研究人员为主，多为国内一流研究机构的权威专家学者，他们的看法和观点代表了学界对中国与世界的现实和未来最高水平的解读与分析。

皮书荣誉

皮书系列已成为社会科学文献出版社的著名图书品牌和中国社会科学院的知名学术品牌。2016 年，皮书系列正式列入“十三五”国家重点出版规划项目；2013~2018 年，重点皮书列入中国社会科学院承担的国家哲学社会科学创新工程项目；2018 年，59 种院外皮书使用“中国社会科学院创新工程学术出版项目”标识。

中国皮书网

（网址：www.pishu.cn）

发布皮书研创资讯，传播皮书精彩内容
引领皮书出版潮流，打造皮书服务平台

栏目设置

关于皮书：何谓皮书、皮书分类、皮书大事记、皮书荣誉、
皮书出版第一人、皮书编辑部

最新资讯：通知公告、新闻动态、媒体聚焦、网站专题、视频直播、下载专区

皮书研创：皮书规范、皮书选题、皮书出版、皮书研究、研创团队

皮书评奖评价：指标体系、皮书评价、皮书评奖

互动专区：皮书说、社科数托邦、皮书微博、留言板

所获荣誉

2008 年、2011 年，中国皮书网均在全国新闻出版业网站荣誉评选中获得“最具商业价值网站”称号；

2012 年，获得“出版业网站百强”称号。

网库合一

2014 年，中国皮书网与皮书数据库端口合一，实现资源共享。

更多信息请登录

皮书数据库
http：//www.pishu.com.cn

中国皮书网
http：//www.pishu.cn

皮书微博
http：//weibo.com/pishu

皮书微信“皮书说”

中国社会组织评估发展报告（2017）

ANNUAL REPORT ON SOCIAL ORGANIZATIONS EVALUATION IN CHINA (2017)

主　编／徐家良

图书在版编目(CIP)数据

中国社会组织评估发展报告．2017 / 徐家良主编．--北京：社会科学文献出版社，2017.12
（社会组织蓝皮书）
ISBN 978-7-5201-1988-7

Ⅰ．①中… Ⅱ．①徐… Ⅲ．①社会团体-评估-研究报告-中国-2017 Ⅳ．①C232

中国版本图书馆 CIP 数据核字（2017）第 309446 号

社会组织蓝皮书
中国社会组织评估发展报告（2017）

主　　编 / 徐家良

出 版 人 / 谢寿光
项目统筹 / 杨桂凤　童根兴
责任编辑 / 杨桂凤 等

出　　版 / 社会科学文献出版社 · 社会学编辑部（010）59367159
地址：北京市北三环中路甲 29 号院华龙大厦　邮编：100029
网址：www.ssap.com.cn
发　　行 / 市场营销中心（010）59367081　59367018
印　　装 / 北京季蜂印刷有限公司

规　　格 / 开 本：787mm × 1092mm　1/16
印 张：12.75　字 数：189 千字
版　　次 / 2017 年 12 月第 1 版　2017 年 12 月第 1 次印刷
书　　号 / ISBN 978-7-5201-1988-7
定　　价 / 89.00 元

皮书序列号 / PSN B-2013-366-2/2

本项研究得到爱佑慈善基金会的资助和大力支持！

爱佑慈善基金会
AI YOU FOUNDATION

本书是国家社会组织管理局社会组织与社会建设上海交通大学研究基地的研究成果

《中国社会组织评估发展报告（2017）》
课　题　组

课题组负责人　刘　锋　徐家良

课题组成员　黄一谷　张成刚　齐桂国　赵　娜　陈　阵
卢永彬　吴　磊　邰鹏峰　薛美琴　杨　宝
苑莉莉　张其伟　马超峰　王　怡　刘青琴

主编简介

徐家良 上海交通大学国际与公共事务学院教授，博士生导师，上海交通大学中国公益发展研究院院长，上海交通大学第三部门研究中心主任，国家社会组织管理局社会组织与社会建设上海交通大学研究基地主任，民政部全国社会组织教育培训上海交通大学基地主任，国家社会科学基金重大项目首席专家；北京大学政治学博士、北京大学社会学博士后，哈佛大学、香港中文大学、台湾政治大学访问学者。曾任教于浙江大学、北京师范大学。国家自然科学基金通讯评审专家、国家社会科学基金项目同行评议专家、教育部留学回国人员科研启动基金评审专家、中国博士后科学基金评审专家；中国社会组织促进会专家委员会委员、上海长三角社会组织发展中心理事长、上海市法学会慈善法治研究会副会长、上海浦江社会组织创新发展研究院副院长。CSSCI 来源集刊《中国第三部门研究》主编、《中国非营利评论》学术顾问委员会委员、《中国社会组织》编委、《上海社会组织》顾问。

研究专长：国家与社会关系、社会组织与地方治理、慈善公益。

出版《新时期中国社会组织建设研究》、《行业协会组织治理》、《互益性组织：中国行业协会研究》、《社会组织的结构、体制与能力研究》、《政府评价论》、《制度、影响力和博弈》、《社会团体导论》、《公共政策分析引论》、《公共行政伦理学基础》、《公共事业管理学基础》、《公共行政学基础》等专著和教材 11 部；2013～2016 年连续主编《中国社会组织评估发展报告》，2011 年开始主编《中国第三部门研究》（第 1～13 卷）；翻译出版《公益创业：一种以事实为基础创造社会价值的研究方法》、《美国历史上的慈善组织、公益事业和公民性》、《热浪——芝加哥灾难的社会剖析》、《判断的艺术——政策制定研究》。在《政治学研究》、《中国行政管理》、《北京大学学报》等期刊上发表学术论文 70 多篇，主持国家社会科学基金重大项目、国家社会科学基金重点项目、国家社会科学基金一般项目、教育部项目、民政部项目、北京市政府项目、上海市社会科学基金项目等 50 多项，其中 2011 年主持国家社会科学基金重点项目“新时期中国社会组织建设研究”，2014 年主持国家社会科学基金重大项目“全面深化改革中政府购买公共服务制度化研究”，2017 年主持国家社会科学基金重大项目“促进中国慈善事业发展的法律制度创新研究”。

摘 要

《中国社会组织评估发展报告（2017）》是上海交通大学国际与公共事务学院、上海交通大学中国公益发展研究院、上海交通大学第三部门研究中心与民政部社会组织服务中心合作的研究成果。

本书主要根据民政部2016年度全国性社会组织评估资料整理分析而成，涵盖全国性社会组织评估报告和评估等级的数据资料。社会组织具体包括全国性行业协会商会，全国性学术类、联合类和职业类社会团体，基金会，民办非企业单位。

全书内容由总报告、分报告、案例篇、对策分析篇、附录五个部分组成。

总报告对全国性社会组织评估进行了总体分析，具体包括社会组织评估工作概况、社会组织评估结果分析、社会组织评估内容分析、社会组织评估现状与政策建议四个部分。

分报告分别对全国性行业协会商会评估，全国性学术类、联合类和职业类社会团体评估，基金会评估，民办非企业单位评估进行了专题分析。

案例篇选取了3个有代表性的全国性社会组织进行简要介绍。3个全国性社会组织为金龙鱼慈善公益基金会、慈济慈善事业基金会、重庆大学教育发展基金会。

对策分析篇在对社会组织评估存在的问题进行分析的基础上，提出完善社会组织评估和促进社会组织发展的可操作性建议。

附录部分列出了社会组织评估大事记，从2016年1月1日开始到2016年12月31日止。

前　言

社会组织是我国社会主义现代化建设的重要力量，在中国特色社会主义新时代中作为一个主体发挥着积极作用。一般情况下，社会组织为社会提供互益产品和公益产品，参与公共事务，服务公众，考虑到社会组织最了解社会公众的需求，政府制定公共政策需要社会组织提供一手的数据与材料，因此，2017 年 5 月 4 日，民政部等九部委联合发布《关于社会智库健康发展的若干意见》，社会团体、社会服务机构和基金会等组织形式的社会智库在咨政建言等方面将扮演重要的角色。规范和引导社会智库健康发展、优化政策环境，对促进公共政策科学化与民主化、推动国家治理体系和治理能力现代化、提升国家软实力具有重要的现实意义。

2017 年 10 月 18 日，中国共产党第十九次全国代表大会在北京胜利召开，习近平总书记做了题为《决胜全面建成小康社会　夺取新时代中国特色社会主义伟大胜利》的报告，报告中五次提到社会组织，肯定了社会组织在国家治理、政府治理和社会治理中的地位与价值。社会组织在以下层面作用特别明显：一是在民主协商层面，社会组织是国家民主协商体系中不可或缺的部分，社会组织协商与政党协商、人大协商、政府协商、政协协商、人民团体协商、基层协商一起构成有机的协商体系；二是在社区治理层面，通过社会组织的各项活动，实现政府治理和社会调节、居民自治良性互动，社区建设离不开社会组织，社区治理只有在社会组织充分参与的情况下才能有效；三是在环境治理层面，社会组织与政府、企业一起，共同构建政府为主导、企业为主体、社会组织和公众共同参与的环境治理体系，对中国环境保护和人与自然可持续发展有积极作用；四是在政治功能层面，社会组织是组织中的一部分，它与企业、农村、机关、学校、科研院所、街道社区一起，进行基层党组织建设，成为宣传党的主张、贯彻党的决定、领导基层治理、团结动员群众、推动改革发展的坚强战斗堡垒；五是在发展党员层面，社会组织与产业工人、青年农民、高知识群体和非公有制经济组织一样，需要发展党员，向党输入新鲜血液，确保社会组织正确的政治方向。

社会组织评估是社会组织工作的一个有机组成部分，如何提升能力、承接政府职能、提供公共服务，直接关系到国家治理体系与治理能力建设现代化的成败，因此，需要持续、有效地加以推进。

民政部社会组织服务中心在2007～2016年开展的社会组织评估工作的基础上，2017年继续推进社会组织评估。通过项目招投标，有三家机构入选为全国性社会组织第三方评估机构，三家机构充分利用社会组织的专业优势开展服务，取得了较好的成绩。开展全国性社会组织评估、实施第三方评估，这是2017年度中国社会组织评估中最重要的亮点。这些制度创新为编写《中国社会组织评估发展报告（2017）》创造了非常有利的条件。

有鉴于此，我们决定继续撰写《中国社会组织评估发展报告（2017）》。2017年5月成立课题组，课题组负责人为刘锋、徐家良，成员为黄一谷、张成刚、齐桂国、赵娜、吴磊、邰鹏峰、杨宝、卢永彬、苑莉莉、薛美琴、张其伟、马超峰、王怡、刘青琴。

本蓝皮书是上海交通大学与民政部社会组织服务中心共同合作、集体研究的成果。课题组着手构思写作，重点做了两个方面的工作：第一，收集整理全国性社会组织评估材料。根据对2016年社会团体、民办非企业单位、基金会的评估情况，对全国性社会组织评估做了系统分析。第二，编制基金会的评估案例，对三家基金会的工作业绩与运作特色做了介绍。

上海交通大学国际与公共事务学院、上海交通大学中国公益发展研究院、上海交通大学第三部门研究中心、南京大学、上海工程技术大学、上海体育学院、南京理工大学、重庆大学相关研究人员承担了书稿的写作工作，具体分工如下：B1（上海交通大学徐家良教授、南京理工大学薛美琴讲师、南京大学马超峰博士生），B2－B5（上海交通大学徐家良教授、上海交通大学苑莉莉博士后、上海交通大学张其伟博士生、上海交通大学王怡硕士生），B6、B7（上海体育学院郜鹏峰副教授），B8（重庆大学杨宝副教授），B9、B10（上海工程技术大学吴磊副教授），B11（上海交通大学徐家良教授、上海交通大学刘青琴硕士生）。上海交通大学国际与公共事务学院卢永彬讲师核对了英文部分的有关内容。中国劳动关系学院侯志伟讲师做了前期的案例访谈和写作工作，后来由于个人原因，没有继续参加。

在蓝皮书编写过程中，得到民政部社会组织服务中心的大力支持。民政部社会组织服务中心副主任刘锋对蓝皮书的编写内容与体系提出了意见。

民政部社会组织服务中心管理服务处黄一谷处长、张成刚副处长、齐桂国副处长、赵娜副调研员等参与了稿件的编写工作，多次讨论审定修改事宜。

爱佑慈善基金会对中国社会组织评估研究给予了持续的关注和强力支持。

上海交通大学文科建设处处长吴建南教授，上海交通大学国际与公共事务学院院长钟杨教授、曹友谊书记为蓝皮书的写作提供了诸多的便利。

特别感谢社会科学文献出版社谢寿光社长、杨群总编的大力支持。责任编辑杨桂凤对书稿内容、风格提出了非常好的建议。

感谢所有帮助、关心和支持社会组织评估的业内专家和各界人士。

我们相信，“中国社会组织评估发展报告”能够真实、客观地记录全国性社会组织健康成长的点滴过程，历史将会告诉人们，每一次新的探索都凝聚着人们的心血。

由于时间仓促、水平有限，本书难免挂一漏万，存在这样那样的问题和不足，恳请有关学者和广大读者批评指正。

徐家良

2017 年 11 月 18 日

目　录

Ⅰ　总报告

Ⅱ　分报告

Ⅲ　案例篇

Ⅳ　对策分析篇

Ⅴ　附录

皮书数据库阅读**使用指南**

总 报 告

General Report

B.1 全国性社会组织评估总报告

摘 要： 2007年《民政部关于推进民间组织评估工作的指导意见》和《全国性民间组织评估实施办法》发布以来，全国性社会组织评估工作已满10年，评估的规范性、科学性、权威性、有序性和覆盖率显著提升。尤其是2015年《民政部关于探索建立社会组织第三方评估机制的指导意见》印发后，评估工作采用了更为有效的政社合作评估方式，开启了评估工作的新时代。国家社会组织管理局、民政部社会组织服务中心的引领有助于保证评估的权威性和有序性，公开招标遴选的第三方评估机构及多领域评估专家的参与提升了评估的规范性和科学性。在此基础上，评估结果与组织能力的关联度得到社会各界的认可。目前，评估工作的主要亮点为第三方评估的方式日渐成熟、评估等级分布科学合理、差异化评估等级满足社会的选择需求等，但目前仍存在诸如参评社会组织的分布不均衡、评估结果与政府购买服务匹配度仍需提升等关键问题，需要不断总结评估工作经验，进一步加强社会动员及社会组织规范化建设，完善政社合作的社会组织第三方评估制度。

关键词：　全国性社会组织　政社合作　评估分析　经验总结

一　社会组织评估工作概况

2016 年度全国性社会组织评估工作由国家社会组织管理局、民政部社会组织服务中心[①]组织推动，由第三方评估机构组织评估专家进行现场评估，参加评估工作的政府和社会组织等各类主体积累了丰富的经验，社会各界对评估等级的认可度持续提升。2007 年，民政部启动社会组织评估工作，经过 10 年的发展，全国性社会组织评估的规范性、科学性、权威性、有序性和覆盖率均显著提升。全国性社会组织评估采用了有效的政社合作评估方式，国家社会组织管理局、民政部社会组织服务中心的引领有助于保证评估的权威性和有序性，公开招标遴选的第三方评估机构及多领域评估专家的参与提升了评估的规范性和科学性。在此基础上，评估结果与组织能力的关联度越来越受到社会各界的关注。

（一）社会组织评估工作流程

2016 年 9 月 27 日，《国家社会组织管理局关于开展 2016 年度全国性社会组织评估工作的通知》（以下简称《通知》）（国社函〔2016〕2 号）印发，启动了 2016 年度全国性社会组织评估工作，《通知》提出“2013 年 12 月 31 日前在民政部登记成立，未参加过评估的全国性社会团体、基金会和

① 2017 年 6 月 28 日，根据《中央编办关于民政部民间组织服务中心更名等机构编制调整的批复》（中央编办复字〔2017〕176 号），民政部民间组织服务中心更名为民政部社会组织服务中心（《关于民政部民间组织服务中心更名的公告》，http：//www. chinanpo. gov. cn/2351/104237/index. html，发布时间：2017 年 6 月 28 日）。

民办非企业单位，或2011年前（含2011年）参加过评估，评估等级有效期满的”可以参加2016年度全国性社会组织评估。2017年10月11日，民政部公告（第417号）《2016年度全国性社会组织评估等级结果公告》发布，标志着2016年度全国性社会组织评估工作完成，共历时近12个月，具体评估工作流程见图1。

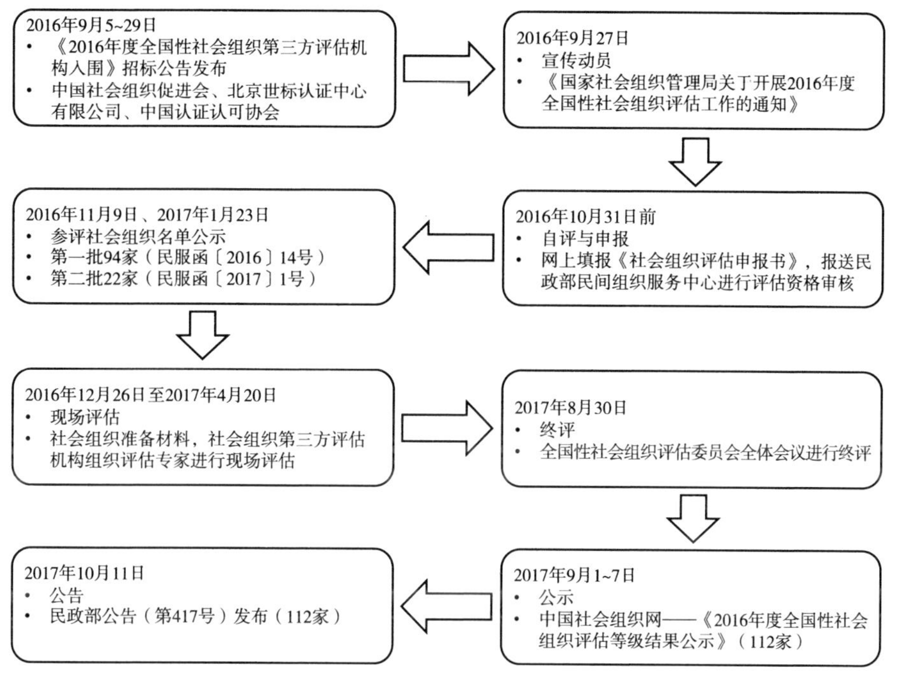

图1　2016年度全国性社会组织评估工作流程

资料来源：根据中国社会组织网发布的资料编制。

第一，社会组织第三方评估机构的招标阶段。2016年9月5日，《2016年度全国性社会组织第三方评估机构入围》招标公告发布，招标代理机构“中建精诚工程咨询有限公司”受民政部民间组织服务中心委托，公开招标2016年度全国性社会组织第三方评估机构，项目预算约55万元（财政资金）。9月26日开标，9月27日在中国政府采购网和中国社会组织网进行公示（公示期为3个工作日），中国社会组织促进会、北京世标认证中心有限公司、中国认证认可协会入围，公开招标工作实施以来，二次入围的单位为中国社会组织促进会。[①] 2016 年度全国性社会组织第三方评估机构的确定为评估工作的开展提供了组织保障。

第二，宣传动员阶段。2016 年 9 月 27 日，国家社会组织管理局向各全国性社会组织业务主管单位办公厅和各全国性社会组织发出《国家社会组织管理局关于开展 2016 年度全国性社会组织评估工作的通知》，对评估对象、评估内容、具体安排、动员要求等做了安排。

第三，全国性社会组织的自评与申报阶段。按照《国家社会组织管理局关于开展2016 年度全国性社会组织评估工作的通知》，计划参评并自评符合条件的社会组织登录社会组织评估申报系统（http：//pgsb. mzngo. org），填写统一的《社会组织评估申报书》，并于 2016 年 10 月 31 日前报送民政部民间组织服务中心进行评估资格审核。本年度采用网上填报方式，简化申报程序，加强信息公开。

第四，民政部民间组织服务中心对参评名单进行确认阶段。民政部民间组织服务中心对计划参评社会组织报送的资料进行审核后，在中国社会组织网分两批对参评社会组织名单进行公示：2016 年 11 月 9 日公示第一批名单（民服函〔2016〕14 号），共 94 家；2017 年 1 月 23 日公示第二批名单（民服函〔2017〕1 号），共 22 家。

第五，第三方评估机构对参评社会组织进行现场评估阶段。第一批 2016 年度全国性社会组织评估名单公示后，公开招标入围的社会组织第三方评估机构便组织多领域的评估专家进行现场评估并提出评估意见。现场评估阶段从 2016 年 12 月 26 日持续到 2017 年 4 月 20 日。

第六，全国性社会组织评估委员会全体会议进行终评阶段。2017 年 8 月 30 日，全国性社会组织评估委员会全体会议进行终评，确定了 2016 年度

① 2015 年度全国性社会组织第三方评估机构入围单位为中国社会组织促进会、北京七悦社会公益服务中心、北京海潮社会组织服务与评估中心（《2015 年度全国性社会组织第三方评估机构入围项目中标公示》，http：//www. chinanpo. gov. cn/2351/91711/index. html，发布时间：2015 年 11 月 27 日）。

全国性社会组织的评估等级。

第七，全国性社会组织评估结果公示阶段。终评结束后第二天即在中国社会组织网进行评估结果公示，其中5A级4家、4A级23家、3A级67家、2A级17家、1A级1家。

第八，全国性社会组织评估结果公告阶段。2017年9月1～7日的公示期结束后接受社会监督及复议复核。2017年10月11日，民政部公告（第417号）《2016年度全国性社会组织评估等级结果公告》发布，其中5A级4家、4A级23家、3A级68家、2A级16家、1A级1家，共计112家全国性社会组织获得评估等级。

（二）社会组织评估等级结果

2017年10月11日，民政部公告（第417号）《2016年度全国性社会组织评估等级结果公告》发布，并于2017年10月13日在中国社会组织网进行公告，39家全国性行业协会商会获得评估等级、36家全国性学术类社团获得评估等级、1家全国性职业类社团获得评估等级、7家全国性联合类社团获得评估等级、24家基金会获得评估等级、5家民办非企业单位获得评估等级，具体情况见表1。

二　社会组织评估结果分析

（一）社会组织评估结果概况

1. 历年社会组织评估情况

2016年度全国性社会组织评估结果渐趋稳定：在数量上，获得评估等级的全国性社会组织的数量经过起伏波动后，连续三年（2014～2016年度）稳定在110家左右；在分布上，全国性社会组织的评估等级逐渐趋向正态分布。在2016年度获得评估等级的112家全国性社会组织中，60.71%（68家）的全国性社会组织获得3A级、20.54%（23家）的全国性社会组织获得4A

表 1　2016 年度全国性社会组织评估等级结果分布

组织类型	5A 级	4A 级	3A 级	2A 级	1A 级
全国性行业协会商会	0 家	8 家 中国通信企业协会、中国医学装备协会、中国稀土行业协会、中国茶叶流通协会、中国钟表协会、中国涂料工业协会、中国和平利用军工技术协会、中国连锁经营协会	26 家 中国卫生有害生物防制协会、中国医药教育协会、中国农村能源行业协会、中国电子元件行业协会、中国无机盐工业协会、中国加气混凝土协会、中国包装联合会、中国非处方药物协会、中国麻醉药品协会、中国矿业权评估师协会、中国保健协会、中国殡葬协会、中国农业国际交流协会、中国农垦经贸流通协会、中国石材协会、中国建筑卫生陶瓷协会、中国化工施工企业协会、中国生产力促进中心协会、中国保密协会、中国冶金矿山企业协会、中国再生资源回收利用协会、中国企业评价协会、中国建筑装饰装修材料协会、中国藏毯协会、中国实验灵长类养殖开发协会、中国文化办公设备制造行业协会	5 家 中国演出行业协会、中国农业国际合作促进会、全国报纸自办发行协会、中国行业报协会、中国信息产业商会	0 家
全国性学术类社团	4 家 中国航空学会、中国电机工程学会、中华护理学会、中国电子学会	7 家 中国税务学会、中国环境科学学会、中国细胞生物学学会、中国免疫学会、中国营养学会、中国生物医学工程学会、中国经济体制改革研究会	17 家 中国植物生理与植物分子生物学学会、中国世界经济学会、中国石油学会、世界中医药学会联合会、新兴经济体研究会、中国国际经济合作学会、中国神经科学学会、中国新闻摄影学会、中国家庭教育学会、中国考古学会、中国民族建筑研究会、中国财政学会、中国农业生态环境保护协会、中国丁玲研究会、中国紫禁城学会、中国城市经济学会、中国索引学会	7 家 中国统计学会、中国地质矿产经济学会、中国拉丁美洲学会、中国华侨历史学会、中国社会科学情报学会、中华人民共和国国史学会、中华美国学会	1 家 中国儿童戏剧研究会

续表

组织类型	5A 级	4A 级	3A 级	2A 级	1A 级
全国性职业类社团	0 家	0 家	1 家 中国建设教育协会	0 家	0 家
全国性联合类社团	0 家	2 家 中国生态文明研究与促进会、中国化工教育协会	5 家 中国晚报工作者协会、中国诗歌学会、中国人像摄影学会、中国岩画学会、中国社会艺术协会	0 家	0 家
基金会	0 家	5 家 重庆大学教育发展基金会、慈济慈善事业基金会、中国海油海洋环境与生态保护公益基金会、中国金融教育发展基金会、兰州大学教育发展基金会	15 家 中国科技馆发展基金会、中华见义勇为基金会、智善公益基金会、北京科技大学教育发展基金会、金龙鱼慈善公益基金会、中华艺文基金会、万科公益基金会、萨马兰奇体育发展基金会、中国电影基金会、韩美林艺术基金会、李可染艺术基金会、中国敦煌石窟保护研究基金会、中国经济改革研究基金会、致福慈善基金会、爱慕公益基金会	4 家 鲁迅文化基金会、中国法学交流基金会、中国京剧艺术基金会、华鼎国学研究基金会	0 家
民办非企业单位	0 家	1 家 东方银行业高级管理人员研修院	4 家 现代工笔画院、华坤女性生活调查中心、华坤女性消费指导中心、世针针灸交流中心	0 家	0 家

资料来源：民政部公告（第 417 号）《2016 年度全国性社会组织评估等级结果公告》。

级、14.29%（16家）的全国性社会组织获得2A级、3.57%（4家）的全国性社会组织获得5A级、0.89%（1家）的全国性社会组织获得1A级（见图2）。

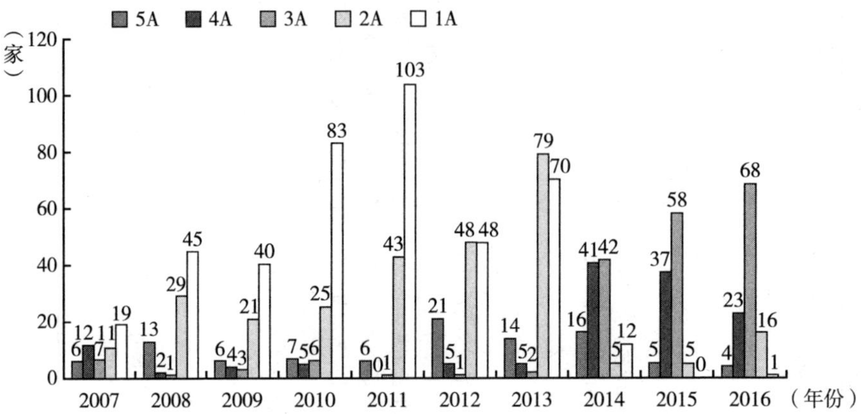

图2　2007～2016年度获得评估等级的全国性社会组织情况

资料来源：徐家良、廖鸿，2015；徐家良，2016；民政部公告（第417号）《2016年度全国性社会组织评估等级结果公告》（2017年10月11日），http：//www.chinanpo.gov.cn/2351/106734/index.html，中国社会组织网发布时间：2017年10月13日。

2.社会组织多次参评结果情况

2016年度全国性社会组织评估结果显示，62.50%（70家）的全国性社会组织是二次参评，其中24.29%的全国性社会组织评估等级有所上升、55.71%的全国性社会组织评估等级保持稳定、20.00%的全国性社会组织评估等级有所下降。评估等级上升的社会组织多为全国性学术类社团、全国性联合类社团、基金会和民办非企业单位；评估等级下降的社会组织多为全国性行业协会商会和全国性学术类社团（见表2）。

表2　2016年度全国性社会组织二次参评结果对比

组织类型	组织名称	一次参评	二次参评
全国性行业协会商会	中国茶叶流通协会	4A级	4A级
	中国和平利用军工技术协会	4A级	4A级
	中国连锁经营协会	4A级	4A级

续表

组织类型	组织名称	一次参评	二次参评
全国性行业协会商会	中国通信企业协会	4A 级	4A 级
	中国涂料工业协会	4A 级	4A 级
	中国藏毯协会	3A 级	3A 级
	中国保健协会	3A 级	3A 级
	中国电子元件行业协会	3A 级	3A 级
	中国非处方药物协会	3A 级	3A 级
	中国化工施工企业协会	3A 级	3A 级
	中国加气混凝土协会	3A 级	3A 级
	中国建筑卫生陶瓷协会	3A 级	3A 级
	中国矿业权评估师协会	3A 级	3A 级
	中国麻醉药品协会	3A 级	3A 级
	中国农村能源行业协会	3A 级	3A 级
	中国农垦经贸流通协会	3A 级	3A 级
	中国农业国际交流协会	3A 级	3A 级
	中国石材协会	3A 级	3A 级
	中国文化办公设备制造行业协会	3A 级	3A 级
	中国医药教育协会	3A 级	3A 级
	中国卫生有害生物防制协会	4A 级	3A 级
	中国冶金矿山企业协会	4A 级	3A 级
	全国报纸自办发行协会	3A 级	2A 级
	中国行业报协会	3A 级	2A 级
	中国信息产业商会	3A 级	2A 级
	中国演出行业协会	3A 级	2A 级
全国性学术类社团	中国电机工程学会	4A 级	5A 级
	中国电子学会	4A 级	5A 级
	中国航空学会	4A 级	5A 级
	中国经济体制改革研究会	3A 级	4A 级
	中国生物医学工程学会	3A 级	4A 级
	中国税务学会	3A 级	4A 级
	中国细胞生物学学会	3A 级	4A 级
	中国新闻摄影学会	2A 级	3A 级
	中国紫禁城学会	2A 级	3A 级
	中国免疫学会	4A 级	4A 级
	中国营养学会	4A 级	4A 级
	中国丁玲研究会	3A 级	3A 级

续表

组织类型	组织名称	一次参评	二次参评
全国性学术类社团	中国国际经济合作学会	3A 级	3A 级
	中国家庭教育学会	3A 级	3A 级
	中国考古学会	3A 级	3A 级
	中国农业生态环境保护协会	3A 级	3A 级
	中国神经科学学会	3A 级	3A 级
	中国世界经济学会	3A 级	3A 级
	中国植物生理与植物分子生物学学会	3A 级	3A 级
	中国地质矿产经济学会	3A 级	2A 级
	中国环境科学学会	5A 级	4A 级
	中国石油学会	4A 级	3A 级
	世界中医药学会联合会	4A 级	3A 级
	中国社会科学情报学会	3A 级	2A 级
	中国统计学会	3A 级	2A 级
	中华美国学会	3A 级	2A 级
	中华人民共和国国史学会	4A 级	2A 级
全国性联合类社团	中国化工教育协会	3A 级	4A 级
	中国社会艺术协会	3A 级	3A 级
	中国晚报工作者协会	3A 级	3A 级
基金会	中国金融教育发展基金会	3A 级	4A 级
	李可染艺术基金会	2A 级	3A 级
	中国电影基金会	2A 级	3A 级
	中国敦煌石窟保护研究基金会	2A 级	3A 级
	中国科技馆发展基金会	2A 级	3A 级
	中国法学交流基金会	1A 级	2A 级
	慈济慈善事业基金会	4A 级	4A 级
	万科公益基金会	3A 级	3A 级
	中国经济改革研究基金会	3A 级	3A 级
	中华见义勇为基金会	3A 级	3A 级
民办非企业单位	世针针灸交流中心	1A 级	3A 级
	华坤女性生活调查中心	3A 级	3A 级
	华坤女性消费指导中心	3A 级	3A 级
	现代工笔画院	3A 级	3A 级

资料来源：根据中国社会组织网发布的资料编制。

注：“二次参评”指参加 2016 年度全国性社会组织评估，“一次参评”指全国性社会组织首次参加评估的年份，从 2007 年到 2013 年不等。

（二）社会组织评估结果情况

1.不同类型的社会组织情况

2016年度全国性社会组织评估结果显示，74.11%（83家）的社会团体获得评估等级、21.43%（24家）的基金会获得评估等级、4.46%（5家）的民办非企业单位（即社会服务机构①）获得评估等级，各类获得评估等级的社会组织基本情况见表3。2016年度《社会组织评估申报书》的报送截止日期是2016年10月31日，本报告主要依据的是2015年度社会组织实践活动所形成的资料。另外，根据《2015年社会服务发展统计公报》，截至2015年底，全国所有登记注册的社会组织中，社会团体、基金会、民办非企业单位占的比例分别为49.70%、0.72%、49.70%。2016年度全国性社会组织评估结果的组织类型数量分布数据与各类社会组织占总体的比例的数据存在差异，主要体现为民办非企业单位参评数量与其组织数量不成比例。一方面，可将其归因为结构性因素，虽然全国所有登记注册的社会组织中民办非企业单位所占比例接近50%，但民办非企业单位在全国性社会组织中所占的比例却不高；另一方面，全国性社会组织评估结果显示，2009~2016年度获得评估等级的民办非企业单位数量分别是29家、3家、1家、4家、1家、2家、5家、5家，后期参与评估的民办非企业单位数量并未形成稳步增长的趋势。

2.不同成立日期的社会组织情况

2016年度获得评估等级的全国性社会组织中，55.36%的全国性社会组织成立于1991~1995年（其中有50.00%的全国性社会组织成立于1991年），16.07%的全国性社会组织成立于2011~2015年，成立于2001~2005年和1990年及之前的全国性社会组织的比例均为8.04%，

① 2016年9月1日起施行的《中华人民共和国慈善法》规定“慈善组织可以采取基金会、社会团体、社会服务机构等组织形式”，在基本法层面上正式使用“社会服务机构”替代“民办非企业单位”。

表 3　2016 年度全国性社会组织评估结果的组织类型数量分布

单位：家

等级	全国性行业协会商会	全国性学术类社团	全国性职业类社团	全国性联合类社团	基金会	民办非企业单位
5A 级	0	4	0	0	0	0
4A 级	8	7	0	2	5	1
3A 级	26	17	1	5	15	4
2A 级	5	7	0	0	4	0
1A 级	0	1	0	0	0	0
合计	39	36	1	7	24	5

资料来源：根据中国社会组织网发布的资料编制。

7.14% 的全国性社会组织成立于 1996～2000 年，5.36% 的全国性社会组织成立于 2006～2010 年。2016 年度，在成立日期方面，成立于 2011～2015 年的全国性社会组织获 4A 级和 5A 级的比例为 33.33%，此阶段成立的全国性社会组织最易获高评估等级；相反，成立于 2001～2005 年的全国性社会组织获 4A 级和 5A 级的比例为 0，此阶段成立的全国性社会组织最难获高评估等级，详见图 3。

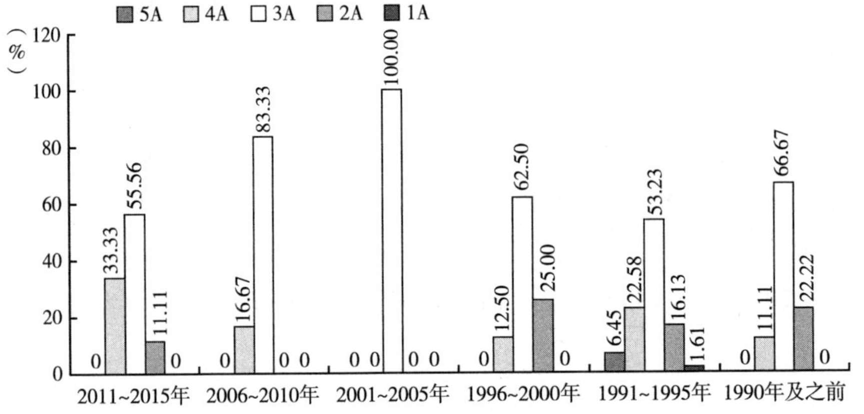

图 3　2016 年度获得评估等级的全国性社会组织成立日期情况

资料来源：根据中国社会组织网发布的资料和 2016 年度全国性社会组织评估的资料编制。

3. 不同注册资金的社会组织情况

2016年度获得评估等级的全国性社会组织中，社会团体的最高注册资金为800万元，注册资金为10万元及以下的社会团体占比为78.31%，注册资金在100万元以上的社会团体为中国茶叶流通协会（800万元，4A级）、中国保密协会（300万元，3A级）、中国石油学会（300万元，3A级）、世界中医药学会联合会（300万元，3A级）、中国经济体制改革研究会（100万元，4A级）、中华人民共和国国史学会（100万元，2A级）；基金会的最低注册资金为800万元，最高注册资金为50000万元，注册资金在10000万元及以上的基金会为中国海油海洋环境与生态保护公益基金会（50000万元，4A级）、慈济慈善事业基金会（10000万元，4A级）、智善公益基金会（10000万元，3A级）、中华艺文基金会（10000万元，3A级）；民办非企业单位的最低注册资金为5万元、最高注册资金为500万元，注册资金在100万元以上的民办非企业单位为东方银行业高级管理人员研修院（500万元，4A级）。2016年度，在注册资金方面，注册资金为11万~100万元的全国性社会组织获4A级和5A级的比例为37.50%，此注册资金范围内的全国性社会组织最易获高评估等级；相反，注册资金为10万元及以下的全国性社会组织获4A级和5A级的比例为20.90%，此注册资金范围内的全国性社会组织最难获高评估等级，详见图4。

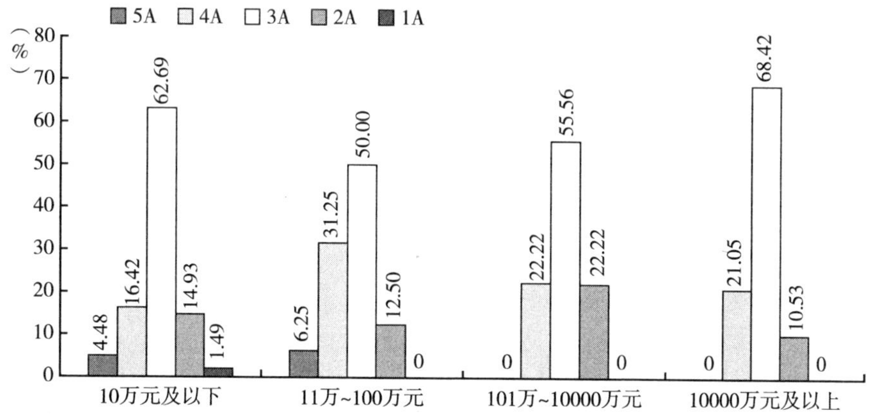

图4　2016年度获得评估等级的全国性社会组织注册资金情况

资料来源：根据中国社会组织网发布的资料和2016年度全国性社会组织评估的资料编制。

三　社会组织评估内容分析

全国性社会组织评估包括基础条件、内部治理、工作绩效和社会评价四部分。从2016年度全国性社会组织在四个一级指标上的平均分情况（见图5）可以看出：第一，在基础条件上，民办非企业单位的表现最佳，平均分高于总平均分，基金会和社会团体的平均分均低于总平均分；第二，在内部治理上，民办非企业单位的表现最佳，其次是基金会，二者的平均分均高于总平均分，社会团体的平均分则低于总平均分；第三，在工作绩效上，社会团体的表现最佳，民办非企业单位次之，二者的平均分均高于总平均分，而基金会的平均分则低于总平均分；第四，在社会评价上，社会团体的表现最佳，民办非企业单位次之，二者的平均分均高于总平均分，基金会的平均分则低于总平均分。总体上，民办非企业单位的表现最佳，平均分高于总平均分，社会团体和基金会的平均分则低于总平均分。以社会组织的能力建设为关注点，以下从基础条件、内部治理和工作绩效三个方面对2016年度全国性社会组织评估内容进行分析，分析资料为全国性社会组织的评估报告。

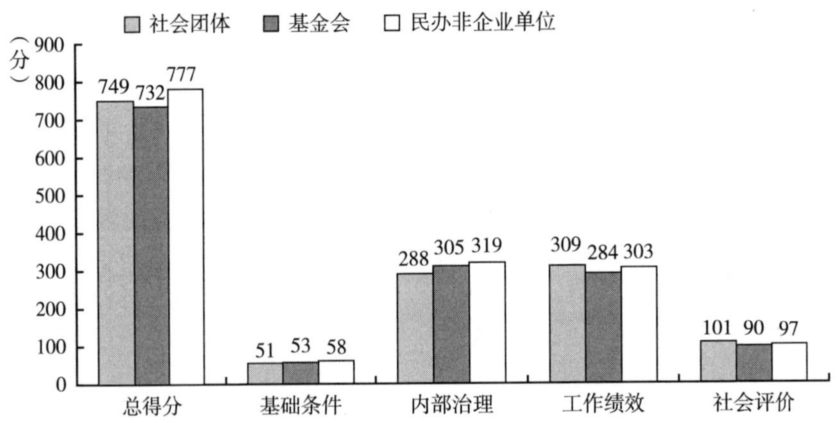

图5　2016年度全国性社会组织在四个一级指标上的平均分情况

资料来源：根据中国社会组织网发布的资料和2016年度全国性社会组织评估的资料编制。

（一）基础条件

2016年度获得评估等级的全国性社会组织在基础条件上都有一定的比较优势。第一，从二级指标法人资格看：（1）绝大部分全国性社会组织能按章程规定程序产生法定代表人、按时召开理事会，个别全国性社会组织存在章程规定和实际运作不一致的问题，如现有章程规定应由理事长充任法定代表人，而实际上是副理事长任法定代表人；（2）年末净资产均不低于注册资金，各类全国性社会组织2015年年末净资产在11.3万~56088.3万元之间；（3）社会组织将名称牌匾悬挂于办公场所外的比例为87.5%；（4）办公用房和办公设备均能满足社会组织当前工作的需要，各类社会组织办公用房面积在14~7300平方米之间（100平方米及以下的社会组织比例为36.70%）。第二，从二级指标章程看，各类社会组织的章程制定程序均达到规范要求。第三，从二级指标登记备案看，绝大部分社会组织能提供法定代表人等的变更登记证明，能提供负责人备案材料。第四，从二级指标年度检查看，98.21%的社会组织能按时进行年度检查，其中年度检查结论为“合格”的比例为95.46%、“基本合格”的比例为4.54%，年度检查为“基本合格”的5家全国性社会组织评估等级为1A级或3A级。

从一级指标基础条件看，2016年度不同等级的全国性社会组织的差异主要体现在办公用房类型、办公用房面积、年末净资产三个方面。

1. 办公用房类型

2016年度获得评估等级的全国性社会组织中，办公用房为无偿使用的比例为45.05%、租借的比例为44.14%、自有的比例为10.81%。在办公用房类型方面，自有办公用房的全国性社会组织获4A级和5A级的比例为58.33%，租借办公用房的全国性社会组织获4A级和5A级的比例仅为20.41%，无偿使用办公用房的全国性社会组织获4A级和5A级的比例为20.00%；将获3A级的全国性社会组织考虑在内，则租借办公用房的全国性社会组织最易获3A及以上评估等级，无偿使用办公用房的社会组织最难获3A及以上评估等级，详见图6。总体上，高评估等级的全国性社会组织拥有自有办公用房的比例较

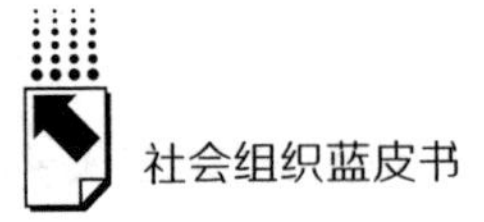

高；办公用房为无偿使用的全国性社会组织虽然数量上较多，但高评估等级（4A 及以上）或基本门槛性评估等级（3A 及以上）的社会组织数量不多。

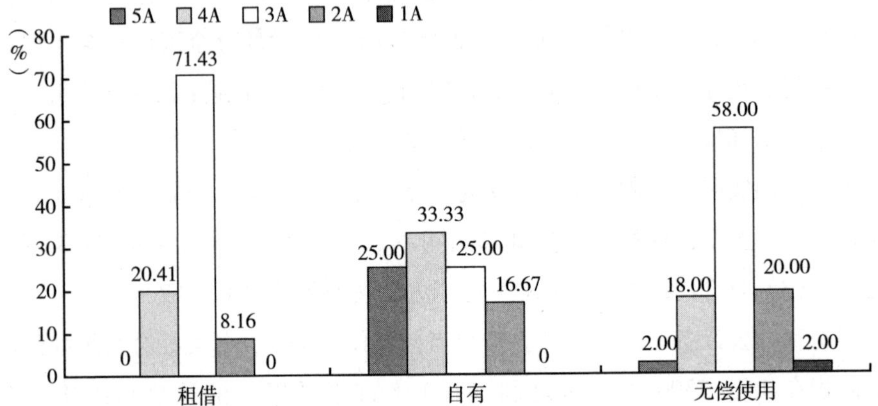

图 6　2016 年度获得评估等级的全国性社会组织办公用房类型情况

资料来源：根据中国社会组织网发布的资料和 2016 年度全国性社会组织评估的资料编制。

2. 办公用房面积

2016 年度，在获得评估等级的全国性社会组织中，办公用房面积为 50 平方米及以下、51～100 平方米的全国性社会组织各有 20 家，办公用房面积为 600 平方米以上的全国性社会组织有 13 家，办公用房面积为 251～300 平方米的全国性社会组织有 11 家，办公用房面积为 301～400 平方米的全国性社会组织有 10 家，办公用房面积为 101～150 平方米、151～200 平方米和 201～250 平方米的全国性社会组织各有 8 家，办公用房面积为 501～600 平方米的全国性社会组织有 6 家，办公用房面积为 401～500 平方米的全国性社会组织有 5 家（其他参评的 3 家全国性社会组织无办公用房面积数据）①。其中，拥有 600 平方米以上办公用房的全国性社会组织获 4A 级和 5A 级的比例为 69.23%，此办公用房面积范围内的全国性社会组织最易获高评估等级；相反，拥有 51～100 平方米办公用房的全国性社会组织获 4A

① 随着办公用房面积增长到一定程度，相同区间段社会组织的数量递减趋势明显，因此 300 平方米以下的区间划分标准为 50 平方米，300 平方米以上的区间划分标准为 100 平方米。

级和5A级的比例为5.00%，此面积范围内的全国性社会组织最难获高评估等级，详见图7。

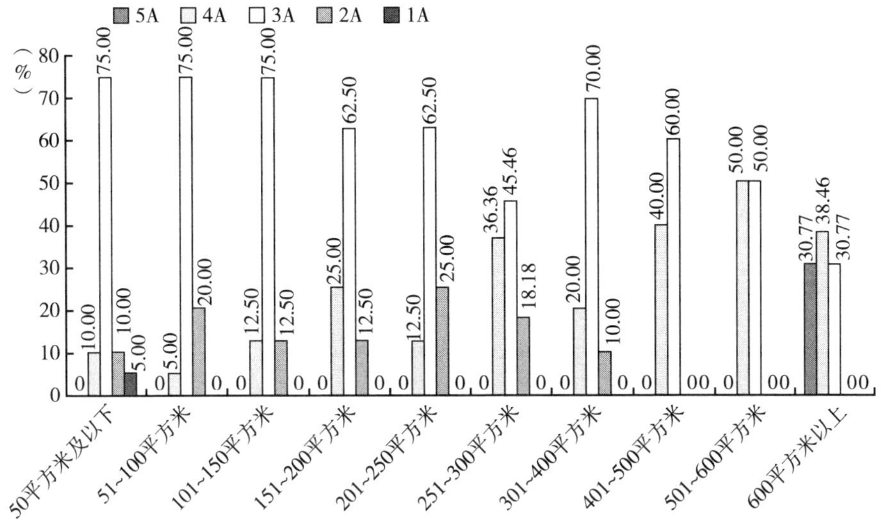

图7　2016年度获得评估等级的全国性社会组织办公用房面积情况

资料来源：根据中国社会组织网发布的资料和2016年度全国性社会组织评估的资料编制。

3. 年末净资产

年末净资产为2001万~56088万元的全国性社会组织获4A级和5A级的比例为41.94%；年末净资产为501万~2000万元的全国性社会组织获4A级和5A级的比例为33.33%；年末净资产为101万~500万元的全国性社会组织获4A级和5A级的比例为17.86%；年末净资产为1万~100万元的组织，则无1家获4A级或5A级。①，可以推测，评估等级随着年末净资产的增加而提高。因此，可以对二者关系做进一步的分析。首先，对变量“年末净资产”进行处理，各类全国性社会组织2015年年末净资产在11.3万~56088.3万元之间，为更清晰地观察其变化趋势，将年末净资产取自然对

① 随着年末净资产的等量增长，相同区间段社会组织的数量递减趋势明显。因此，以大致相同的组织数量对年末净资产进行划分，将年末净资产划分为4类，1万~100万元（26家）、101万~500万元（28家）、501万~2000万元（27家）、2001万~56088万元（31家）。

数；其次，由于边际效用递减以及组织惰性，年末净资产对评估等级的贡献存在递减效应。统计软件 SPSS 的输出结果（见图 8）进一步验证了评估等级随着年末净资产的增加而提高。

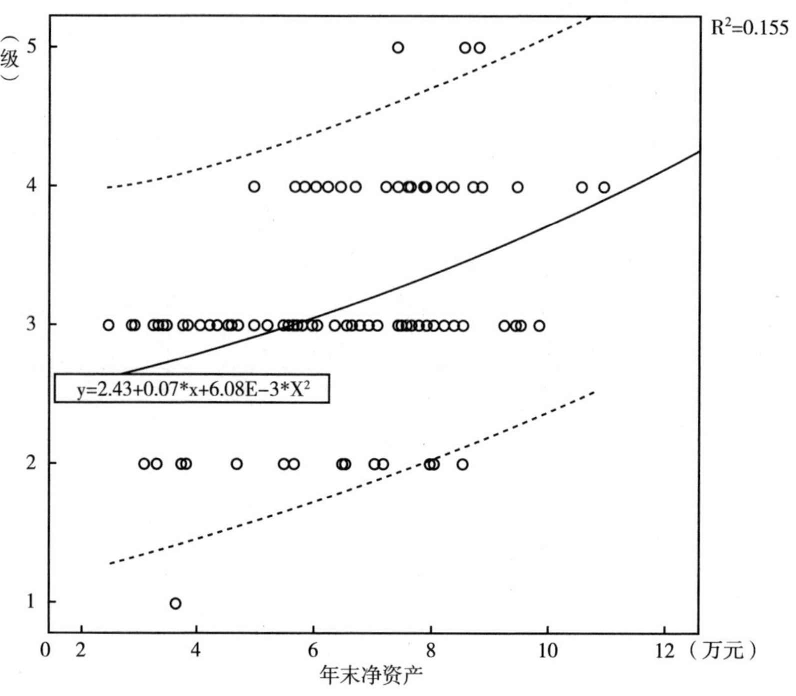

图 8　2016 年度全国性社会组织评估等级与年末净资产的关系

资料来源：根据中国社会组织网发布的资料和 2016 年度全国性社会组织评估的资料编制。

（二）内部治理

2016 年度获得评估等级的全国性社会组织在内部治理方面都具备了一定的规范性。第一，从二级指标组织机构看：（1）全国性社会组织中理事会按期换届的比例达 91.96%，理事人数在 4～522 人之间；（2）关于监事会，基金会和民办非企业单位均设立了监事会，而社会团体则较少设立监事会；（3）在民主决策上，绝大部分社会组织在章程修改、理事选举罢免、负责人产生等方面采取了投票表决形式，但 70.54% 的社会组织不能提供各类会议的会议纪要，或提供的会议纪要极不规范，如不能明确应到会人数、实到会人数、表决人数、会议举办的时间地点、决议事项等；（4）社会组织建立分支机构的情况主要集中在社会团体这个类型，社会团体建立的分支机构数在0~80个之间，基金会和民办非企业单位则较少设立分支机构。第二，从二级指标党组织看，各类全国性社会组织已建立党组织的比例为76.79%，党组织活动开展较丰富。第三，从二级指标领导班子看：（1）秘书长专职率为61.61%，秘书长以上负责人数量在1~52人之间，其中社会团体的秘书长以上负责人数量在1~52人之间，基金会和民办非企业单位的秘书长以上负责人数量在2~8人之间；（2）从国家工作人员兼任情况看，全国性社会组织党政领导兼职率和离退休领导兼职率均为12.5%。第四，从二级指标人力资源管理看：（1）各类社会组织的工作人员数量在3~113人之间，其中专职工作人员数量在0~113人之间，年龄结构合理；（2）本科及以上学历工作人员数量在1~101人之间，本科及以上学历工作人员比例在20%~100%之间，工作人员素质较高，能满足业务发展需要。第五，从二级指标财务资产管理看，各类全国性社会组织均存在财务管理制度不健全的问题，如缺少薪酬管理、资产管理、预算管理、投资管理、财务监督、财务报告等制度，16.07%的社会组织存在未执行《民间非营利组织会计制度》的问题；但绝大部分社会组织的会计核算实行电算化，使用的财务软件符合《民间非营利组织会计制度》的要求，办理了税务登记，发票、专用收据的开具都较规范。第六，从二级指标档案、证章管理看，各类全国性社会组织均制定了档案管理制度，档案资料均保存齐全、存放有序。

从内部治理看，2016年度获得评估等级的全国性社会组织的差异主要体现在负责人、党组织、国家工作人员兼任、专职工作四个方面。

1. 负责人

秘书长为专职的全国性社会组织获得4A及以上等级的比例为30.43%，而秘书长为兼职的全国性社会组织获得4A及以上等级的比例仅为5.88%。专职秘书长对全国性社会组织评估等级的提高有非常大的作用。从秘书长以上负责人数量看，拥有11~20个负责人的全国性社会组织获4A级和5A级的比例为42.42%，此人数范围内的社会组织最易获高评估等级；相反，拥有21~30个负责人的全国性社会组织获4A级和5A级的比例仅为6.67%，此人数范围内的社会组织最难获高评估等级，详见图9。

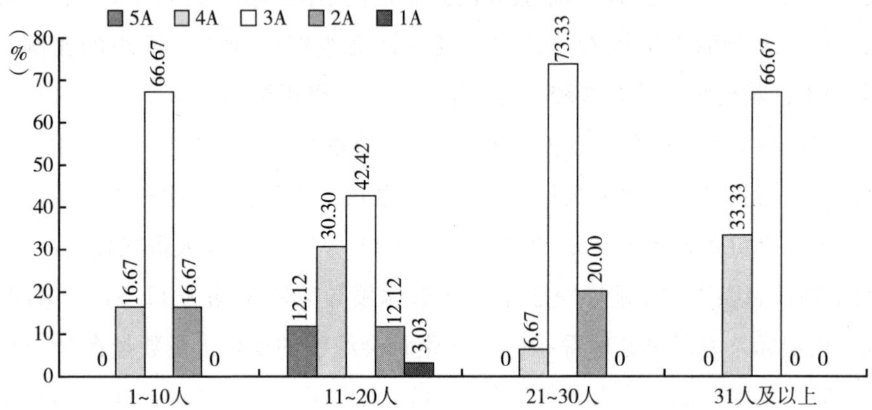

图9 2016年度获得评估等级的全国性社会组织负责人数量情况

资料来源：根据中国社会组织网发布的资料和2016年度全国性社会组织评估的资料编制。

2. 党组织

2016年度获得评估等级的全国性社会组织中，已建立党组织的共86家，其中获得5A级的比例为4.65%、4A级的比例为24.42%、3A级的比例为56.98%、2A级的比例为13.95%，无1A级。此外，没有建立党组织的全国性社会组织中，获得4A级的比例为7.69%、3A级的比例为73.08%、2A级的比例为15.38%、1A级的比例为3.85%，无5A级。

3. 国家工作人员兼任

2016年度获得评估等级的全国性社会组织中，有党政领导兼职或离退休领导兼职的共16家，其中获得4A级的比例为18.75%、3A级的比例为62.50%、2A级的比例为18.75%，无5A级和1A级。此外，无党政领导兼职或离退休领导兼职的全国性社会组织中，获得5A级的比例为4.17%、4A级的比例为20.83%、3A级的比例为60.42%、2A级的比例为13.54%、1A级的比例为1.04%。

4. 专职工作

从专职工作人员数量看，2016 年度获得评估等级的全国性社会组织中，在专职工作人员数量方面，拥有 31 人及以上专职工作人员的全国性社会组织获 4A 级和 5A 级的比例为 83.33%，此人数范围内的全国性社会组织最易获高评估等级；相反，拥有 10 人及以下专职工作人员的全国性社会组织获 4A 级和 5A 级的比例仅为 7.58%，此人数范围内的全国性社会组织最难获高评估等级，详见图 10。可以推测，随着专职工作人员数量的增加，全国性社会组织的评估等级也在上升。由于专职工作人员数量在一定程度上代表了组织的专业性，以上数据反映出专业性对组织效能提升的重要性。

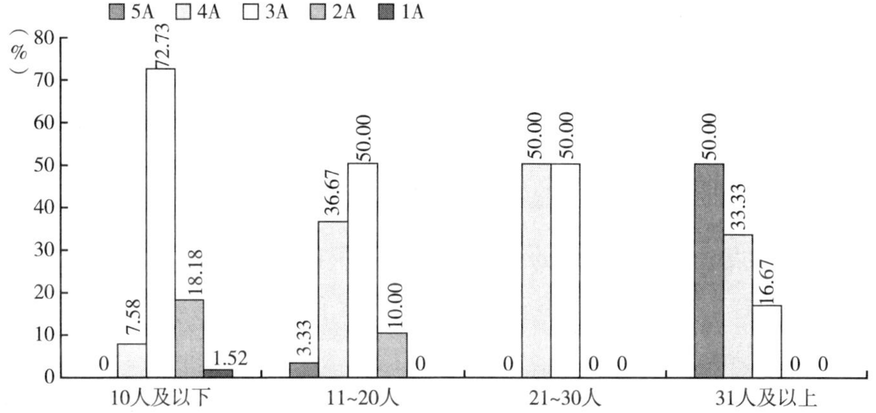

图 10　2016 年度获得评估等级的全国性社会组织专职工作人员情况

资料来源：根据中国社会组织网发布的资料和 2016 年度全国性社会组织评估的资料编制。

2016 年度获得评估等级的全国性社会组织中，51.55% 的组织的本科及以上学历工作人员的比例在 81% ~100% 之间、27.84% 的组织的本科及以上学历工作人员的比例在 61% ~80% 之间、16.49% 的组织的本科及以上学历工作人员的比例在 41% ~60% 之间、4.12% 的组织的本科及以上学历工作人员的比例在 20% ~40% 之间。数据结果显示，本科及以上学历工作人员的比例与评估等级并不完全呈线性正相关，如获 4A 及以上等级全国性社会组织中，本科及以上学历工作人员比例最低的区间是 41% ~60%，详见图 11，而获得 1A 级的全国性社会组织的工作人员却都是本科及以上学历。

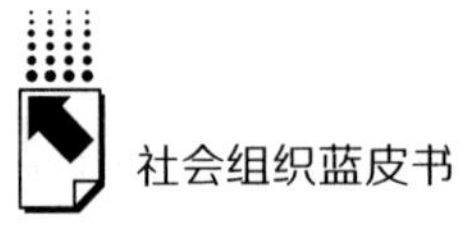

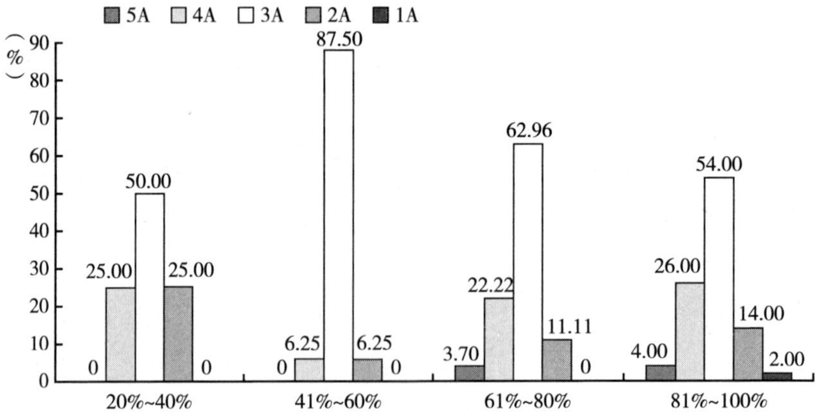

图 11　2016 年度获得评估等级的全国性社会组织中本科及以上学历工作人员情况

资料来源：根据中国社会组织网发布的资料和 2016 年度全国性社会组织评估的资料编制。

（三）工作绩效

2016 年度获得评估等级的全国性社会组织在工作绩效上差异较大。现选取一级指标工作绩效中具有可比性的内容（信息公开与宣传、政府购买服务、获奖情况）分析如下。

第一，在信息公开与宣传上，各类全国性社会组织均拥有多样化的信息公开平台，其中拥有刊物的全国性社会组织比例为 68.75%、拥有网站的全国性社会组织比例为 92.86%、拥有微信的全国性社会组织比例为 74.11%，信息更新及时。下面将获得评估等级的全国性社会组织在刊物和微信两个方面进行比较。数据显示，微信对全国性社会组织评估等级上升的贡献率更高，即微信更有助于社会组织的信息公开和能力提升，详见表 4。

第二，在政府购买服务上，购买对象主要为全国性行业协会商会、全国性联合类社团和民办非企业单位。2016 年度获得评估等级的全国性社会组织中，26 家社会组织有政府购买服务，占比为 23.21%。有政府购买服务的社会组织的评估等级主要为 3A 级及以上，但仍有一家社会组织的评估等级为 2A 级。

表4 2016年度不同评估等级全国性社会组织的信息平台情况

单位：%

	5A级	4A级	3A级	2A级	1A级
有刊物	5.19	23.38	61.04	9.09	1.30
无刊物	0.00	14.29	60.00	25.71	0.00
有微信	4.82	26.51	56.63	12.05	0.00
无微信	0.00	3.45	68.97	24.14	3.45

资料来源：根据中国社会组织网发布的资料和2016年度全国性社会组织评估的资料编制。

第三，在获奖情况上，相同评估等级的全国性社会组织中，获得奖项的社会组织占本评估等级社会组织总数的比例情况：5A级社会组织为100%；4A级社会组织为69.57%；3A级社会组织为52.94%；2A级社会组织为43.75%；1A级社会组织也同样有获奖经历。总体来说，社会组织有获奖经历将有助于社会组织评估等级的提升。

四 社会组织评估现状与政策建议

（一）社会组织评估现状

根据前文对2016年度全国性社会组织评估结果的分析，可对社会组织评估做如下总结。

第一，全国性社会组织评估等级分布科学、合理。自2007年度全国性社会组织评估工作开展以来，2016年度全国性社会组织评估等级分布最接近正态分布。正态分布也称常态分布，是最接近自然的一种分布形式，显示出全国性社会组织评估工作总体上的规范性和科学性。而评估工作规范性、科学性的具体评判标准主要依赖科学的评估指标（赵映川、郑军，2016）。

第二，差异化评估等级满足社会的认知和选择需求。对全国性社会组织评估报告的分析显示，社会组织的年检差异极小，98.21%的社会组织能按时进行年度检查，其中年度检查结论为“合格”的比例为95.46%，难以满足政府、企业、公众和其他社会组织选择优先合作社会组织的需要。社会组织的生存和发展遵从公益领域特有的优胜劣汰机制，即“社会选择机制”，这套机制将会提高公共服务效率、促进政府职能转变以及社会组织发展（马玉洁、陶传进，2014），而具权威性的评估正是社会选择机制的基本标准。

第三，参评社会组织的分布不均衡，主要体现为全国性社会组织评估对民办非企业单位的吸引力不大。对获得评估等级的全国性社会组织进行的趋势分析显示，2010～2016年民办非企业单位连续7年保持低参评率，多数首次参评的民办非企业单位在评估等级有效期满后并没有继续参评。一方面，对启动评估的权威部门和实施评估的第三方评估机构的认可度有待提升；另一方面，社会组织建设缺乏外部监督而存在有损组织持续发展的风险，难以明确社会组织面向政府的责任、面向公众的责任以及自身的责任（吴磊、徐家良，2017），最终对社会组织建设产生影响。

第四，全国性社会组织评估等级与政府购买服务匹配度仍需提升。各地区政府在购买服务方面一般会设置社会组织获得3A级及以上的基本门槛。评估等级是社会组织有效性的显示器，因此，可以推测，评估等级越高的社会组织越容易获得政府购买服务资格。对全国性社会组织评估报告的内容分析显示，政府购买服务的主要对象是全国性行业协会商会、全国性联合类社团和民办非企业单位，但其中有一家获得政府购买服务的社会组织仅获2A级，因此评估等级与政府购买服务匹配度仍需提升。

基于前文的分析，对社会组织建设经验做如下概括。

第一，全国性社会组织的专业性逐步提高。2016年度全国性社会组织评估结果显示，评估等级与组织专业性呈正相关；社会组织中专职工作人员的数量最多可达113人。专职秘书长和专职工作人员数量的增加都是社会组织专业性的主要体现，专业竞争力（敬乂嘉，2016）是社会组织发展的不竭动力。

第二，全国性社会组织党建工作效果显著。各类全国性社会组织已建立党组织的比例为76.79%，党组织活动内容较丰富。目前，社会组织党建工作已实施多年（廖鸿、石国亮，2011），党的组织的覆盖率不断提高、党的工作和社会组织专业性活动融合发展，党建和社建相互促进。

第三，全国性社会组织信息传播平台多元且便捷。拥有刊物的全国性社会组织比例为68.75%、拥有网站的全国性社会组织比例为92.86%、拥有微信的全国性社会组织比例为74.11%。对评估内容的分析显示，拥有微信与社会组织获得高评估等级密切相关。在“互联网+”背景下，信息科技快速发展，特别是电脑、手机、互联网、物联网等高新科技成果的普及性应用（孙伟平，2017），使社会组织推进微信等信息传播平台建设的门槛降低，更易于进行能力建设。

第四，全国性社会组织建设面临深化机构和行政体制改革的重要机遇。对评估内容的分析显示，无国家工作人员兼任的全国性社会组织评估等级较高：有党政领导兼职或离退休领导兼职的全国性社会组织获得4A及以上等级的比例为18.75%、无党政领导兼职或离退休领导兼职的全国性社会组织获得4A及以上等级的比例为25.00%。由于55.36%的参评社会组织成立于1991～1995年，其中有50.00%的全国性社会组织成立于1991年，若将1991～1995年视为机构和行政体制改革背景下全国性社会组织发展的第一个里程碑，则可将以2015年中共中央办公厅、国务院办公厅印发《行业协会商会与行政机关脱钩总体方案》为起点的阶段视为深化机构和行政体制改革背景下全国性社会组织发展的第二个里程碑。

此外，社会组织建设也存在如下不足。

第一，全国性社会组织的会议纪要缺乏或不规范。部分全国性社会组织提供的会员代表大会、理事会、常务理事会等各类会议的会议纪要不够规范，如不能明确应到会人数、实到会人数、表决人数、会议举办的时间地点、决议事项等内容。会议纪要具有纪实性和概括性功效，能够反映社会组织的民主办会情况，也是社会组织开展自我监督、实行社会监督的重要依据。因此，会议纪要缺乏或不规范将不利于社会组织的长期可持续发展。

第二，全国性社会组织的财务管理制度不健全。部分全国性社会组织缺

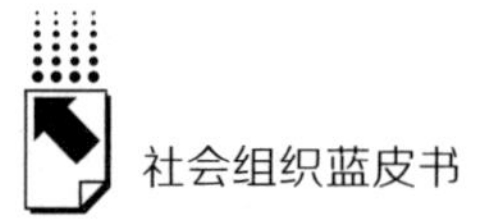

少薪酬管理、资产管理、预算管理、投资管理、财务监督、财务报告等制度。同时，16.07%的社会组织存在未执行《民间非营利组织会计制度》的问题。财务管理制度的完善有助于社会组织完善内部治理结构、加强内部管理，也有利于政府监管和社会监督，进而提高社会组织的公信力（刘春湘、郭梓焱，2016），最终有利于社会组织能力建设。

（二）完善全国性社会组织评估的政策建议

根据2016年度全国性社会组织评估现状，以下提出三条完善全国性社会组织评估的政策建议。

第一，通过科学合理的评估过程和结果满足社会选择需求。公共性是社会组织的重要属性，我国社会组织在蓬勃发展的同时，也面临公共性危机，如社会组织的行政化倾向、营利冲动以及低水平的专业服务能力等（韩小凤、苗红培，2016）。社会组织需要有科学的评估等级来满足社会选择需求，以使政府、企业等能够准确识别有效的社会组织。全国性社会组织评估需要通过完善评估指标、优化评估程序来实现评估结果的科学合理。反之，评估等级是否科学合理也是对评估指标和评估过程规范性的检视。

第二，提升评估的科学性和规范性，以评估的公正性吸引社会组织参评。全国性社会组织评估经过近十年的发展后，出现了对社会组织吸引力不足的现象，特别是民办非企业单位的参评情况不容乐观。国家社会组织管理局、民政部社会组织服务中心、第三方评估机构需要发挥评估的科学性和规范性优势，提升评估主体的专业素质（徐双敏、崔丹丹，2016），以评估的公正性不断吸引各类社会组织参评。

第三，加强对组织活动的持续关注，增强评估对小型社会组织的吸引力。规模较小的社会组织往往不具备与中型或大型社会组织相竞争的硬件条件，但拥有灵活和专业的组织活动优势。而这种社会组织的动态调整性正是发展良好的社会组织的共性（徐林、许鹿、薛圣凡，2015），因此全国性社会组织评估指标和评估工作需要加强对组织活动的动态跟踪和分析，提高评估工作的准确性，进而增强评估对小型社会组织的吸引力。

根据2016年度全国性社会组织评估现状，以下提出推动社会组织发展的政策建议。

第一，抓住深化机构和行政体制改革的机遇期，加强社会组织专业化建设、党建和互联网建设。新时代社会组织面临改革的机遇期，应不断发挥社会组织的内部优势，具体包括：社会组织的专业化发展，特别是社会组织对专业人才的吸纳（陈书洁，2016）；社会组织建设和党建协同发展，增强社会组织党建的针对性（李德，2016），抓好党建促发展、融入业务抓党建；社会组织的信息化建设融入“互联网+”，特别是借助网络政府（丁元竹，2016）建设期，通过多元、便捷的网络传播平台完善社会组织与政府、企业、公众和其他社会组织的互动机制。

第二，发挥社会组织建设能力，形成政府购买服务的核心竞争力。政府购买服务促进了社会组织发展的竞争性（管兵，2015），社会组织只有发挥优势并展现能力才能获得政府购买服务项目，而获得政府购买服务项目的直接保障是社会组织可量化、直观的核心竞争力。在此基础上，财政扶持政策既是培育社会组织的重要机制，也是社会治理创新的重要策略，进而推动具有地区性、专业性、发展性的社会组织发展（彭善民，2017）。

第三，借助深化改革机遇，规范财务等内部管理，创造适宜的社会组织办公环境。在深化机构和行政体制改革的机遇期，社会组织需要完善组织结构、会议纪要、财务管理等内部管理制度。社会组织的组织治理能力和财务管理能力（沈瑞英、赵志远，2015）相互促进，因此要特别注意社会组织财务管理制度，包括薪酬管理、资产管理、预算管理、投资管理、财务监督、财务报告等制度。

第四，紧跟社会需要，夯实社会组织发展基础，科学规划社会组织资金的使用。全国性社会组织在成立时需要夯实社会组织条件，保持办公用房的稳定性和办公环境的适宜性；同时，科学规划社会组织资金的使用，加大对资金使用情况的监督和考核力度（陈祝平、杨涛，2015），使资源配置最大化。

第五，加强组织的内部管理和品牌建构，增强政府购买服务的软性竞争力。政府购买社会组织公共服务不仅能促进政府转变职能、提高公共管理效率，又能提升社会组织能力，使其广泛参与公共事务，提高公众满意度（徐家良，2016）。因而社会组织在改善硬件条件的同时，还要加强组织内部管理和品牌建构，提高社会组织的责任承担能力、服务提供能力、信誉维系能力（曾维和、陈岩，2014），最终增强社会组织在政府购买服务方面的软性竞争力。

参考文献

陈书洁，2016，《合作治理中社会组织吸纳专业人才的制度环境与路径分化》，《中国行政管理》第9期。

陈祝平、杨涛，2015，《民间社会组织的资源、绩效及与外部主体良性互动——以恩派为个案》，《华东理工大学学报》（社会科学版）第1期。

丁元竹，2016，《积极探索建设平台政府，推进国家治理现代化》，《经济社会体制比较》第6期。

管兵，2015，《竞争性与反向嵌入性：政府购买服务与社会组织发展》，《公共管理学报》第3期。

韩小凤、苗红培，2016，《我国社会组织的公共性困境及其治理》，《探索》第6期。

敬乂嘉，2016，《控制与赋权：中国政府的社会组织发展策略》，《学海》第1期。

李德，2016，《当前我国社会组织快速发展产生的党建新问题和新要求》，《毛泽东邓小平理论研究》第7期。

廖鸿、石国亮，2011，《中国社会组织发展管理及改革展望》，《四川师范大学学报》（社会科学版）第5期。

刘春湘、郭梓焱，2016，《当前我国社会组织公信力危机及重构》，《湘潭大学学报》（哲学社会科学版）第4期。

马玉洁、陶传进，2014，《社会选择视野下政府购买社会组织服务研究》，《中国行政管理》第3期。

彭善民，2017，《财政扶持政策与社会组织发展》，《社会科学》第2期。

沈瑞英、赵志远，2015，《特大城市社会组织能力建设机制研究》，《华东理工大学学报》（社会科学版）第2期。

孙伟平，2017，《顺应信息时代发展的逻辑》，《吉首大学学报》（社会科学版）第2期。

吴磊、徐家良，2017，《政府购买公共服务中社会组织责任的实现机制研究——一个利益相关者理论的视角》，《理论月刊》第9期。

徐家良，2016，《政府购买社会组织公共服务制度化建设若干问题研究》，《国家行政学院学报》第1期。

徐家良主编，2016，《中国社会组织评估发展报告（2016）》，社会科学文献出版社。

徐家良、廖鸿主编，2015，《中国社会组织评估发展报告（2015）》，社会科学文献出版社。

徐林、许鹿、薛圣凡，2015，《殊途同归：异质资源禀赋下的社区社会组织发展路径》，《公共管理学报》第4期。

徐双敏、崔丹丹，2016，《民办非企业类社会组织评估现状及其完善研究——以浙江N市“阳光驿站”评估为例》，《晋阳学刊》第2期。

曾维和、陈岩，2014，《我国社会组织承接政府购买服务能力体系构建》，《社会主义研究》第3期。

赵映川、郑军，2016，《学会（协会）社会组织评估问题及对策》，《财会通讯》第3期。

分 报 告

Sub - Reports

B.2
全国性行业协会商会评估专题分析

摘 要: 本报告是基于2016年度全国性行业协会商会评估结果及相关资料的研究成果。一方面，描述了2016年度参评的全国性行业协会商会在基础条件、内部治理、工作绩效、社会评价方面的基本情况；另一方面，比较了2016年度不同评估等级的全国性行业协会商会的基本数据及近五年的评估情况。此外，本报告还从整体上总结了2016年度全国性行业协会商会的工作成绩和问题，并提出相应的政策建议。

关键词: 评估 全国性行业协会商会 基础条件 内部治理 工作绩效 社会评价

一 2016年度全国性行业协会商会评估总体情况

全国性行业协会商会是社会组织的一类，具有市场性、行业性、会员性、非营利性、非政府性和互益性等特点。有学者认为，全国性行业协会商会作为市场经济发展的必然产物，是市场经济主体为了表达自身的愿望与要求、维护共同的经济利益和社会利益而组成的，具有协调市场各行业主体的合法利益、提高市场配置资源的效率和维护市场经济运行秩序的功能，是市场经济体系的重要组成部分（徐家良，2003），全国性行业协会商会在促进市场健康发展方面，具有重要作用。

2008 年，民政部启动了首批全国性行业协会商会评估工作，各领域专家依据科学的评估指标，对自愿参评的组织进行评估。

（一）参评全国性行业协会商会的情况

2016 年，共有 39 家全国性行业协会商会参加评估。根据国家统计局第四次修订的《国民经济行业分类》（GB/T 4754 - 2017），在 2016 年度参评的全国性行业协会商会中，制造业类的全国性行业协会商会占比为 36%。参评全国性行业协会商会的具体行业分布见图 1。

根据《社会组织评估管理办法》和国家社会组织管理局《关于开展 2016 年度全国性社会组织评估工作的通知》的要求，经全国性社会组织评估委员会全体会议终评和全国性社会组织评估复核委员会复核，确定了 2016 年度全国性行业协会商会的评估等级结果。其中 5A 级空缺，4A 级 8 家（中国通信企业协会、中国医学装备协会、中国稀土行业协会、中国茶叶流通协会、中国钟表协会、中国涂料工业协会、中国和平利用军工技术协会、中国连锁经营协会），3A 级 26 家（中国卫生有害生物防制协会、中国医药教育协会、中国农村能源行业协会、中国电子元件行业协会、中国无机盐工业协会、中国加气混凝土协会、中国包装联合会、中国非处方药物协会、中国麻醉药品协会、中国矿业权评估师协会、中国保健协会、中国殡葬协会、中国农业国际交流协会、中国农垦经贸流通协会、中国石材协会、中国建筑卫生陶瓷协会、中国化工施工企业协会、中国生产力促进中心协会、中国保密协会、中国冶金矿山企业协会、中国再生资源回收利用协会、中国企业评价协会、中国建筑装饰装修材料协会、中国藏毯协会、中国实验灵长

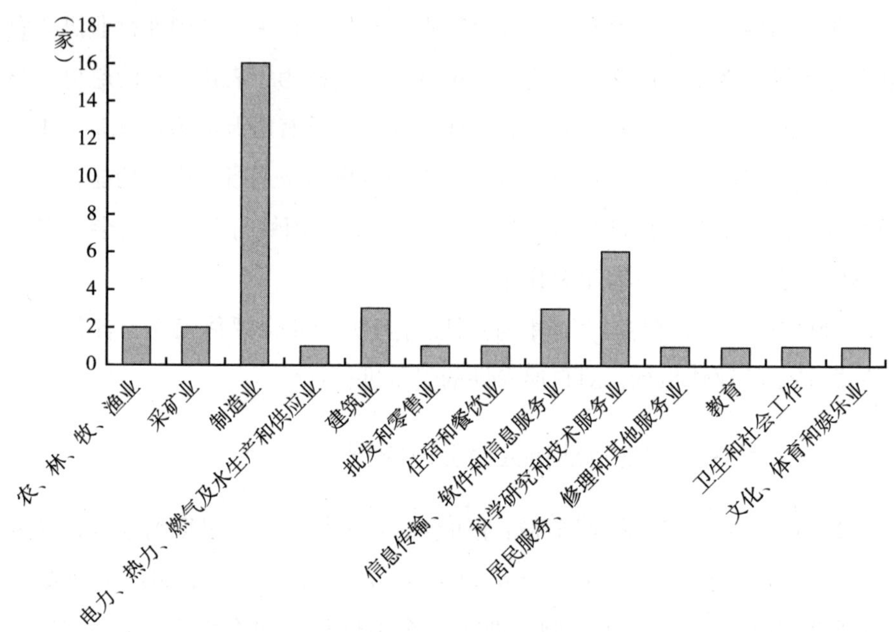

图1　2016 年度参评全国性行业协会商会行业分布

资料来源：根据国家统计局第四次修订的《国民经济行业分类》（GB/T 4754－2017）和 2016 年度全国性行业协会商会评估的资料编制。

类养殖开发协会、中国文化办公设备制造行业协会)，2A 级 5 家。①

自 2008 年民政部启动首批全国性行业协会商会评估工作以来，截至 2016 年底，共有 570 家全国性行业协会商会参评（有些全国性行业协会商会多次参评)：2008 年度 92 家，2009 年度 36 家，2010 年度 112 家，2011 年度 52 家，2012 年度 22 家，2013 年度 111 家，2014 年度 60 家，2015 年度 46 家，2016 年度 39 家，数量变化情况见图 2。

（二）全国性行业协会商会评估指标构成情况

根据国家社会组织管理局《关于开展 2016 年度全国性社会组织评估工作的通知》中列出的全国性行业协会商会评估资料，2016 年度的评估指标

① 《2016 年度全国性社会组织评估等级结果公告》，中华人民共和国民政部网站，http：//www.chinanpo.gov.cn/2351/106734/index.html，发布时间：2017 年 10 月 13 日。

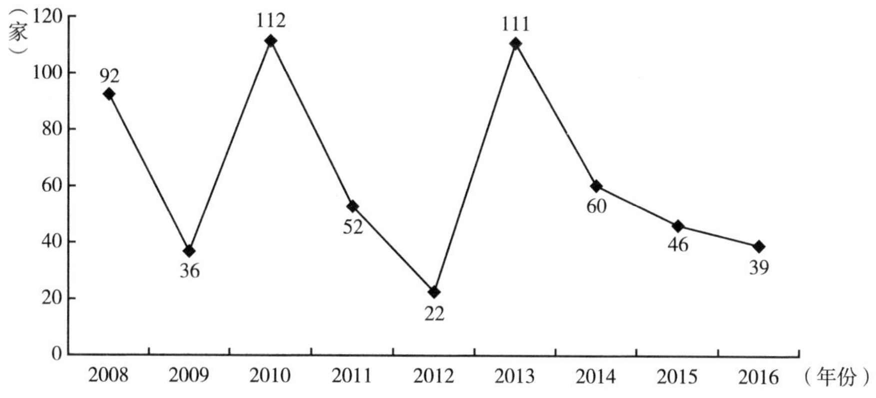

图2　2008～2016年度参评全国性行业协会商会数量变化情况

资料来源：根据2008～2016年度全国性行业协会商会评估的资料编制。

分为4个一级指标，分别是：基础条件（60分）、内部治理（390分）、工作绩效（430分）和社会评价（120分），与2015年度的一级指标一致，但分数权重发生了变化，基础条件和工作绩效各降低20分，内部治理及社会评价各提升20分，总体保持1000分不变，具体见图3。

基础条件分为4个二级指标（法人资格、章程、登记备案、年度检查，与2015年度的指标保持一致）、9个三级指标、12个四级指标。内部治理包括7个二级指标（发展规划，组织机构，党组织，领导班子，人力资源，财务资产管理，档案、证章管理）、27个三级指标、83个四级指标。工作绩效包括6个二级指标（提供服务、反映诉求、行业自律、行业影响力、信息公开与传播、特色工作）、16个三级指标、50个四级指标。社会评价包括2个二级指标（内部评价、外部评价）、6个三级指标、6个四级指标。

具体来看，基础条件的二级指标分数均小幅下调，内部治理中财务资产管理分数提升50分，党组织（从2015年的组织机构中独立出来成为新增的二级指标）30分，其他二级指标分数均下调，工作绩效中的提供服务和特色工作各下调10分，社会评价中的外部评价增加20分。

根据以上数据，2016年度评估指标较2015年度更为细化，评估有意识地向党组织、财务资产管理和外部评价倾斜，有利于更加科学、全面地对参

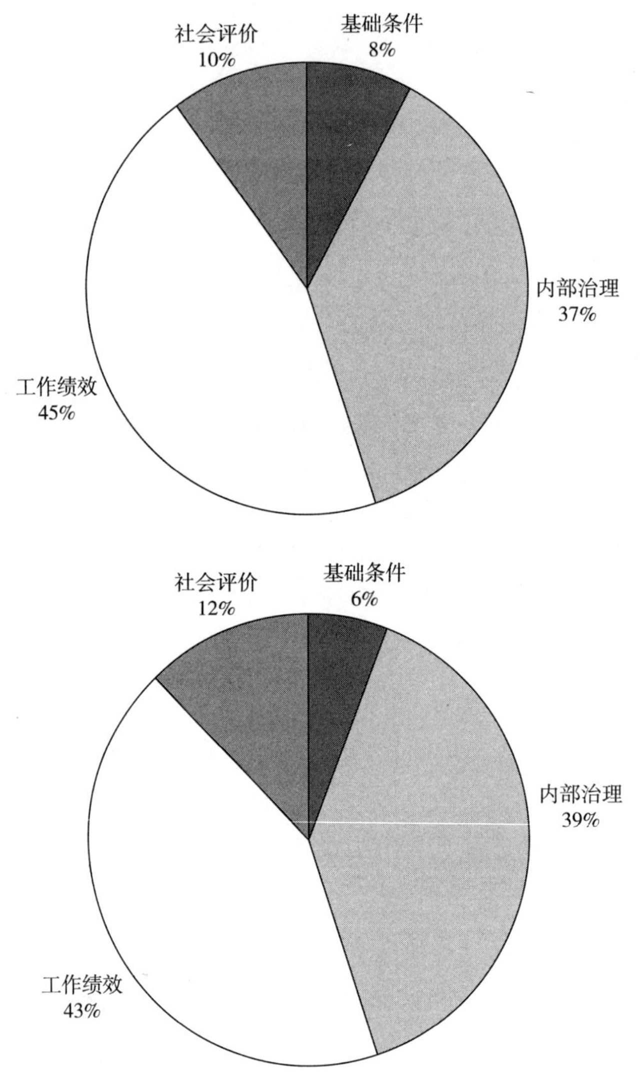

图3 2015 年度与 2016 年度全国性行业协会商会一级指标分数占比情况

资料来源：根据 2015、2016 年度全国性行业协会商会评估指标编制。

注：上图为 2015 年度情况，下图为 2016 年度情况。

评全国性行业协会商会开展评估工作，以期以评促建。具体指标分值对比详见表 1。

表1　2015、2016年度全国性行业协会商会评估指标构成

2015年度		2016年度	
一级指标	二级指标	一级指标	二级指标
基础条件(80分)	法人资格(33分) 章程(20分) 登记备案(14分) 年度检查(13分)	基础条件(60分)	法人资格(27分) 章程(15分) 登记备案(10分) 年度检查(8分)
内部治理(370分)	发展规划(12分) 组织机构(112分) 人力资源(45分) 领导班子建设(31分) 财务资产管理(150分) 档案、证章管理(20分)	内部治理(390分)	发展规划(8分) 组织机构(75分) 党组织(30分) 领导班子(24分) 人力资源(33分) 财务资产管理(200分) 档案、证章管理(20分)
工作绩效(450分)	提供服务(195分) 反映诉求(33分) 行业自律(85分) 行业影响力(50分) 信息公开与传播(57分) 特色工作(30分)	工作绩效(430分)	提供服务(185分) 反映诉求(33分) 行业自律(85分) 行业影响力(50分) 信息公开与传播(57分) 特色工作(20分)
社会评价(100分)	内部评价(50分) 外部评价(50分)	社会评价(120分)	内部评价(50分) 外部评价(70分)

资料来源：根据2015、2016年度全国性行业协会商会评估指标编制。

二　2016年度全国性行业协会商会评估等级情况分析

根据《社会组织评估管理办法》和全国性社会组织评估的相关规定，全国性行业协会商会参加评估首先需要填写并报送《社会组织评估申报书》、准备资料，再由社会组织第三方评估机构组织评估专家进行现场评估，最后全国性社会组织评估委员会对现场评估意见进行审核，确定评估等级并公示、公告。

评估结果显示，2016年度5A级全国性行业协会商会空缺，4A级8家，

3A 级 26 家，2A 级 5 家。参评全国性行业协会商会的平均分为 730.7 分，较 2014 年度下降了 25.4 分，属近年来较低水平，具体变化详见图 4。

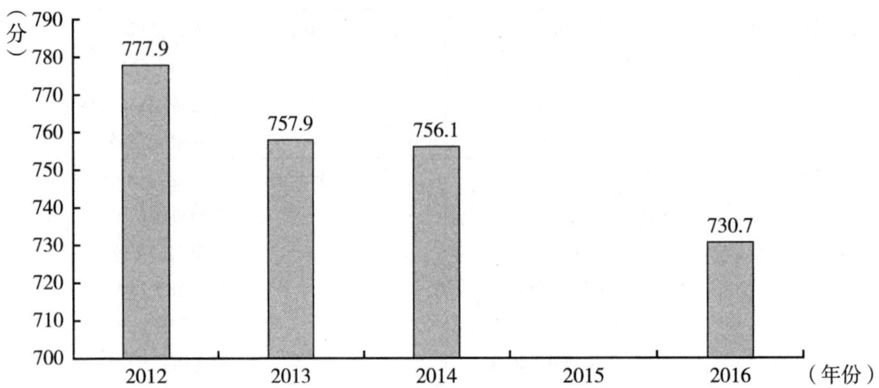

图 4　近 5 年全国性行业协会商会平均分变化情况

资料来源：根据 2012 ~ 2014 年度及 2016 年度全国性行业协会商会评估的资料编制。

注：2015 年度评估分数缺失。

2016 年度，评估分在 800 ~ 899 分之间的全国性行业协会商会获评 4A 级、在 650 ~ 799 分之间的获评 3A 级、在 550 ~ 649 分之间的被评为 2A 级。4A 级全国性行业协会商会平均分高出 2A 级约 215 分。2A ~ 4A 级全国性行业协会商会在基础条件、内部治理、工作绩效、社会评价上的平均分情况详见表 2。在各个一级指标上，由 2A 级至 4A 级分数逐步提高，说明评估等级高的全国性行业协会商会的规范化建设更加成熟。

表 2　2016 年度 2A ~ 4A 级全国性行业协会商会在四个一级指标上的平均分情况

单位：分

	基础条件	内部治理	工作绩效	社会评价	总平均分
满分	60.00	390.00	430.00	120.00	1000.00
2A 级	47.00	258.60	221.80	97.20	624.60
3A 级	51.85	289.81	277.19	98.81	717.66
4A 级	55.75	329.13	350.38	104.00	823.26
平均分	52.03	293.87	285.10	99.67	730.67

资料来源：根据 2016 年度全国性行业协会商会评估的资料编制。

（一）近5年5A级全国性行业协会商会评估变化情况

2012 年度参评全国性行业协会商会共22 家，2013 年度111 家，2014 年度60 家，2015 年度46 家，2016 年度39 家；相应地，获得5A 级的全国性行业协会商会分别为8 家、10 家、8 家、4 家、0 家，其中5A 级全国性行业协会商会占比呈波动下降趋势，详见图5。

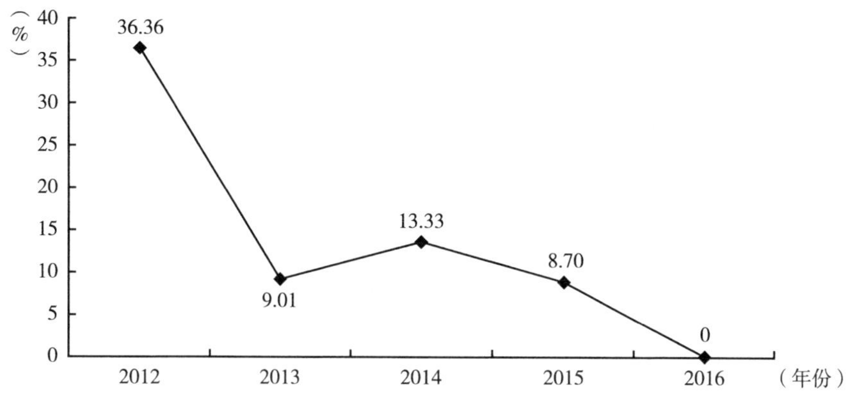

图5　近5 年5A 级全国性行业协会商会占比变化情况

资料来源：根据2012 ~2016 年度全国性行业协会商会评估的资料编制。

（二）2016年度4A级全国性行业协会商会评估情况分析

在2016 年度全国性行业协会商会评估中，获得4A 级的全国性行业协会商会共8 家，分布于6 个行业：农、林、牧、渔业，采矿业，制造业，住宿和餐饮业，信息传输、软件和信息服务业，科学研究和技术服务业，详见表3。

从表3 中可以发现，分布于制造业的4A 级全国性行业协会商会保持着相对多数。本次参评的唯一一家住宿和餐饮业的全国性行业协会商会——中国连锁经营协会——获评4A 级，反映出这一领域的全国性行业协会商会的规范化走向。

表 3　2016 年度 4A 级全国性行业协会商会行业分布情况

单位：家，%

行　业	数量	占比
农、林、牧、渔业	1	12. 50
采矿业	1	12. 50
制造业	3	37. 50
住宿和餐饮业	1	12. 50
信息传输、软件和信息服务业	1	12. 50
科学研究和技术服务业	1	12. 50
合　计	8	100. 00

资料来源：根据国家统计局第四次修订的《国民经济行业分类》（GB/T 4754 - 2017）和 2016 年度全国性行业协会商会评估的资料编制。

从近 5 年的数据来看，4A 级全国性行业协会商会占参评总数的比例呈现先缓慢上升、后逐渐下降的态势（详见图 6），这可能与近年来民政部提高高等级分值、全面实施从严评估有关。

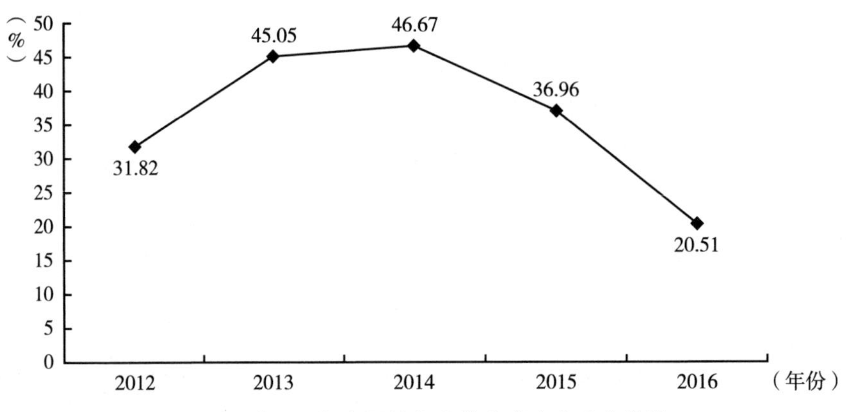

图 6　近 5 年 4A 级全国性行业协会商会占比变化情况

资料来源：根据 2012 ~ 2016 年度全国性行业协会商会评估的资料编制。

根据评估资料，8 家 4A 级全国性行业协会商会的基础条件平均分为 55. 75 分，内部治理平均分为 329. 13 分，工作绩效平均分为 350. 38 分，社会评价平均分为 104. 00 分，总平均分为 839. 26 分，有 5 家 4A 级全国性行业协会商会的得分低于平均分，详见表 4。

表 4　2016 年度 4A 级全国性行业协会商会在四个一级指标上的平均分情况

单位：分

	基础条件	内部治理	工作绩效	社会评价	总平均分
4A 级	55. 75	329. 13	350. 38	104. 00	839. 26

资料来源：根据 2016 年度 4A 级全国性行业协会商会评估的资料编制。

1. 基础条件评估结果描述

在 2016 年度全国性行业协会商会的评估指标中，基础条件分为 4 个二级指标：法人资格、章程、登记备案和年度检查，分值分别为 27 分、15 分、10 分、8 分，占比情况详见图 7。

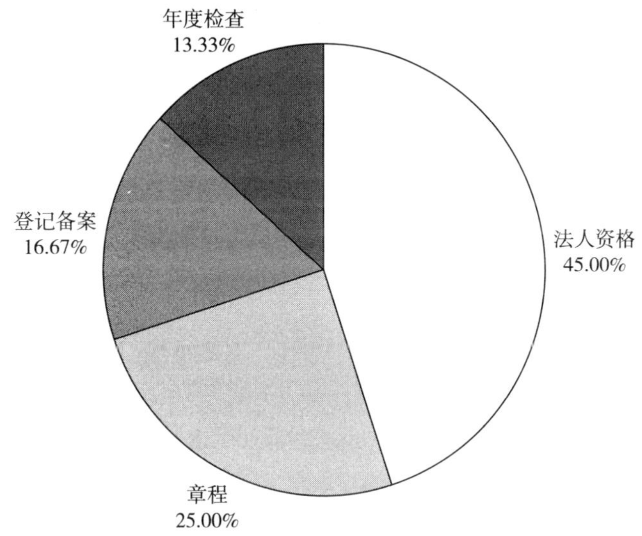

图 7　基础条件二级指标分数占比情况

资料来源：根据 2016 年度全国性行业协会商会评估指标编制。

具体来看，法人资格评估的是法定代表人、活动资金、名称和办公条件，章程考查的是制定程序、章程核准，登记备案考查变更登记和备案，年度检查关注年检时间和结论。其中法人资格分数权重最高，占比为 45%，比 2015 年度占比有所上升，反映出政府部门对社会组织合法性的重视。

8 家 4A 级全国性行业协会商会在法人资格的评估中均符合法定代表人按章程规定程序产生、年末净资产不低于注册资金、具有独立银行账户、名称牌匾悬挂于办公场所外、办公用房和办公设备满足工作需要等标准，其中 7 家的办公用房为租赁用房，1 家为相关单位无偿提供。2016 年度获评 4A 级的全国性行业协会商会的平均办公用房面积为 485.38 平方米，平均净资产为 1330.45 万元。从得分表现来看，4A 级全国性行业协会商会在基础条件的法人资格方面表现良好，年末净资产、银行账户、名称牌匾和办公设备均为满分，详见表 5。

表 5　4A 级全国性行业协会商会在法人资格上的平均分情况

单位：分，%

	产生程序	年末净资产	银行账户	名称牌匾	办公用房	办公设备
满　分	10.00	5.00	2.00	5.00	3.00	2.00
平均分	8.13	5.00	2.00	5.00	2.00	2.00
平均分占比	81.30	100.00	100.00	100.00	66.67	100.00

资料来源：根据 2016 年度 4A 级全国性行业协会商会评估的资料编制。

2. 内部治理评估结果描述

内部治理的二级指标分别为发展规划、组织机构、党组织、领导班子、人力资源、财务资产管理、档案证章管理，分值依次为 8 分、75 分、30 分、24 分、33 分、200 分和 20 分，占比详见图 8。

具体来看，发展规划关注规划、计划和总结；组织机构考查会员（会员代表）大会、理事会和常务理事会、监事会或者监事情况、民主决策、办事机构、分支机构和代表机构；党组织侧重于评估党组织建立情况、党组织活动情况；领导班子聚焦负责人；人力资源考查人事管理和工作人员；财务资产管理考核合法运营、会计人员管理、会计核算管理、预算管理、资金管理、实物和无形资产管理、投资管理、业务收支管理、分支机构财务管理、税收和票据管理、财务报告、财务监督；档案、证章管理考评档案管理、证书管理和印章管理情况。

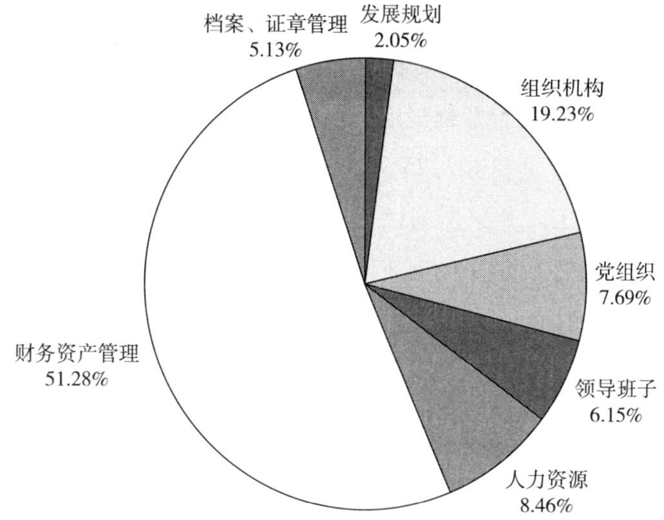

图 8　内部治理二级指标分数占比情况

资料来源：根据 2016 年度全国性行业协会商会评估指标编制。

在内部治理的二级指标中，财务资产管理的分数占比超过 50%，比 2015 年度占比提高了近 11 个百分点，说明在 2016 年度，财务健康成为评估全国性行业协会商会内部治理情况的核心。评估报告显示，8 家 4A 级全国性行业协会商会均制定了较为完善的财务管理制度，执行情况较好。

从评估得分可以发现，4A 级全国性行业协会商会财务资产管理的平均分为 162.75 分（满分 200 分），在 7 个财务资产管理重点考核指标上的平均分情况见表 6。

表 6　4A 级全国性行业协会商会在 7 个财务资产管理重点考核指标上的平均分情况

单位：分，%

	经费来源和资金使用	账务处理	投资管理	支出管理	管理情况	纳税管理	会费收据使用
满　分	15.00	30.00	7.00	15.00	15.00	5.00	5.00
平均分	15.00	25.00	5.25	12.00	14.38	3.88	4.25
平均分占比	100.00	83.33	75.00	80.00	95.87	77.60	85.00

资料来源：根据 2016 年度 4A 级全国性行业协会商会评估的资料编制。

此外，组织机构作为分数权重第二高的二级指标，同样值得关注。8 家 4A 级全国性行业协会商会基本制定了详细的会员代表产生制度，理事会、常务理事会召开次数符合章程规定，平均每家组织有理事 236 人，常任理事 86 人①，秘书长及以上负责人 25 人，8 家组织的秘书长均为专职。

在单位会员方面，8 家全国性行业协会商会平均拥有 775 家单位会员，其中最少的有 225 家，最多的有 1703 家。在个人会员方面，有 2 家全国性行业协会商会明确显示无个人会员，其他 6 家中，3 家未说明个人会员情况，另外 3 家个人会员分别为 8 人、12000 人、1342 人，人数悬殊。8 家全国性行业协会商会平均有约 12 家分支机构，其中中国医学装备协会拥有的分支机构最多。

在人力资源方面，8 家全国性行业协会商会均有薪酬管理制度，与全体员工签订了劳动合同，按规定缴纳社会保险、公积金等，平均有工作人员 21 人，85. 27% 的工作人员为本科及以上学历，详见表 7，说明优秀的全国性行业协会商会的绝大部分工作人员接受过高等教育，有利于工作的开展。

表 7　4A 级全国性行业协会商会工作人员情况

单位：人，%

序号	工作人员数量	专职人数	专职占比	本科及以上学历人数	本科及以上学历人数占比
1	23	22	95. 65	20	86. 96
2	25	25	100. 00	16	64. 00
3	21	11	52. 38	21	100. 00
4	18	17	94. 44	17	94. 44
5	13	12	92. 31	10	76. 92
6	13	13	100. 00	10	76. 92
7	20	20	100. 00	19	95. 00
8	33	—	—	29	87. 88
平均	21	—	—	18	85. 71

资料来源：根据 2016 年度 4A 级全国性行业协会商会评估的资料编制。

注：原始资料不完整，部分数据缺失。

① 中国和平利用军工技术协会的理事、常任理事人数资料缺失。

作为2016年度独立出来的党组织二级指标，8家4A级全国性行业协会商会均建立了党组织，党组织活动开展较丰富，说明中共中央办公厅于2015年9月印发的《关于加强社会组织党的建设工作的意见（试行）》得到了深入贯彻和落实，社会组织党建工作明显加强。

3. 工作绩效评估结果描述

作为一级指标，工作绩效的分数权重最大，为43%，是参评全国性行业协会商会的重要得分点。工作绩效包括提供服务、反映诉求、行业自律、行业影响力、信息公开与传播、特色工作，分值依次为185分、33分、85分、50分、57分和20分，详见图9。

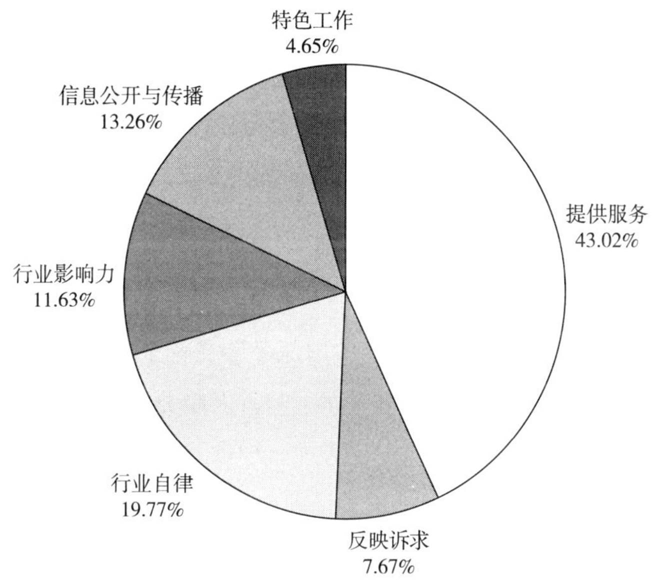

图9　工作绩效二级指标分数占比情况

资料来源：根据2016年度全国性行业协会商会评估指标编制。

其中，提供服务是对全国性行业协会商会的重点考核内容。获评4A级的8家全国性行业协会商会在统计行业数据、发布专业消息、开展研讨会促进行业交流、形成研究成果等方面表现突出，并积极参与法律法规和政策制定，扮演好智库角色。

在统计行业数据方面，中国稀土行业协会设有信息中心、国际部，每日统计并发布稀土价格指数（通过新华社发布新华指数）、稀土产品价格，每月统计稀土采矿及冶炼分离生产数据、稀土生产量，每季度发布稀土行业损益统计，每年有稀土行业统计年报等，行业信息丰富多样，公开及时，信息公开平台多样。

在发布专业消息方面，中国通信企业协会从2010年至今，连续6年承担了工信部委托的信息报送服务，行业信息报送数量超过144条/年，其中部分信息被中共中央办公厅、国务院办公厅采用。

在开展研讨会促进行业交流方面，中国钟表协会举办了多次展览会、交易会、交流会、研讨会等活动，包括一年一度的中国（深圳）国际钟表展、巴塞尔国际钟表珠宝展览会，且形成品牌，另外还定期举办亚洲钟表工商业促进研讨会、中日知识产权交流会、海峡两岸（厦门）钟表珠宝博览会等，与会人数众多。

在形成研究成果方面，中国医学装备协会在上两年度多次开展行业调查研究，形成了6篇调研报告并整理成册，出版了《2015年医疗仪器设备行业现状及推进自主产品发展应用建议》、《2015年我国高端医疗设备行业发展现状分析及对策研究》、《2014年中国医学装备配置状况与发展趋势（绿皮书）》、《2015年中国医学装备配置状况与发展趋势（绿皮书）》等。

在积极参与法律法规和政策制定方面，中国连锁经营协会在法律法规制定过程中提出过建议，并提供了相关证明材料，如参与了《中华人民共和国食品安全法》第136条的制定、参与了《中华人民共和国商品流通法（送审稿）》的制定、收到了商务部办公厅下发的关于《禁止价格欺诈行为的规定》有关条款解释意见的通知（征求意见稿）等。

除提供服务外，获评4A级的全国性行业协会商会在特色工作方面颇有亮点。有的行业协会充分利用自身特色，如中国和平利用军工技术协会开展了武器装备科研单位信用等级评价工作，选取了3家试点单位，通过材料审查和现场实地观摩对其进行了综合评定，撰写了信用评价试点工作报告，并修订了信用评价指标体系；有的行业协会发挥国际影响力，如中国茶叶流通协会参与了3项国际标准的制定，提升了国际话语权，维护了行业的利益。

4. 社会评价评估结果描述

社会评价分为内部评价和外部评价，其中内部评价关注会员、理事和工作人员的评价，外部评价关注登记管理机关、业务主管单位的评价和表彰奖励情况。

总的来看，2016年度社会评价的分数提升到120分，权重有所上升，尤其是外部评价，说明政府和社会的认可可以从侧面反映出全国性行业协会商会内外部的情况。获评4A级的8家全国性行业协会商会在表彰奖励情况这个二级指标上表现突出，其中中国涂料工业协会等3家组织获得“全国先进社会组织”荣誉称号，中国和平利用军工技术协会于2013、2015、2016年获得“国际科学与和平周”中国组委会颁发的“科学和平贡献奖”等。

（三）2016年度3A级全国性行业协会商会评估情况分析

3A级全国性行业协会商会分布于11个行业，具体包括：农、林、牧、渔业，采矿业，制造业，电力、热力、燃气及水生产和供应业，建筑业，批发和零售业，信息传输、软件和信息服务业，科学研究和技术服务业，居民服务、修理和其他服务业，教育，卫生和社会工作[①]。其中，制造业占比最高，其后依次是科学研究和技术服务业、建筑业，详见表8。

表8　3A级全国性行业协会商会行业分布情况

单位：家，%

行　业	数量	占比
农、林、牧、渔业	1	3.85
采矿业	1	3.85
制造业	11	42.31
电力、热力、燃气及水生产和供应业	1	3.85
建筑业	3	11.54
批发和零售业	1	3.85
信息传输、软件和信息服务业	1	3.85
科学研究和技术服务业	4	15.38

① 本部分未对工作绩效和社会评价进行分析。

续表

行业	数量	占比
居民服务、修理和其他服务业	1	3.85
教育	1	3.85
卫生和社会工作	1	3.85
合计	26	100.00

资料来源：根据国家统计局第四次修订的《国民经济行业分类》（GB/T 4754－2017）和2016年度3A级全国性行业协会商会评估的资料编制。

从近5年的数据来看，2012年度获评3A级的全国性行业协会商会共8家，2013年度获评3A级的共45家，2014年度获评3A级的共20家，2015年度获评3A级的共24家，2016年度获评3A级的共26家。从占比来看，3A级全国性行业协会商会在近5年间占比呈波动上升趋势，这与获评5A、4A级全国性行业协会商会的变化趋势相反，详见图10。

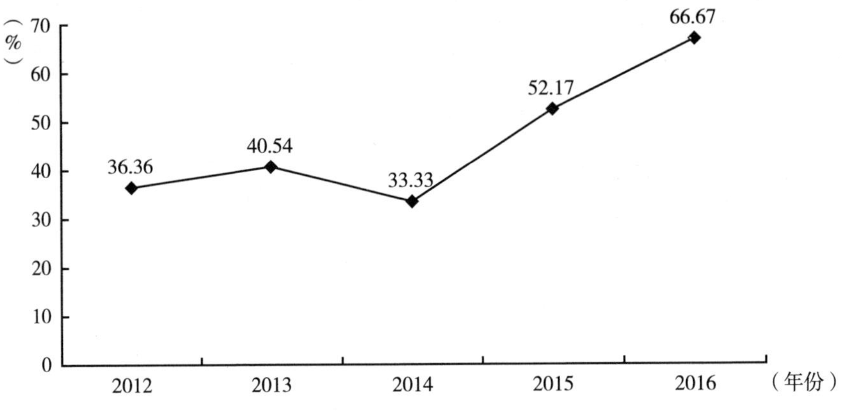

图10　近5年3A级全国性行业协会商会占比变化情况

资料来源：根据2012～2016年度全国性行业协会商会评估的资料编制。

根据评估资料，26家3A级全国性行业协会商会的基础条件平均分为51.85分、内部治理平均分289.81分、工作绩效平均分为277.19分、社会评价平均分为98.81分，总平均分为717.66分，超过60%（16家）的3A级全国性行业协会商会得分低于平均分，仅40%不到的3A全国性行业协会商会整体表现在平均水平之上。与4A级全国性行业协会商会在各项上的平均分相比，3A 级全国性行业协会商会在内部治理和工作绩效上存在明显差距，见表 9。

表 9　3A 级、4A 级全国性行业协会商会在四个一级指标上的平均分情况

单位：分

等级	基础条件	内部治理	工作绩效	社会评价	总平均分
3A 级	51.85	289.81	277.19	98.81	717.66
4A 级	55.75	329.13	350.38	104.00	839.26

资料来源：根据 2016 年度 3A 级、4A 级全国性行业协会商会评估的资料编制。

1. 基础条件评估结果描述

在 2016 年度全国性行业协会商会的评估指标中，基础条件分为 4 个二级指标：法人资格、章程、登记备案和年度检查，分值分别为 27 分、15 分、10 分、8 分。

具体来看，法人资格评估的是法定代表人、活动资金、名称和办公条件，章程考查的是制定程序、章程核准，登记备案考查变更登记和备案，年度检查关注年检时间和结论。

从基础条件评估中权重最高的法人资格二级指标来看，获评 3A 级的全国性行业协会商会基本符合法定代表人按章程规定程序产生、年末净资产不低于注册资金、办公用房和办公设备满足工作需要等标准。从得分来看，3A 级组织在基础条件的法人资格方面表现一般，仅有 3 项为满分，“产生程序”平均分为 7.15，法人代表产生程序的规范性等有待加强，详见表 10。

表 10　3A 级全国性行业协会商会在法人资格上的平均分情况

单位：分，%

	产生程序	年末净资产	银行账户	名称牌匾	办公用房	办公设备
满　分	10.00	5.00	2.00	5.00	3.00	2.00
平均分	7.15	5.00	2.00	4.65	1.96	2.00
平均分占比	71.50	100.00	100.00	93.00	65.33	100.00

资料来源：根据 2016 年度全国性行业协会商会评估指标、3A 级全国性行业协会商会评估的资料编制。

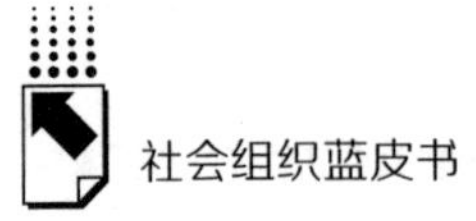

此外，3A 级全国性行业协会商会的平均办公用房面积为 276.35 平方米，平均年末净资产为620.48 万元，这些分数与获评4A 级的全国性行业协会商会相比，其平均情况存在较大差异，详见表 11。

表 11　3A 级、4A 级全国性行业协会商会平均办公用房面积及平均年末净资产对比

单位：平方米，万元

等级	平均办公用房面积	平均年末净资产
3A 级	276.35	620.48
4A 级	485.38	1330.45

资料来源：根据 2016 年度 3A 级、4A 级全国性行业协会商会评估的资料编制。

2. 内部治理评估结果描述

在内部治理的二级指标中，财务资产管理是评估全国性行业协会商会内部治理情况的重要内容。评估报告显示，26 家 3A 级全国性行业协会商会基本都制定了完善的财务管理制度。从得分来看，3A 级全国性行业协会商会财务资产管理的平均分为 141.08 分，在 7 个财务资产管理重点考核指标上的平均分情况见表 12。其中，有 1 家组织“经费来源和资金使用”得 0 分，4 家“账务处理”项得 0 分，8 家“投资管理”得 0 分，1 家“支出管理”得 0 分，6 家“管理情况”得 0 分，4 家“纳税管理”得 0 分，1 家“会费收据使用”得 0 分。这反映出 3A 级全国性行业协会商会的财务资产管理工作还有待进一步加强。

表 12　3A 级全国性行业协会商会在 7 个财务资产管理重点考核指标上的平均分情况

单位：分，%

	经费来源和资金使用	账务处理	投资管理	支出管理	管理情况	纳税管理	会费收据使用
满　分	15.00	30.00	7.00	15.00	15.00	5.00	5.00
平均分	13.27	20.85	4.85	11.54	11.54	2.69	4.46
平均分占比	88.47	69.50	69.29	76.93	76.93	53.80	89.20

资料来源：根据 2016 年度 3A 级全国性行业协会商会评估的资料编制。

此外，在组织机构方面，26 家 3A 级全国性行业协会商会都能够按时召开理事会，大部分 3A 级组织能够按时召开会员大会，会员大会资料翔实，平均每个组织有理事 154 人，常任理事 68 人，秘书长及以上负责人 22 人①，秘书长均为专职，详见表 13。平均每个全国性行业协会商会有 560 家单位会员②，约 8 家分支机构③，平均会费收缴率为 59.79%，整体规模小于 4A 级组织，详见表 14。

表 13　3A 级、4A 级全国性行业协会商会负责人情况

单位：人，%

等级	平均理事数量	平均常任理事数量	平均负责人数量	平均秘书长专职率
3A 级	154	68	22	100.00
4A 级	236	86	25	100.00

资料来源：2016 年度 3A 级、4A 级全国性行业协会商会评估的资料编制。

表 14　3A 级、4A 级全国性行业协会商会部分组织机构平均数据对比

单位：家，%

等级	平均单位会员数	平均分支机构数	平均会费收缴率
3A 级	560	8	59.79
4A 级	775	12	68.43

资料来源：根据 2016 年度 3A 级、4A 级全国性行业协会商会评估的资料编制。

在人力资源方面，26 家 3A 级全国性行业协会商会平均有工作人员 14 人（其中专职工作人员平均为 11 人），71.43% 的工作人员为本科及以上学历，详见表 15。

与 4A 级全国性行业协会商会平均情况对比，3A 级全国性行业协会商会平均少 7 个工作人员，本科及以上学历的工作人员占比低了 14.28 个百分点，详见表 16。

① 原始资料不完整，部分数据缺失。

② 中国医药教育协会没有该项数据。

③ 中国麻醉药品协会和中国藏毯协会没有该项数据。

表 15　3A 级全国性行业协会商会工作人员情况

单位：人，%

序号	工作人员数量	专职人数	专职占比	本科及以上学历人数	本科及以上学历人数占比
1	9	9	100.00	7	77.78
2	21	21	100.00	11	52.38
3	12	6	50.00	10	83.33
4	11	11	100.00	7	63.64
5	17	13	76.47	13	76.47
6	10	10	100.00	7	70.00
7	35	30	85.71	20	57.14
8	8	6	75.00	8	100.00
9	5	5	100.00	5	100.00
10	23	19	82.61	17	73.91
11	16	16	100.00	8	50.00
12	16	15	93.75	11	68.75
13	11	2	18.18	11	100.00
14	10	4	40.00	6	60.00
15	13	13	100.00	8	61.54
16	20	9	45.00	18	90.00
17	13	11	84.62	8	61.54
18	17	17	100.00	16	94.12
19	13	13	100.00	12	92.31
20	14	14	100.00	14	100.00
21	14	13	92.86	11	78.57
22	10	6	60.00	7	70.00
23	10	5	50.00	4	40.00
24	17	15	88.24	11	64.71
25	5	3	60.00	5	100.00
26	7	7	100.00	4	57.14
平均	14	11	78.57	10	71.43

资料来源：根据 2016 年度 3A 级全国性行业协会商会评估的资料编制。

表 16　3A 级、4A 级全国性行业协会商会人力资源平均数据对比

单位：人，%

等级	工作人员数量	专职人员占比	本科及以上学历的工作人员占比
3A 级	14	78.53	71.43
4A 级	21	—	85.71

资料来源：根据 2016 年度 3A 级、4A 级全国性行业协会商会评估的资料编制。
注：原始资料不完整，部分数据缺失。

（四）2016年度2A 级全国性行业协会商会评估情况分析

被评为2A 级的全国性行业协会商会共5 家，分布于4 个行业：制造业，信息传输、软件和信息服务业，科学研究和技术服务业，文化、体育和娱乐业[①]。从近 5 年的数据来看，2012 年度无参评全国性行业协会商会被评为 2A 级，2013 年 4 家组织被评为 2A 级，2014 年度 4 家，2015 年度 1 家，2016 年度 5 家。

根据评估资料，5 家 2A 级全国性行业协会商会的基础条件平均分为 47.00 分，内部治理平均分为 258.60 分，工作绩效平均分为 221.80 分，社会评价平均分为 97.20 分，总平均分为 624.60 分，其中有 1 家全国性行业协会商会的评估分在 600 分以下。在工作绩效平均分上，2A 级全国性行业协会商会与 4A 级全国性行业协会商会相差近 130 分，差值占工作绩效单项总分的近 30%，详见表 17。

表 17　2A 级、4A 级全国性行业协会商会在四个一级指标上的平均分情况

单位：分

等级	基础条件	内部治理	工作绩效	社会评价	总平均分
2A 级	47.00	258.60	221.80	97.20	624.60
4A 级	55.75	329.13	350.38	104.00	839.26

资料来源：根据 2016 年度 2A 级、4A 级全国性行业协会商会评估的资料编制。

① 本部分未对工作绩效和社会评价进行分析。

1. **基础条件评估结果描述**

从基础条件评估中权重最高的法人资格二级指标来看，5 家 2A 级全国性行业协会商会基本符合法定代表人按章程规定程序产生、年末净资产不低于注册资金、办公用房和办公设备满足工作需要等标准。2A 级全国性行业协会商会在基础条件的法人资格方面表现与 3A 级基本相同，甚至在产生程序和办公用房方面平均分略高于 3A 级①，详见表 18。

表 18　2A 级全国性行业协会商会在法人资格上的平均分情况

单位：分，%

	产生程序	年末净资产	银行账户	名称牌匾	办公用房	办公设备
满　分	10.00	5.00	2.00	5.00	3.00	2.00
平均分	7.20	5.00	2.00	4.00	2.00	2.00
平均分占比	72.00	100.00	100.00	80.00	66.67	100.00

资料来源：根据 2016 年度 2A 级全国性行业协会商会评估的资料编制。

其中，2A 级全国性行业协会商会的平均办公用房面积为 206.42 平方米、平均年末净资产为 345.81 万元，与 4A 级、3A 级的全国性行业协会商会存在较大差异，详见图 11。

2. **内部治理评估结果描述**

评估报告显示，5 家 2A 级全国性行业协会商会基本制定了财务管理制度，但不完善，执行情况有待提升。此外，在组织机构方面，5 家全国性行业协会商会中，只有 2 家资料显示按时召开了理事会，3 家能够按时召开会员大会，平均每个组织有 363 家单位会员，约 6 家分支机构，详见图 12。有数据的 3 家全国性行业协会商会平均会费收缴率为 51.08%，详见表 19，整体规模小于 4A 和 3A 级组织。

2A 级全国性行业协会商会理事人数平均为 101 人，常任理事平均约为 32 人②。秘书长及以上负责人平均数量约为 9 人，详见图 13。另外，有专职

---

① 不排除 2A 级全国性行业协会商会数量较少而 3A 级全国性行业协会商会数量较多带来的影响。

② 中国行业报协会该项数据空缺。

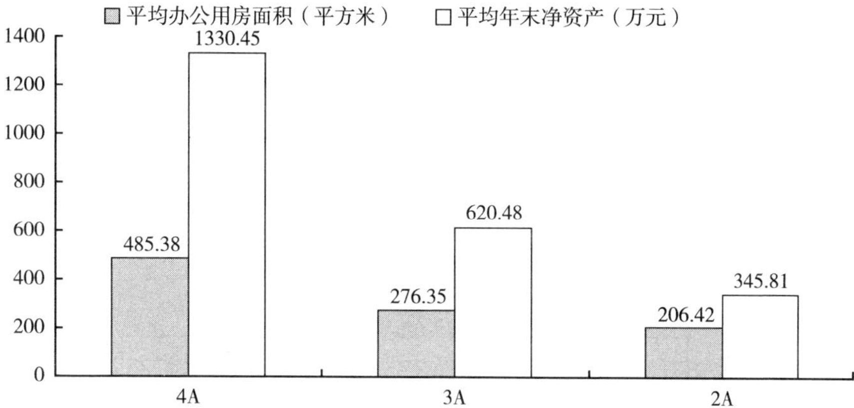

图11　2A～4A级全国性行业协会商会平均办公用房面积及平均年末净资产对比

资料来源：根据2016年度2A～4A级全国性行业协会商会评估的资料编制。

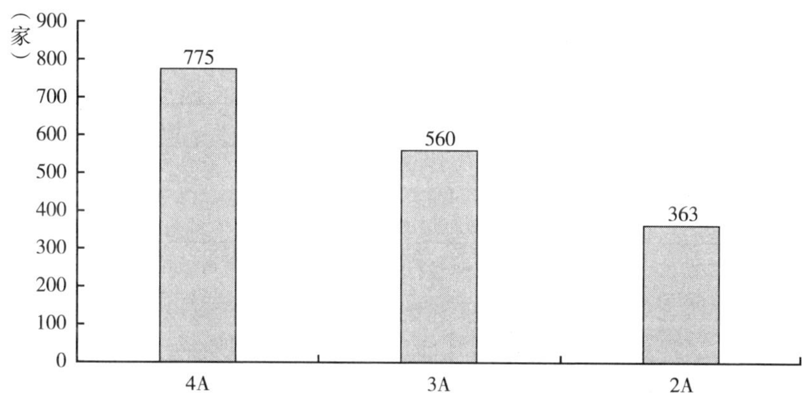

图12　2A～4A级全国性行业协会商会部分组织机构平均单位会员数对比

资料来源：根据2016年度2A～4A级全国性行业协会商会评估的资料编制。

秘书长的2A级全国性行业协会商会有3家，秘书长为兼职的有1家①。

总体来看，2A级与4A、3A级全国性行业协会商会在组织机构数据方面存在明显差距。

人力资源方面，5家2A级全国性行业协会商会平均有工作人员12人（其中专职工作人员平均10人），88.16%的工作人员为本科及以上学历。

① 中国农业国际合作促进会该项数据空缺。

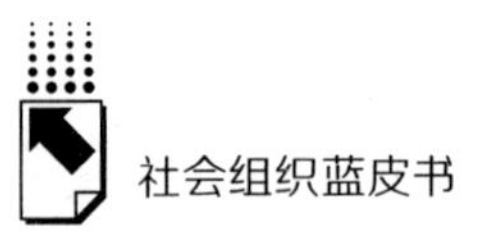

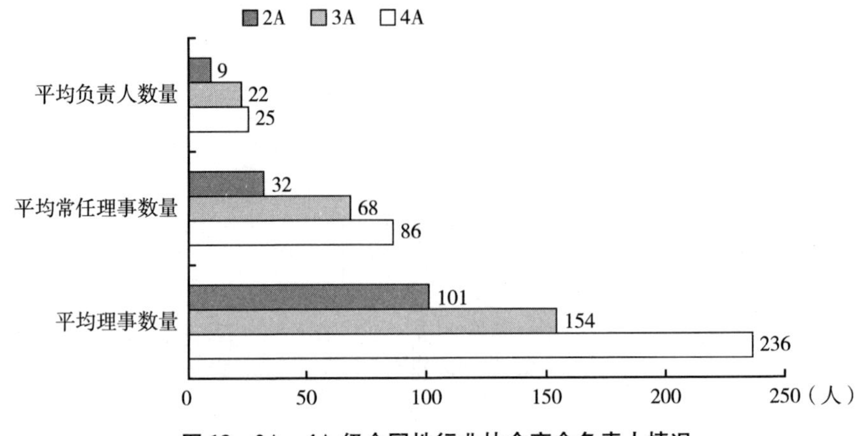

图 13　2A～4A 级全国性行业协会商会负责人情况

资料来源：根据 2016 年度 2A～4A 级全国性行业协会商会评估的资料编制。

表 19　2A～4A 级全国性行业协会商会组织机构平均数据对比

单位：%

等级	秘书长专职率	平均会费收缴率
2A 级	75.00	51.08
3A 级	100.00	59.79
4A 级	100.00	68.43

资料来源：根据 2016 年度 2A～4A 级全国性行业协会商会评估的资料编制。

与 4A 级全国性行业协会商会的平均情况对比，2A 级全国性行业协会商会平均少 9 个工作人员，但本科及以上学历的工作人员占比高于 4A 级和 3A 级全国性行业协会商会，见表 20。

表 20　2A～4A 级全国性行业协会商会人力资源平均数据对比

单位：人，%

等级	工作人员数量	专职人员占比	本科及以上学历的工作人员占比
2A 级	12	77.33	88.16
3A 级	14	78.57	71.43
4A 级	21	—	85.27

资料来源：根据 2016 年度 2A～4A 级全国性行业协会商会评估的资料编制。

注：原始资料不完整，部分数据缺失。

三 2016年度参评全国性行业协会商会特点总结

中国共产党第十八届中央委员会第三次全体会议通过的《中共中央关于全面深化社会改革若干重大问题的决定》强调建立现代社会组织体制，而行业协会商会作为其中重要的组成部分，需要随着时代进步、市场经济发展不断发挥自身作用，践行组织使命。从2016年度参评全国性行业协会商会的基本情况来看，全国性行业协会商会成绩突出，但同时也存在着可以进一步提升的空间。

（一）参评全国性行业协会商会的优势及成绩

1. 工作人员专职率及受教育水平高

分析显示，39家参评的全国性行业协会商会的平均工作人员专职率为81.68%，其中32家相关数据完整的组织中，秘书长专职的为30家，仅2家为兼职。在工作人员受教育水平方面，平均每家全国性行业协会商会有78.18%的员工为本科及以上学历，呈现较高水平。

秘书长及工作人员专职和普遍接受高等教育有利于工作的开展和推进，能够保证大多数员工的工作精力集中，有利于推动全国性行业协会商会内部治理结构的稳定化、常态化和对外工作的专业化发展。

2. 基本建立了完善的党组织制度和信息发布渠道

根据《关于加强社会组织党的建设工作的意见（试行）》（中办发〔2015〕51号）、《关于改革社会组织管理制度促进社会组织健康有序发展的意见》（中办发〔2016〕46号）和全国社会组织党建工作座谈会上的有关要求，社会组织要实现党的组织和工作全覆盖。在本次参评的组织中，有36家全国性行业协会商会建立了党组织，能够积极开展活动①，基本实现了全覆盖的要求。

① 3家参评组织该项数据缺失。

在信息发布方面，39 家全国性行业协会商会中，有 34 家拥有相关期刊，38 家有独立网站，31 家运营微信公众号，说明参评组织基本能够运用网站、微信、期刊等媒体形式面向会员、行业和公众开展宣传、服务工作。

3. 充分发挥了市场功能，承担好行业责任

从 20 世纪 80 年代初期开始，我国逐渐建立起一套新的行会商会体系来组织新兴的市场经济要素。根据官方统计数据，全国现有 70000 多家行会商会类组织（管兵，2013），它们在市场中发挥着重要的功能，同时积极代表行业利益，参与到政府政策制定的过程中。有学者认为，我国行业协会商会的参与公共政策制定的角色需要被重视，组织层次越高，越有可能被政府咨询意见（纪莺莺，2015）。

本次参评的 39 家全国性行业协会商会近两年共举办各类交流会、研讨会、展会等 129 次，其中包括多场国际交流会议，展示了近年来全国性行业协会商会“走出去”的实力。39 家全国性行业协会商会向政府呈报的消息共获得 49 次各层级领导批示，为政府决策提供了宝贵的意见和建议，累计提供政府购买服务 69 项，获各层级奖项 79 个，总体工作绩效表现突出。

（二）参评全国性行业协会商会存在的问题

1. 存在党政领导兼职情况

根据中共中央办公厅、国务院办公厅《关于党政机关领导干部不兼任社会团体领导职务的通知》、中共中央组织部《关于规范退（离）休领导干部在社会团体兼职问题的通知》等政策文件要求，党政领导干部不得兼任社会组织负责人。但评估报告显示，有 5 家参评全国性行业协会商会由离退休党政领导兼职担任负责人，还有 5 家存在现职党政领导兼职的情况。

针对这一问题，一方面，全国性行业协会商会需要尽快进行相关负责人的改选。另一方面，有关主管单位和登记机关要落实检查、监督工作，协助社会组织解决离退休、现任党政领导兼职问题。加快推进行业协会商会去行政化进程，指导全国性行业协会商会按照现代社会组织的要求，建立权责明确、运转协调、有效制衡的法人治理结构，形成自我管理、自我发展、自我约束的运行机制（顾朝曦，2014）。

2. 会议制度、财务制度执行情况有待改善

内部治理的完善是社会组织发挥作用的基础。本次参评的 39 家全国性行业协会商会尽管基本建立了会员大会制度、财务制度，但在实际执行方面的表现欠佳，存在不按时召开会议、召开次数不符合章程规定、缺少会议材料、往来科目长期挂账、分支机构财务管理不规范等问题，不利于提升组织决议、资金使用的合法性和规范性。

值得注意的是，这一情况在多年度评估报告中同样存在（徐家良主编，2016）。这说明社会组织自身能力建设是重中之重，需要相关部门在年检、抽查方面加强力度，行业协会商会也要同时重视提升自身内部治理能力。

3. 出现评估等级“滑坡”现象

通过对比本次评估结果和中国社会组织网公开数据，可以发现，本次参评的部分全国性行业协会商会出现了评估等级下降的情况。有 2 家全国性行业协会商会由 4A 级降低为 3A 级，3 家全国性行业协会商会由 3A 级降低为 2A 级。这一情况值得参评社会组织和评估部门关注。随着市场发展、政策完善和组织自身建设，全国性行业协会商会的基础条件、内部治理、工作绩效和社会评价应不断提高，而本次评估却出现了评估等级“滑坡”组织。

参考文献

顾朝曦，2014，《发挥行业协会商会服务经济发展的功能作用》，《中国社会组织》第 8 期。

管兵，2013，《城市政府结构与社会组织发育》，《社会学研究》第 4 期。

纪莺莺，2015，《当代中国行业协会商会的政策影响力：制度环境与层级分化》，《南京社会科学》第 9 期。

徐家良，2003，《双重赋权：中国行业协会的基本特征》，《天津行政学院学报》第 1 期。

徐家良主编，2016，《中国社会组织评估发展报告（2016）》，社会科学文献出版社。

B.3

全国性学术类、联合类和职业类社会团体评估专题分析

摘　要：本报告是基于2016年度全国性学术类、联合类和职业类社会团体评估结果及相关资料的研究成果。一方面，本报告分析了参评社会团体在基础条件、内部治理、工作绩效、社会评价等方面的整体情况及分项表现；另一方面，本报告进行横向和纵向比较，分类、分年度呈现了几类社会团体的变化。此外，本报告还从整体上总结了2016年度全国性学术类、联合类和职业类社会团体的工作现状。

关键词：社团评估　基础条件　内部治理　工作绩效　社会评价

一　2016年度全国性学术类、联合类和职业类社会团体评估总体情况

作为社会组织的一种类别，社会团体提供的是竞争性的公共物品，以满足私人需求为基础，不以营利为目的，以互益或公益为宗旨，实现社会事务目标（徐家良，2011）。2010年12月民政部通过《社会组织评估管理办法》，该办法2011年3月起施行。2011年度，全国性学术类社会团体首次进入全国性社会组织评估体系。2012年度，全国性联合类、公益类和职业类社会团体也被纳入评估范围。2012年度42家全国性社会

团体获得评估等级，2013 年度为 30 家，2014 年度为 28 家，2015 年度为 22 家[①]。2016 年度，共有 44 家全国性学术类、联合类和职业类社会团体获得评估等级[②]，详见图 1。

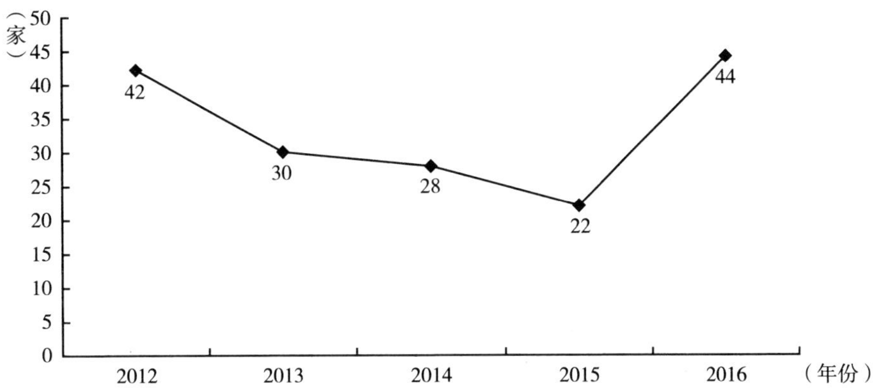

图 1 2012～2016 年度获得评估等级的四类全国性社会团体的数量变化情况

资料来源：根据 2012～2016 年度全国性社会团体评估的资料编制。

（一）评估结果简述

2016 年度评估结果显示，共有 36 家全国性学术类社会团体、7 家全国性联合类社会团体、1 家全国性职业类社会团体获得评估等级。

在全国性学术类社会团体中，有 4 家获评 5A 级（中国航空学会、中国电机工程学会、中华护理学会、中国电子学会），7 家获评 4A 级（中国税务学会、中国环境科学学会、中国细胞生物学学会、中国免疫学会、中国营养学会、中国生物医学工程学会、中国经济体制改革研究会），17 家获评 3A 级（中国植物生理与植物分子生物学学会、中国世界经济学会、中国石油学会、世界中医药学会联合会、新兴经济体研究会、中国国际经济合作学会、中国神经科学学会、中国新闻摄影学会、中国家庭教育学会、中国考古

① 2012～2014 年度，没有获得评估等级的全国性职业类社团。

② 2016 年度没有获得评估等级的全国性公益类社团。

学会、中国民族建筑研究会、中国财政学会、中国农业生态环境保护协会、中国丁玲研究会、中国紫禁城学会、中国城市经济学会、中国索引学会），7 家被评为 2A 级，1 家被评为 1A 级。

从 2012～2016 年度数据来看，3A 级及以上全国性学术类社会团体占比呈现波动态势，5A 级和 4A 级学术类社团数量 2016 年度较前一年度明显下降；此外，在 2016 年度，出现 2A 级和 1A 级的学术类社团，本年度评估结果不尽如人意，见图 2。

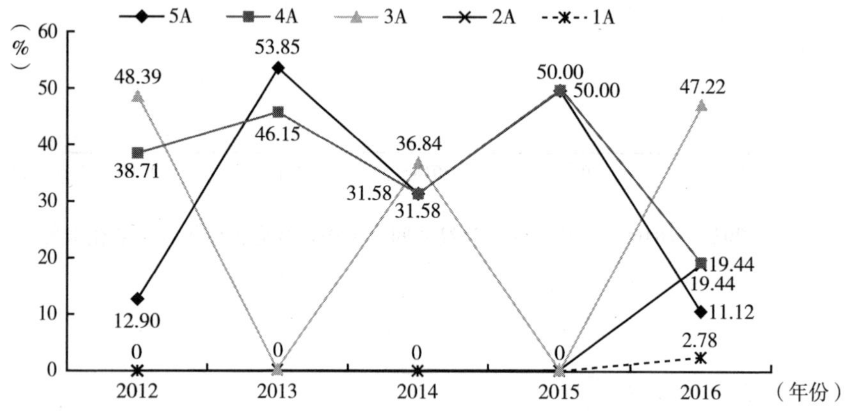

图 2　2012～2016 年度各等级全国性学术类社会团体占比情况

资料来源：根据 2012～2016 年度全国性社会团体评估的资料编制。

2016 年度参评全国性学术类社会团体的平均分为 733.7 分，较 2014 年度的平均分 687.1 分有显著上升。评估分在 900 分以上的全国性学术类社会团体获评 5A 级，评估分为 800～900 分的获评 4A 级，评估分为 650～799 分的获评 3A 级，评估分为 550～649 分获评 2A 级。唯一一家 1A 级全国性学术类社团得分低于 550 分。5A 级全国性学术类社团平均分高出 2A 级 300 多分，较 1A 级全国性学术类社团高近 400 分。各等级全国性学术类社会团体在基础条件、内部治理、工作绩效、社会评价上平均分情况详见表 1。

在全国性联合类社会团体中，2 家获评 4A 级（中国生态文明研究与促进会、中国化工教育协会），5 家获评 3A 级（中国晚报工作者协会、中国诗

表 1　2016 年度各等级全国性学术类社会团体在四个一级指标上的平均分情况

单位：分

满分	基础条件	内部治理	工作绩效	社会评价
	60.00	390.00	430.00	120.00
1A 级	35.00	200.00	180.00	97.00
2A 级	48.14	253.71	204.86	98.29
3A 级	48.47	264.82	297.00	99.71
4A 级	56.29	303.57	386.43	105.86
5A 级	58.25	337.50	400.25	111.50
平均分	50.64	276.47	304.69	101.86

资料来源：根据 2016 年度全国性学术类社会团体评估的资料编制。

歌学会、中国人像摄影学会、中国岩画学会、中国社会艺术协会），7 家社团的平均评估得分为 759.1 分，较 2014 年度的平均分 688.0 分有显著上升。2 家 4A 级全国性联合类社会团体评估分数相同，均为 874 分，5 家 3A 级全国性联合类社会团体的得分分布于 660 ~ 758 分。4A 级全国性学术类社会团体的平均分高于 3A 级约 150 分，3A 级和 4A 级组织的基础条件、内部治理、工作绩效、社会评价的各等级平均情况详见表 2。

表 2　2016 年度 3A、4A 级全国性联合类社会团体在四个一级指标上的平均分情况

单位：分

满分	基础条件	内部治理	工作绩效	社会评价
	60.00	390.00	430.00	120.00
3A 级	46.40	255.20	312.20	99.40
4A 级	57.50	343.00	367.00	106.50
平均分	49.57	280.29	327.86	101.43

资料来源：根据 2016 年度 3A 级、4A 级全国性联合类社会团体评估的资料编制。

唯一一家参评的全国性职业类社会团体中国建设教育协会获评 3A 级（各一级指标得分详见表 3），总分为 788 分，详见表 3。从 2012 年度起，全国性联合类社团和职业类社团参评总数一直较少。

（二）评估指标构成

根据《国家社会组织管理局关于开展 2016 年度全国性社会组织评估工

表 3　2016 年度 3A 级全国性职业类社会团体在四个一级指标上的得分情况

单位：分

满分	基础条件	内部治理	工作绩效	社会评价
	60.00	390.00	430.00	120.00
3A	53.00	308.00	324.00	103.00

资料来源：根据 2016 年度 3A 级全国性职业类社会团体评估的资料编制。

作的通知》，2016 年度全国性学术类、联合类和职业类社会团体评估共有 4 个一级指标，分别是：基础条件、内部治理、工作绩效和社会评价，4 个一级指标和 2015 年度保持一致，但同全国性行业协会商会的一级评估指标一样，分数权重发生变化，其中基础条件和工作绩效各降低 20 分，内部治理及社会评价各提升 20 分，总体 1000 分不变，具体占比见图 3。

二级指标方面，全国性学术类、联合类和职业类社会团体的评估在基础条件、内部治理、社会评价方面的各级指标保持一致。基础条件分为 4 个二级指标（法人资格、章程、登记备案、年度检查，与 2015 年度指标保持一致），9 个三级指标，12 个四级指标。内部治理包括 7 个二级指标（发展规划，组织机构，党组织，领导班子，人力资源，财务资产管理，档案、证章管理），27 个三级指标，83 个四级指标。社会评价包括 2 个二级指标（内部评价、外部评价），6 个三级指标，6 个四级指标。

具体来看，基础条件的各二级指标分数都小幅下调；内部治理中财务资产管理分数提升 50 分，党组织（从 2015 年的组织机构中独立出来成为新增的二级指标）30 分，其他各二级指标分数均下调；社会评价中的外部评价增加 20 分。

工作绩效方面，三类社团的评价内容有所不同。全国性学术类社会团体的工作绩效包括 7 个二级指标（学术活动、建议咨询、科普公益、人才建设、信息公开与宣传、国际交流与合作、特色工作），18 个三级指标，46 个四级指标。评估全国性联合类社会团体的工作绩效包括 5 个二级指标（交流活动、咨询研究、会员工作、宣传推广、特色工作），15 个三级指标，41 个四级指标。评估全国性职业类社会团体的工作绩效包括 5 个二级指标（业务活动、

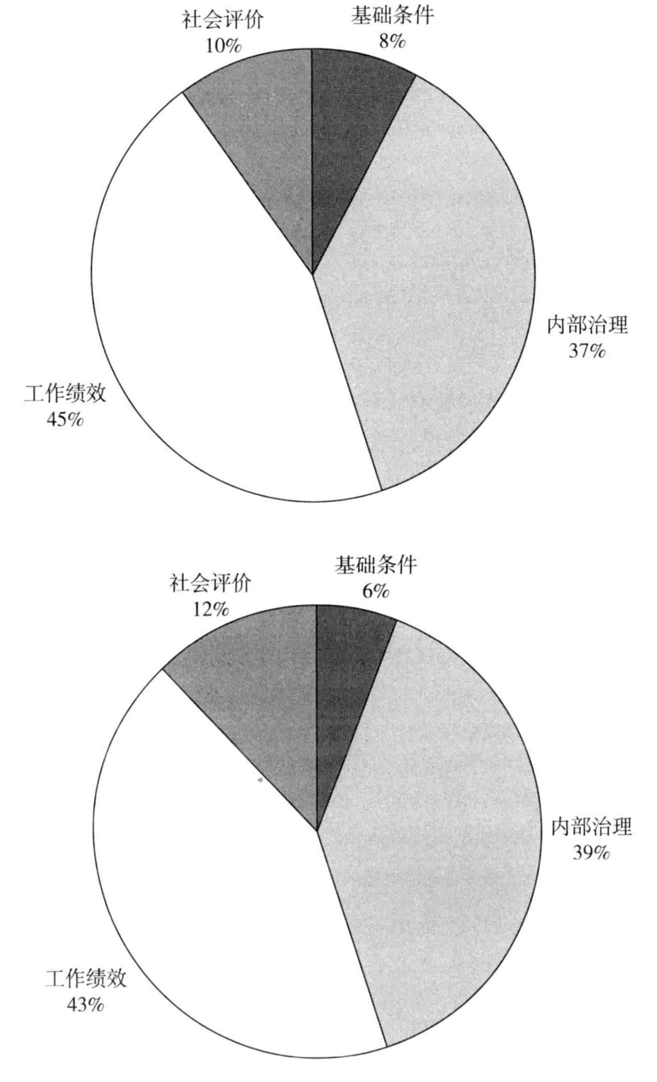

图 3　2015 年度与 2016 年度全国性学术类、联合类和职业类社会团体一级指标分数占比情况

资料来源：根据 2015 年度、2016 年度全国性学术类、联合类和职业类社会团体评估指标编制。

注：上图为 2015 年度情况，下图为 2016 年度情况。

自律协调、队伍建设、宣传推广、特色工作），14 个三级指标，45 个四级指标。根据三类组织的特点，工作绩效的最高权重项目有所区别，全国性学术类社会团体是学术活动，分数占比32.56%；全国性联合类社会团体是会员工作，占比32.56%；全国性职业类社会团体是业务活动，占比33.72%。

三类社团的一、二级评估指标对比详见表4、表5、表6。

表4　2015年度、2016年度全国性学术类社会团体评估指标分值情况

2015年度		2016年度	
一级指标	二级指标	一级指标	二级指标
基础条件(80分)	法人资格(33分) 章程(20分) 登记备案(14分) 年度检查(13分)	基础条件(60分)	法人资格(27分) 章程(15分) 登记备案(10分) 年度检查(8分)
内部治理(370分)	发展规划(12分) 组织机构(112分) 人力资源(45分) 领导班子(31分) 财务资产(150分) 档案、证章管理(20分)	内部治理(390分)	发展规划(8分) 组织机构(75分) 党组织(30分) 领导班子(24分) 人力资源(33分) 财务资产管理(200分) 档案、证章管理(20分)
工作绩效(450分)	学术活动(160分) 建议咨询(60分) 科普公益(60分) 人才建设(70分) 国际交流与合作(50分) 特色工作(50分)	工作绩效(430分)	学术活动(140分) 建议咨询(60分) 科普公益(45分) 人才建设(65分) 信息公开与宣传(60分) 国际交流与合作(40分) 特色工作(20分)
社会评价(100分)	内部评价(40分) 外部评价(60分)	社会评价(120分)	内部评价(50分) 外部评价(70分)

资料来源：根据2015年度、2016年度全国性学术类社会团体评估指标编制。

表5　2015年度、2016年度全国性联合类社会团体评估指标分值情况

2015年度		2016年度	
一级指标	二级指标	一级指标	二级指标
基础条件(80分)	法人资格(33分) 章程(20分) 登记备案(14分) 年度检查(13分)	基础条件(60分)	法人资格(27分) 章程(15分) 登记备案(10分) 年度检查(8分)

续表

2015 年度		2016 年度	
一级指标	二级指标	一级指标	二级指标
内部治理(370 分)	发展规划(12 分) 组织机构(112 分) 人力资源(45 分) 领导班子(31 分) 财务资产(150 分) 档案、证章管理(20 分)	内部治理(390 分)	发展规划(8 分) 组织机构(75 分) 党组织(30 分) 领导班子(24 分) 人力资源(33 分) 财务资产管理(200 分) 档案、证章管理(20 分)
工作绩效(450 分)	交流活动(95 分) 咨询研究(60 分) 会员工作(140 分) 宣传推广(125 分) 特色工作(30 分)	工作绩效(430 分)	交流活动(85 分) 咨询研究(60 分) 会员工作(140 分) 宣传推广(125 分) 特色工作(20 分)
社会评价(100 分)	内部评价(50 分) 外部评价(50 分)	社会评价(120 分)	内部评价(50 分) 外部评价(70 分)

资料来源：根据 2015 年度、2016 年度全国性联合类社会团体评估指标编制。

表 6　2015 年度、2016 年度全国性职业类社会团体评估指标分值情况

2015 年度		2016 年度	
一级指标	二级指标	一级指标	二级指标
基础条件(80 分)	法人资格(33 分) 章程(20 分) 登记备案(14 分) 年度检查(13 分)	基础条件(60 分)	法人资格(27 分) 章程(15 分) 登记备案(10 分) 年度检查(8 分)
内部治理(370 分)	发展规划(12 分) 组织机构(112 分) 人力资源(45 分) 领导班子(31 分) 财务资产(150 分) 档案、证章管理(20 分)	内部治理(390 分)	发展规划(8 分) 组织机构(75 分) 党组织(30 分) 领导班子(24 分) 人力资源(33 分) 财务资产管理(200 分) 档案、证章管理(20 分)

续表

2015 年度		2016 年度	
一级指标	二级指标	一级指标	二级指标
工作绩效(450 分)	业务活动(145 分) 自律协调(95 分) 队伍建设(95 分) 宣传推广(85 分) 特色工作(30 分)	工作绩效(430 分)	业务活动(145 分) 自律协调(95 分) 队伍建设(95 分) 宣传推广(75 分) 特色工作(20 分)
社会评价(100 分)	内部评价(50 分) 外部评价(50 分)	社会评价(120 分)	内部评价(50 分) 外部评价(70 分)

资料来源：根据 2015 年度、2016 年度全国性职业类社会团体评估指标编制。

二　2016年度全国性学术类、联合类和职业类社会团体评估结果描述

本章主要分析 2016 年度全国性学术类、联合类和职业类社会团体的基础条件、内部治理和工作绩效情况①。

（一）基础条件评估结果

全国性学术类、联合类和职业类社会团体的评估在基础条件方面保持一致，分为 4 个二级指标：法人资格、章程、登记备案和年度检查，分值分别为 27 分、15 分、10 分、8 分，占比详见图 4。

具体来看，法人资格评估的是法定代表人、活动资金、名称和办公条件，章程评估的是制定程序、章程核准，登记备案评估变更登记和备案，年度检查关注年检时间和结论。其中法人资格分数权重最高，占比为 45%，比 2015 年度占比有所上升，反映出政府部门对社团合法性的重视。本部分以法人资格，尤其是年末净资产、名称牌匾、办公用房为主要分析维度。

1. 全国性学术类社会团体情况

提供信息的 34 家全国性学术类社会团体均能够将牌匾悬挂于办公场所

① 本部分未分析社会评价指标。

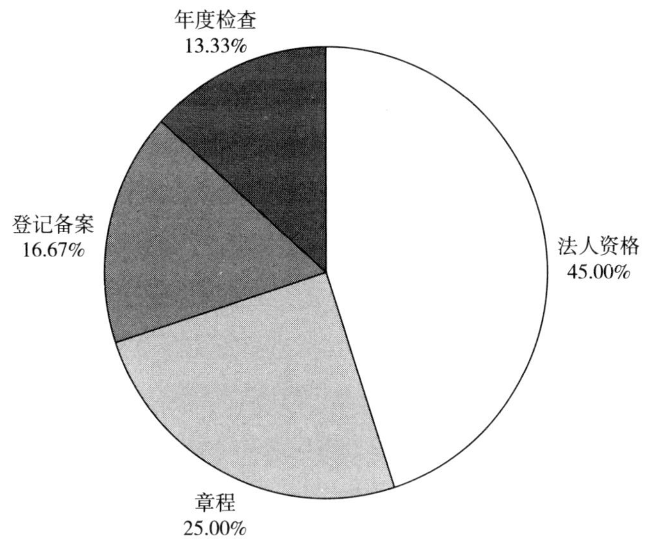

图 4　基础条件二级指标分数占比情况

资料来源：根据 2016 年度全国性学术类、联合类和职业类社会团体评估指标编制。

外[①]。办公用房产权方面，5 家全国性学术类社会团体为租借，4 家为自有，26 家来自其他相关单位无偿提供[②]，详见表 7。

表 7　各级全国性学术类社会团体办公用房产权分布情况

单位：个

	1A 级	2A 级	3A 级	4A 级	5A 级	总计
租借			4	1		5
自有				1	3	4
无偿使用	1	6	13	5	1	26
总计	1	6	17	7	4	35

资料来源：根据 2016 年度全国性学术类社会团体评估的资料编制。

在提供明确的产权性质和面积的组织中，办公用房面积方面，35 家全国性学术类社会团体的平均办公用房面积为 355.78 平方米。其中 5A 级全国

① 新兴经济体研究会和中国华侨历史学会未提供相关信息。

② 中华美国学会与社科院美国研究所合署使用，未说明产权性质和面积。

性学术类社会团体的平均面积为 1628.42 平方米，面积最大的为中国电机工程学会（2549 平方米），最小的为中国航空学会（625 平方米）；4A 级全国性学术类社会团体的平均办公用房面积为 329.32 平方米，面积最大的为中国环境科学学会（671.65 平方米），最小的为中国细胞生物学学会（20.00 平方米）；3A 级全国性学术类社会团体的平均办公用房面积为 170.96 平方米，面积最大的为世界中医药学会联合会（1448.38 平方米），最小的为中国世界经济学会（15.00 平方米）；2A 级全国性学术类社会团体的平均办公用房面积为 118.82 平方米，数据详见表 8。

在年末净资产方面，36 家全国性学术类社会团体的平均年末净资产为 1069.56 万元。其中，5A 级全国性学术类社会团体的平均年末净资产为 4966.75 万元，最高的为中华护理学会（6577.90 万元），最低的为中国航空学会（1648.18 万元）；4A 级全国性学术类社会团体的平均年末净资产为 1637.02 万元，最高的为中国环境科学学会（4279.50 万元），最低的为中国税务学会（640.60 万元）；3A 级全国性学术类社会团体的平均年末净资产为 311.66 万元，最高的为世界中医药学会联合会（1926.20 万元），最低的为中国考古学会（11.30 万元），数据详见表 8。

表 8　2A～5A 级全国性学术类社会团体平均办公用房面积及平均年末净资产对比

单位：平方米，万元

等级	平均办公用房面积	平均年末净资产
2A 级	118.82	263.14
3A 级	170.96	311.66
4A 级	329.32	1637.02
5A 级	1628.42	4966.75

资料来源：根据 2016 年度全国性学术类社会团体评估的资料编制。

从得分表现来看，36 家全国性学术类社会团体在基础条件的法人资格方面平均分为 22.50 分，产生程序、年末净资产、银行账户、名称牌匾、办公用房和办公设备的各等级平均分见表 9，其中年末净资产、银行账户均为满分，说明各等级社团在基本项上较为规范。

表 9　全国性学术类社会团体在法人资格上的平均分情况

单位：分，%

满分	产生程序	年末净资产	银行账户	名称牌匾	办公用房	办公设备
	10.00	5.00	2.00	5.00	3.00	2.00
1A 级	5.00	5.00	2.00	5.00	2.00	2.00
2A 级	7.00	5.00	2.00	3.57	1.71	2.00
3A 级	6.29	5.00	2.00	4.00	2.06	1.88
4A 级	8.57	5.00	2.00	5.00	2.14	2.00
5A 级	10.00	5.00	2.00	5.00	2.50	2.00
平均分	7.25	5.00	2.00	4.25	2.06	1.94
平均分占比	72.50	100.00	100.00	85.00	68.67	97.00

资料来源：根据 2016 年度全国性学术类社会团体评估的资料编制。

总体来看，5A 级全国性学术类社会团体相关数据远超过其他等级社团，除办公用房外，各项法人资格均为满分。

2. 全国性联合类社会团体情况

共 7 家全国性联合类社会团体获得评估等级，其中 4A 级 2 家，3A 级 5 家。6 家社会团体均能够将牌匾悬挂于办公场所外①，中国化工教育协会将牌匾置于办公场所内。办公用房产权方面，4 家组织为租用，2 家为租用，1 家来自其他相关单位无偿提供，具体详见表 10。

表 10　部分全国性联合类社会团体基础条件情况

序号	办公用房产权	牌匾悬挂
1	自有	悬挂于办公场所外
2	无偿使用	悬挂于办公场所内
3	自有	悬挂于办公场所外
4	租用	悬挂于办公场所外
5	租用	悬挂于办公场所外
6	租用	悬挂于办公场所外
7	租用	悬挂于办公场所外

资料来源：根据 2016 年度全国性联合类社会团体评估的资料编制。

① 新兴经济体研究会和中国华侨历史学会未提供相关信息。

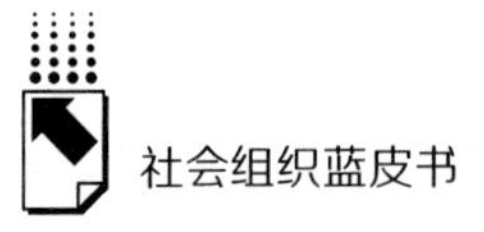

在办公用房面积方面，7 家全国性联合类社会团体的平均办公用房面积为 239.54 平方米。其中 4A 级全国性联合类社会团体平均办公用房面积为 194.13 平方米，3A 级全国性联合类社会团体平均办公用房面积为 257.70 平方米；面积最大的为中国社会艺术协会（802.00 平方米），最小的为中国岩画学会（60.00 平方米）。

在年末净资产方面，7 家全国性联合类社会团体的平均年末净资产为 1021.43 万元。其中，4A 级全国性联合类社会团体的平均年末净资产为 3080.55 万元，3A 级社团的平均年末净资产为 197.79 万元；最高的为中国晚报工作者协会（404.40 万元），最低的为中国社会艺术协会（17.30 万元）。

总体来看，3A 级全国性联合类社会团体的平均办公用房面积大于 4A 级社团，但平均年末净资产远远小于 4A 级社团，详见表 11。

表 11　3A、4A 级全国性联合类社会团体平均办公用房面积及平均年末净资产对比

单位：平方米，万元

等级	平均办公用房面积	平均年末净资产
3A 级	257.70	197.79
4A 级	194.13	3080.55

资料来源：根据 2016 年度全国性联合类社会团体评估的资料编制。

在评估得分方面，7 家全国性联合类社会团体在基础条件的法人资格方面平均分为 22.50 分，产生程序、年末净资产、银行账户、名称牌匾、办公用房和办公设备的各等级平均分见表 12，其中因 3A 级组织导致的产生程序平均分较低值得关注。

表 12　全国性联合类社会团体法人资格平均分情况

单位：分，%

满分	产生程序	年末净资产	银行账户	名称牌匾	办公用房	办公设备
	10.00	5.00	2.00	5.00	3.00	2.00
3A 级	3.60	4.00	2.00	5.00	2.20	2.00
4A 级	10.00	5.00	2.00	5.00	2.00	2.00
平均分	5.43	4.29	2.00	5.00	2.14	2.00
平均分占比	54.30	85.80	100.00	100.00	71.33	100.00

资料来源：根据 2016 年度全国性联合类社会团体评估的资料编制。

基于以上数据，综合来看3A和4A级的全国性学术类、联合类社会团体的基础条件，可以发现3A级全国性联合类社团的平均办公用房面积大于3A级全国性学术类社团（差值86.74平方米），但上一年度平均年末净资产低于学术类社团（差值113.87万元）；4A级全国性联合类社团的平均办公用房面积小于4A级全国性学术类社团（差值135.19平方米），但上一年度平均年末净资产远高于学术类社团（差值1443.53万元）。在评估得分差值方面，全国性学术类社团与全国性联合类社团各有优劣，对比情况见表13。

表13　全国性学术类社会团体、全国性联合类社会团体法人资格平均分对比

单位：分

	总平均分		产生程序		年末净资产		银行账户		名称牌匾		办公用房		办公设备	
	3A级	4A级	3A级	4A级	3A级	4A级	3A级	4A级	3A级	4A级	3A级	4A级	3A级	4A级
学术类社团	21.42	24.71	6.29	8.57	5.00	5.00	2.00	2.00	4.00	5.00	2.06	2.14	1.88	2.00
联合类社团	18.80	26.00	3.60	10.00	4.00	5.00	2.00	2.00	5.00	5.00	2.20	2.00	2.00	2.00

资料来源：根据2016年度全国性学术类、联合类社会团体评估的资料编制。

3.全国性职业类社会团体情况

2016年度，仅有中国建设教育协会参加全国性职业类社会团体评估，获评3A级。中国建设教育协会办公用房为租用，办公用房面积为403.39平方米，牌匾悬挂于办公场所内部，2015年末净资产为863.00万元，详见表14。

表14　全国性职业类社会团体法人资格得分

单位：分，%

满分	产生程序	年末净资产	银行账户	名称牌匾	办公用房	办公设备
	10.00	5.00	2.00	5.00	3.00	2.00
3A	5.00	5.00	2.00	5.00	2.00	2.00
得分占比	50.00	100.00	100.00	100.00	66.67	100.00

资料来源：根据2016年度全国性职业类社会团体评估的资料编制。

（二）内部治理评估结果

全国性学术类、联合类和职业类社会团体的评估在内部治理方面保持一致，分为7个二级指标：发展规划（8分），组织机构（75分），党组织（30分），领导班子（24分），人力资源（33分），财务资产管理（200分），档案、证章管理（20分），占比详见图5。

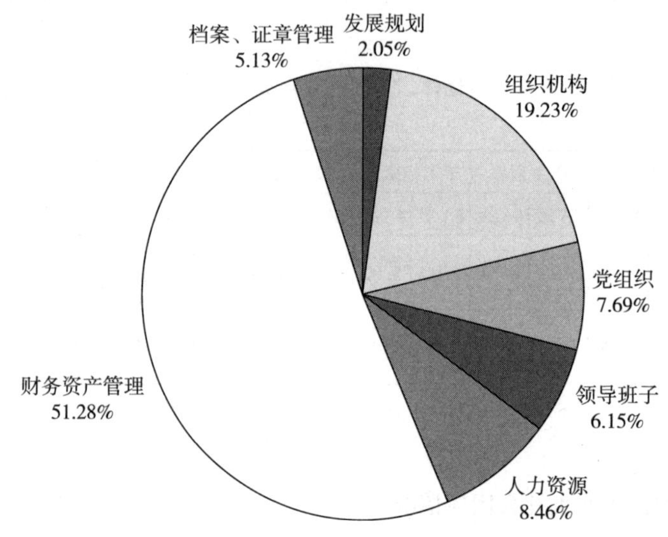

图5　内部治理二级指标分数占比情况

资料来源：根据2016年度全国性学术类、联合类和职业类社会团体评估指标编制。

具体来看，发展规划关注规划、计划和总结；组织机构关注会员（会员代表）大会、理事会和常务理事会、监事会或者监事、民主决策、办事机构、分支机构和代表机构；党组织侧重于评估党组织建立、活动情况；领导班子聚焦负责人；人力资源关注人事管理和工作人员；财务资产管理考核合法运营、会计人员管理、会计核算管理、预算管理、资金管理、实物和无形资产管理、投资管理、业务收支管理、分支机构财务管理、税收和票据管理、财务报告、财务监督；档案、证章管理考评档案管理、证书管理和印章管理。

1. 全国性学术类社会团体情况

在内部治理的二级指标中，财务资产管理是评估的重要内容，占比超过50%。评估报告显示，参评的全国性学术类社会团体基本制定了完善的财务管理制度。

根据评估得分，可以发现全国性学术类社会团体的财务资产管理平均分为137.08分（满分200分），在7个财务资产管理重点考核指标上的平均分情况见表15。纳税管理和会费收据使用的平均分相对较低。

需要警惕的是，5A级4个组织中有2家组织的经费来源和资金使用仅得5分，4家组织的投资管理项上均为0分，因此拉低了这些重点项目的平均水平，说明尽管5A级组织整体情况良好，但仍存在薄弱项。

表15　各等级全国性学术类社会团体在7个财务资产管理重点考核指标上的平均分情况

单位：分，%

满分	经费来源和资金使用	账务处理	投资管理	支出管理	管理情况	纳税管理	会费收据使用
	15.00	30.00	7.00	15.00	15.00	5.00	5.00
1A级	10.00	24.00	7.00	12.00	15.00	1.00	0.00
2A级	13.57	24.29	6.00	11.14	10.71	3.71	5.00
3A级	10.59	20.12	6.18	11.65	11.18	3.24	2.94
4A级	10.71	17.43	4.00	13.29	9.29	2.57	3.14
5A级	8.75	25.00	0.00	14.25	15.00	4.00	2.75
平均分	10.97	21.06	5.06	12.17	11.25	3.22	3.28
平均分占比	73.13	70.20	72.29	81.13	75.00	64.40	65.60

资料来源：根据2016年度全国性学术类社会团体评估的资料编制。

此外，组织机构方面，82.02%的全国性学术类社会团体能够按时、按章程召开会员大会。在所有等级中，5A级全国性学术类社会团体在会员大会和理事会方面表现最为优秀，其次是4A级全国性学术类社会团体，2A级和3A级全国性学术类社会团体表现不稳定，具体可以见表16。

表16　各等级全国性学术类社会团体会员大会和理事会召开情况

单位：家，%

等级	社团数量	会员大会按时、按章程召开的组织数量占比	会员大会材料翔实的组织数量占比	理事会按时、按章程召开的组织数量占比
1A级	1	100.00	—	—
2A级	7	71.43	28.57	100.00
3A级	17	52.94	35.29	82.35
4A级	7	85.71	85.71	100.00
5A级	4	100.00	100.00	100.00

资料来源：根据2016年度全国性学术类社会团体评估的资料编制。

注：原始资料不完整，部分数据缺失。

平均每家全国性学术类社会团体有理事175人，常任理事61人①，秘书长及以上负责人13人；10家全国性学术类社会团体秘书长为兼职，15家秘书长为专职②。平均每家全国性学术类社会团体有154家单位会员③、约17家分支机构④，平均会费收缴率为58.06%⑤。

2A～5A级全国性学术类社会团体的平均数据见表17。5A级全国性学术类社会团体在平均个人会员数、会费收缴率方面表现较好。5A级全国性学术类社会团体的秘书长均为专职，部分4A级和3A级全国性学术类社会团体秘书长为专职，6家2A级全国性学术类社会团体中仅有1家的秘书长为专职。此外，1A级全国性学术类社会团体1家，有理事43人，常任理事16人，秘书长及以上负责人14人，秘书长为专职，共有27家单位会员、206名个人会员，会费收缴率为70.00%。

在人力资源方面，28家3A、4A、5A级全国性学术类社会团体平均有工作人员16人（其中专职平均13人），63.63%的工作人员为专职，81.82%为本科及以上学历。其中5A级全国性学术类社会团体工作人员数量和专职人数规模远超过其他等级，100.00%的工作人员为专职，详见表18。

① 原始资料不完整，3家全国性学术类社会团体的数据缺失。

② 原始资料不完整，11家全国性学术类社会团体的数据缺失。

③ 原始资料不完整，2家全国性学术类社会团体的数据缺失。

④ 原始资料不完整，3家全国性学术类社会团体的数据缺失。

⑤ 原始资料不完整，4家全国性学术类社会团体的数据缺失。

表 17　部分 2A ~ 5A 级全国性学术类社会团体组织机构平均数据对比

等级	平均理事数(人)	平均常任理事数(人)	平均负责人数(人)	平均单位会员数(家)	平均个人会员数(人)	平均分支机构数(家)	会费收缴率(%)
2A 级	160	83	18	131	1614	6	56. 20
3A 级	187	63	12	136	3207	14	43. 86
4A 级	163	48	12	174	18865	21	74. 17
5A 级	202	62	14	257	74925	44	90. 00

资料来源：根据 2016 年度全国性学术类社会团体评估的资料编制。

表 18　部分全国性学术类社会团体人力资源情况

单位：人，%

序号	等级	平均工作人员数量	专职人数	专职占比	本科及以上学历人数	本科及以上学历人数占比
1	5A 级	15	15	100. 00	14	93. 33
2	5A 级	33	33	100. 00	29	87. 88
3	5A 级	38	38	100. 00	30	78. 95
4	5A 级	113	113	100. 00	101	89. 38
5A 级平均数据		50	50	100. 00	44	88. 00
1	4A 级	15	15	100. 00	11	73. 33
2	4A 级	35	35	100. 00	33	94. 29
3	4A 级	8	6	75. 00	6	75. 00
4	4A 级	7	6	85. 71	5	71. 43
5	4A 级	18	17	94. 44	13	72. 22
6	4A 级	8	6	75. 00	8	100. 00
7	4A 级	20	14	70. 00	20	100. 00
4A 级平均数据		16	14	87. 50	14	87. 50
1	3A 级	3	3	100. 00	3	100. 00
2	3A 级	3	1	33. 33	2	66. 67
3	3A 级	21	21	100. 00	17	80. 95
4	3A 级	59	46	77. 97	56	94. 92
5	3A 级	9	0	0	9	100. 00
6	3A 级	9	8	88. 89	7	77. 78
7	3A 级	5	3	60. 00	5	100. 00
8	3A 级	7	4	57. 14	7	100. 00
9	3A 级	5	2	40. 00	1	20. 00
10	3A 级	7	0	0	4	57. 14

续表

序号	等级	平均工作人员数量	专职人数	专职占比	本科及以上学历人数	本科及以上学历人数占比
11	3A 级	16	16	100.00	12	75.00
12	3A 级	6	5	83.33	6	100.00
13	3A 级	9	1	11.11	9	100.00
14	3A 级	4	4	100.00	2	50.00
15	3A 级	13	7	53.85	7	53.85
16	3A 级	6	3	50.00	6	100.00
17	3A 级	4	2	50.00	4	100.00
3A 级平均数据		11	7	63.63	9	81.82

资料来源：根据 2016 年度全国性学术类社会团体评估的资料编制。

注：原始资料不完整，部分平均值因数据缺失较多，不具有代表性，因此空缺。

2. 全国性联合类社会团体情况

参评的全国性联合类社会团体基本制定了完善的财务管理制度，但部分组织的执行情况一般。

7 家全国性联合类社会团体的财务资产管理平均分为 123.86 分（满分 200 分），在 7 个财务资产管理重点考核指标上的平均分情况见表 19，4A 级远好于 3A 级组织。总体来看，账务处理、会费收据使用两项平均分情况明显差于其他重点考核项目。

表 19　全国性联合类社会团体在 7 个财务资产管理重点考核指标上的平均分情况

单位：分，%

	经费来源和资金使用	账务处理	投资管理	支出管理	管理情况	纳税管理	会费收据使用
满分	15.00	30.00	7.00	15.00	15.00	5.00	5.00
3A 级	8.00	14.80	7.00	9.00	10.00	3.20	2.00
4A 级	15.00	23.00	7.00	10.50	15.00	5.00	5.00
平均分	10.00	17.14	7.00	9.43	11.43	3.71	2.86
平均分占比	66.67	57.13	100.00	62.87	76.20	74.20	57.20

资料来源：根据 2016 年度全国性联合类社会团体评估的资料编制。

比较来看，3A 级全国性学术类社会团体在关键财务资产管理的表现优于全国性联合类社会团体，但 4A 级全国性学术类社会团体劣于全国性联合类社会团体，形成了等级之间差值的对比，见表 20。

表 20　全国性学术类、联合类社会团体在 7 个财务资产管理重点考核指标上的平均分对比

单位：分

	总平均分		经费来源和资金使用		账务处理		投资管理	
	3A 级	4A 级	3A 级	4A 级	3A 级	4A 级	3A 级	4A 级
学术类社团	132.65	136.43	10.59	10.71	20.12	17.43	6.18	4.00
联合类社团	119.00	171.00	8.00	15.00	14.80	23.00	7.00	7.00

	支出管理		管理情况		纳税管理		会费收据使用	
	3A 级	4A 级	3A 级	4A 级	3A 级	4A 级	3A 级	4A 级
学术类社团	11.65	13.29	11.18	9.29	3.24	2.57	2.94	3.14
联合类社团	9.00	10.50	10.00	15.00	3.20	5.00	2.00	5.00

资料来源：根据 2016 年度全国性学术类、联合类社会团体评估的资料编制。

组织机构方面，有 6 家全国性联合类社会团体能够按时、按章程召开会员大会，5 家能够按时、按章程召开理事会。相关会议情况可见表 21。

表 21　全国性联合类社会团体会员大会和理事会召开情况

序号	等级	会员大会按时、按章程召开	会员大会材料翔实	理事会按时、按章程召开
1	4A 级	—	—	—
2	4A 级	是	是	是
3	3A 级	是	否	是
4	3A 级	是	—	—
5	3A 级	是	—	是
6	3A 级	是	—	是
7	3A 级	是	—	是

资料来源：根据 2016 年度全国性联合类社会团体评估的资料编制。
注：原始资料不完整，部分数据缺失。

全国性联合类社会团体的平均数据见表 22。

表22　部分3A级、4A级全国性联合类社会团体组织机构情况

序号	等级	理事数（人）	常任理事数（人）	负责人数（人）	单位会员数（家）	个人会员数（人）	分支机构数（家）	会费收缴率（%）
1	4A级	207	74	12	64	292	7	100.00
2	4A级	249	83	21	—	—	4	70.00
4A级平均数据		228	79	17	—	—	6	85.00
1	3A级	183	57	29	189	—	6	95.00
2	3A级	169	55	14	6	2799	—	—
3	3A级	276	91	15	600	—	4	—
4	3A级	144	48	6	29	312	1	62.80
5	3A级	154	94	7	658	—	7	50.00
3A级平均数据		185	69	14	296	—	5	69.27

资料来源：根据2016年度全国性联合类社会团体评估的资料编制。

注：原始资料不完整，部分平均值因数据缺失较多，不具有代表性，因此空缺，下同。

在人力资源方面，7家全国性联合类社会团体平均有工作人员15人（其中专职平均10人），73.80%的工作人员为专职，76.23%的工作人员为本科及以上学历，详见表23。

表23　全国性联合类社会团体工作人员情况

单位：人，%

序号	等级	工作人员数量	专职人数	专职占比	本科及以上学历人数	本科及以上学历人数占比
1	4A级	39	25	64.10	39	100.00
2	4A级	16	9	56.25	12	75.00
4A级平均数据		28	17	60.71	26	92.86
1	3A级	5	5	100.00	4	80.00
2	3A级	6	6	100.00	4	66.67
3	3A级	13	11	84.61	10	76.92
4	3A级	9	6	66.67	9	100.00
5	3A级	20	9	45.00	7	35.00
3A级平均数据		11	7	63.64	7	63.64

资料来源：根据2016年度全国性联合类社会团体评估的资料编制。

3. 全国性职业类社会团体情况

唯一参评全国性职业类社会团体的中国建设教育协会建立了较为完整的财务制度，财务表现较好，详见表24。协会能够按时、按章程召开理事会，有921名单位会员，会费收缴率为70.00%，负责人共11人，秘书长为专职，分支机构12个。人力资源方面，工作人员共25人（全部为专职），本科及以上员工占比为72.00%。

表24 全国性职业类社会团体在7个财务资产管理重点考核指标上的得分情况

单位：分

	经费来源和资金使用	账务处理	投资管理	支出管理	管理情况	纳税管理	会费收据使用
满分	15.00	30.00	7.00	15.00	15.00	5.00	5.00
3A级	10.00	28.00	7.00	15.00	15.00	—	2.00

资料来源：根据2016年度全国性职业类社会团体评估的资料编制。

（三）工作绩效评估结果

根据三类社团的工作重点，各类社团工作绩效的二级评估指标有所差异，但满分均为430分，权重为43%，是四个一级指标中最重要的[①]。

1. 全国性学术类社会团体情况

全国性学术类社会团体的工作绩效分为学术活动（140分）、建议咨询（60分）、科普公益（45分）、人才建设（65分）、信息公开与宣传（60分）、国际交流与合作（40分）和特色工作（20分）。其中学术活动占比最高，突出了“学术性”特征。各项占比情况见图6。

32家全国性学术类社团办有期刊，31家有官方网站[②]，27家运营着官方微信，共举办584场会议或交流活动，获得28次各级相关领导批示，详见表25。总体来看，3A级及以上全国性学术类社团表现突出。

① 本章节未分析全国性职业类社会团体情况。

② 其中中国社会科学情报学会为挂靠网站。

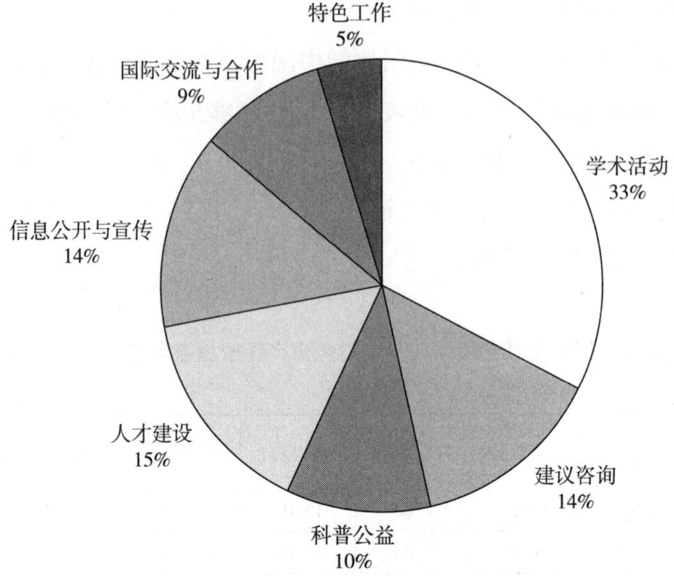

图6　全国性学术类社团工作绩效二级指标分数占比情况

资料来源：根据2016年度全国性学术类社会团体评估指标编制。

表25　1A～5A级全国性学术类社团工作绩效情况

等级	全国性学术类社团数量(家)	举办交流会议总数量(场)	批示总数量(个)
1A级	1	2	—
2A级	7	50	—
3A级	17	286	18
4A级	7	213	10
5A级	4	33	—

资料来源：根据2016年度全国性学术类社会团体评估的资料编制。

注：原始资料不完整，部分数据缺失。

从4家5A级全国性学术类社团的具体工作绩效来看，中国航空学会重视国际交流，举办了2014年亚太航空航天技术学术会议、2015年民用飞机航电国际论坛（CAIF 2015）、首届国际可靠性系统工程大会等十余次国际交流活动，与美国航天学会、捷克航空航天学会签署合作备忘录，担任国际航空科学理事会ICAS执委、程序委员会委员。中国电子学会重视开展科普活动，开展科普日系列活动、科普进校园展览活动等，举办中国研究生电子设计竞赛、全国青少年电子信息创新大赛、全国大学生物联网创新应用设计大赛、全国中学生智能创新大会等科普竞赛，建立全国青少年电子信息科普创新教育基地，同时利用信息化网络平台宣传科普知识。中国电机工程学会的特色工作突出，作为中国科协团体标准首批试点的12家单位之一，积极开展首批试点工作，制定发布了《中国电机工程学会标准管理办法》，截至2015年底，共受理标准项目申请131项，已经发布团标22项，通过CSEE标准的发布，有效促进了行业的创新发展和技术进步。中华护理学会在学术研究方面表现突出，出版《国际护理科学》（英文）、《中华护理教育》、《中华护理杂志》专业期刊，其中《中华护理杂志》在该学科期刊核心影响因子方面排名第一。

2. 全国性联合类社会团体情况

全国性联合类社会团体的工作绩效分为交流活动（85分）、咨询研究（60分）、会员工作（140分）、宣传推广（125分）和特色工作（20分），其中会员工作和宣传推广工作占比超过60%，占比见图7。

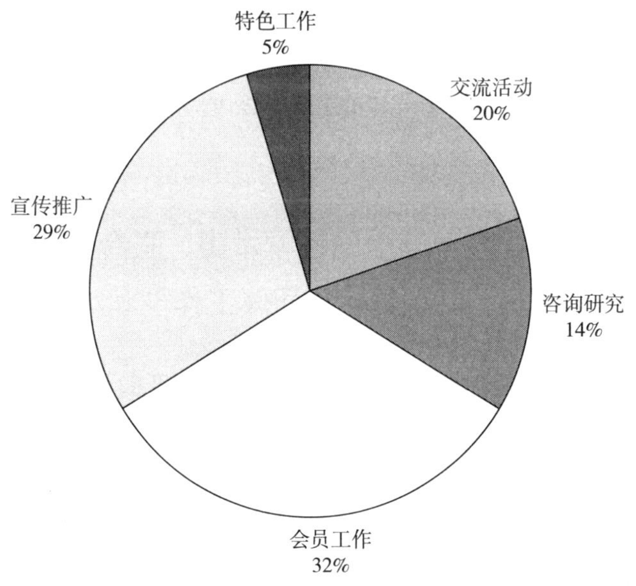

图7 全国性联合类社团工作绩效二级指标分数占比情况

资料来源：根据2016年度全国性联合类社会团体评估指标编制。

6 家全国性联合类社团办有期刊，6 家有官方网站，5 家运营着官方微信，共举办 37 场会议或交流活动，参与 12 个政府购买项目（均由 3A 级组织承接），详见表 26。

表 26　部分 3A、4A 级全国性联合类社会团体工作绩效情况

等级	全国性联合类社团数量(家)	举办交流会议总数量(场)	获得批示总数量(个)	政府购买服务总数(项)
4A 级	2	23	2	—
3A 级	5	14	2	12

资料来源：根据 2016 年度全国性联合类社会团体评估的资料编制。

从全国性联合类社团的具体工作绩效，尤其是会员工作来看，两家 4A 级社团表现突出。中国生态文明研究与促进会建立了会员互助合作制度，2014 年联合会员单位成立“中国土壤修复联盟”，形成“产、学、研、用、管”的联合体，形成《中国土壤修复联盟契约》；2014 年、2015 年利用中国生态文明论坛及分论坛平台（9 个分论坛），开展会员间的交流与信息分享。中国化工教育协会搭建了互助合作平台、四方对话合作交流平台和石化行业专家研究指导交流平台。

三　2016年度全国性学术类、联合类和职业类社会团体工作现状

根据以上数据及评估资料，可以发现 2016 年度参评的全国性学术类、联合类、职业类社会团体在一定程度上取得了优异的工作成绩，同时也在几方面存在问题待解决，需要进一步改善工作状态。

（一）突出特点及成绩

1. 面向会员提供优质服务

作为互益性社会组织，服务会员是全国性学术类、联合类和职业类社会

团体的重要工作，而三类不同类型组织的服务重点有所区别。

在全国性学术类社团中，组织学术研究、会议交流是最主要形式。5A级全国性学术类社团大多不止主办1种学术期刊，且学术影响力名列前茅。例如中国航空学会发行、出版《航空学报》、*Chinese Journal of Aeronautics*、《航空动力学报》、《航空材料学报》、《航空工程进展》专业期刊和专业书籍《2014～2015航空科学技术学科发展报告》，期刊学科排名前10%；中国电机工程学会发行《中国电机工程学报》、《农村电气化》、《农电管理》、*CSEE Journal of Power and Energy Systems*、《中国电力》、《高电压技术》等10种专业期刊。

在全国性联合类社团中，开展培训是联结和提升会员的重要工作，为人才积累提供保障。以两家4A级全国性联合类社团为例，中国化工教育协会举办的培训活动包括2010年至今的全国职业院校教师“项目化课程设计与实施演练”高级研修班，2008年至今的石油化工院校及培训单位教师、技师高级技师培训班及“美丽化工”高校巡回演讲活动。中国生态文明研究与促进会2014年与北京林业大学成立中国生态文明研究与促进会生态文明研究院，每年定期举办会员专题培训；2016年开始举办生态文明建设大讲堂，每年开展多轮全国巡讲；此外，还在中国生态文明论坛上举办相关专题论坛。

以中国建设教育协会为代表的全国性职业类社团在促进职业、专业发展方面发挥了积极作用，通过人才培养、举荐、培训等形式发挥了职业类社团的特殊作用。中国建设教育协会有专门教材、网站有“在线培训平台”栏目；每年举办一届全国高等院校相关大赛，同时举办用人单位和参赛学生双选交流会，供用人单位与现场师生自主选择、交流。

2. 面向公众普及专业知识

除了面向行业开展服务，全国性社会团体同时肩负了向公众普及专业知识的任务。通过进行具有社会知名度的线上、线下公开活动和信息发布，促进了知识的传播和分享。

举例来看，世界中医药学会联合会通过网站宣传养生保健知识，通过制

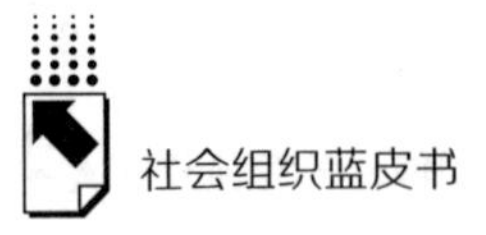

定国际中医基础名词术语中英对照标准、建立名老中医服务平台等宣传科普知识；中国诗歌学会举办了如马鞍山李白诗歌节等具备一定规模、社会反响好的公开活动。与此同时，广大社会团体也越来越多地利用互联网等技术面向公众普及专业知识。

3. 大胆“走出去”，讲好中国故事

随着经济全球化及我国“一带一路”倡议的深入发展，全国性社会团体必须起到带头作用，积极与国外相关领域开展交流、对话，引导更多、更高质量的民间互信及合作。如中国环境科学学会多次主办或承办环境科学技术国际会议，与国际水协（IAIA）、国际影响评价协会、国际环境守法与执法网络等合作，与丹麦、法国等合作开展环境技术验证评价等。此外，我国成为世界第二大经济体，由社团举办的经济领域对话也层出不穷。如新兴经济体研究会组织的新兴经济体论坛国际会议、中国社会科学论坛新兴经济体的长期增长国际研讨会等国际学术会议，组织团队出访交流并接待国外团队学术考察，举办“金砖国家智库合作项目”，向更多新兴经济体学习，讲好中国故事，传递中国经验。

（二）存在问题及改善方向

1. 进一步完善内部治理制度的执行

尽管全国性学术类、联合类和职业类社会团体基本建立了各类内部治理制度，但执行方面还不完善。

总体来看，会议档案管理欠缺，会员代表大会、理事会、常务理事会会议纪要等档案材料不完整、不规范，未注明参会及表决人数，通过事项未详细记录，理事会、常务理事会决定重大管理事项未召开现场会议。要加强社会团体内部管理制度建设，明确民主议事、民主选举、民主决策、民主程序等，做到有章可循（左丽华，2010）。

在财务方面，需要加强财务核算管理、对外投资管理，规范会费收取及会费收据使用，进一步加强对分支机构的管理和财务管控，对分支机构开展业务活动全面清理、规范运作，加强考核。

2. 加强自律制度建设

有学者研究表明，随着信息技术与互联网技术的革命性发展，人类知识传播模式发生了根本性的变化，以全国性学术类社团为例，我国学术理论期刊不可避免地受到市场化与国际化浪潮的冲击。学术期刊要通过自身的理念自律、自身制度自律、自身主体行为自律，将自己做大做强，使我们的期刊变得更有公信力与学术影响力；学术期刊要通过建构包容性、科学性的学术生态环境、建构科学的学术评价机制，以扭转学术生态失衡的现状（韩璞庚，2012）。根据相关评估资料，各类社团的行业或学术自律制度有待加强，尤其是主办各类学术期刊的全国性学术类社会团体需要在学术自律方面加强建设，建议研究制定适合本学科领域的自律规范，并接受社会监督。

除此之外，有学者指出，社会团体自律制度建设还可以使社会团体的公益性和互益性真正得到落实，有效降低互益性社会团体与社会公益性的冲突程度，充分发挥其规范市场和规范社会的积极作用（徐家良、孙钰林，2006）。

参考文献

韩璞庚，2012，《面向世界的中国学术期刊自律与学术生态建设》，《社会科学辑刊》第6期。

徐家良主编，2011，《社会团体导论》，中国社会出版社。

徐家良主编，2016，《中国社会组织评估发展报告（2016）》，社会科学文献出版社。

徐家良、孙钰林，2006，《论社会团体的内部合法性》，《甘肃行政学院学报》第4期。

左丽华，2010，《学术性社会团体加强民主办会的若干思考》，《社团管理研究》第6期。

B.4
基金会评估专题分析

摘 要： 2016年度参加全国性社会组织评估的基金会有24家，其评估等级分布情况为4A级5家、3A级15家、2A级4家。从评估结果看，2016年度参评基金会在基础条件、内部治理和社会评价下属的大多数指标上有比较良好的表现，尤其在治理结构、管理制度和人员队伍建设方面存在亮点。但参评基金会在党组织建设、捐赠收入、战略规划等方面存在一定不足，需要引起重视并加以改进。

关键词： 社会组织评估　基金会　治理结构　管理制度

一　2016年度基金会评估总体情况

（一）评估背景

从2007年起，我国的全国性社会组织评估工作正式启动。当年10月，民政部下发《民政部关于开展基金会评估工作的通知》，明确要求“凡在民政部登记一年以上，且符合《全国性民间组织评估实施办法》中参评条件的基金会均须参加评估”。经过为期半年的紧张评估，2008年4月共有62家基金会获得了评估等级。①

2011年3月，《社会组织评估管理办法》开始实施，使社会组织评估工

① 《民政部公布基金会评估等级结果　62家获评估等级》，民政部网站，http：//www.mca.gov.cn/article/zwgk/mzyw/200804/20080400013926.shtml，最后访问时间：2016年9月2日。

作有了专门的部门规章进行规范与约束。也是在这一年的9月，民政部对外公布各类社会组织评估指标，其中包括基金会评估指标，由此拉开基金会常态性的评估工作序幕。在2012年度全国性社会组织评估工作中，共有54家基金会获得了评估等级；此后三年，这一数字分别为24家、15家和31家。[①]

2016年10月，国家社会组织管理局在中国社会组织网上发布了《国家社会组织管理局关于开展2016年度全国性社会组织评估工作的通知》（国社函〔2016〕2号）。[②] 通知将2016年社会组织评估工作的对象定为“2013年12月31日前在民政部登记成立，未参加过评估的全国性社会团体、基金会和民办非企业单位，或2011年前（含2011年）参加过评估，评估等级有效期满的”社会组织。同时，评估等级有效期满3年的全国性社会组织和2014年度在民政部登记成立的基金会均可提前参加2016年度的评估。

（二）指标构成情况

根据中国社会组织网“社会评估”栏目所显示的评估资料，2016年度针对基金会的评估指标与2015年度版本相比有所变动。在一级指标方面，基金会参评指标仍然被分为“基础条件”、“内部治理”、“工作绩效”和“社会评价”4个模块，但各模块评估分值与往年不同：基础条件满分为60分（2015年度指标为80分），内部治理满分400分（2015年度指标为370分），工作绩效满分为420分（2015年度指标为450分），社会评价满分为120分（2015年度指标为100分）。4项一级指标合计满分与之前一样，依然为1000分。与

① 《2012年度全国性社会组织评估等级结果公告》，民政部网站，http：//www.mca.gov.cn/article/zwgk/tzl/201309/20130900516341.shtml，最后访问时间：2016年10月20日。《2013年度全国性社会组织评估等级结果公告》，民政部网站，http：//www.mca.gov.cn/article/zwgk/tzl/201405/20140500641845.shtml，最后访问时间：2016年10月20日。《2014年度全国性社会组织评估等级结果公告》，民政部网站，http：//www.mca.gov.cn/article/zwgk/tzl/201506/20150600838725.shtml，最后访问时间：2016年10月29日。《2015年度全国性社会组织评估等级结果公告》，民政部网站，http：//www.mca.gov.cn/article/zwgk/tzl/201608/20160800001393.shtml，最后访问时间：2017年9月17日。

② 《国家社会组织管理局关于开展2016年度全国性社会组织评估工作的通知》，中国社会组织网，http：//www.chinanpo.gov.cn/3988/99019/pgindex.html，最后访问时间：2017年9月17日。

2015 年度相比，基础条件和工作绩效指标分数占比有所下降，内部治理和社会评价指标分数占比则呈上升趋势。具体的一级指标变化趋势如图 1 所示。

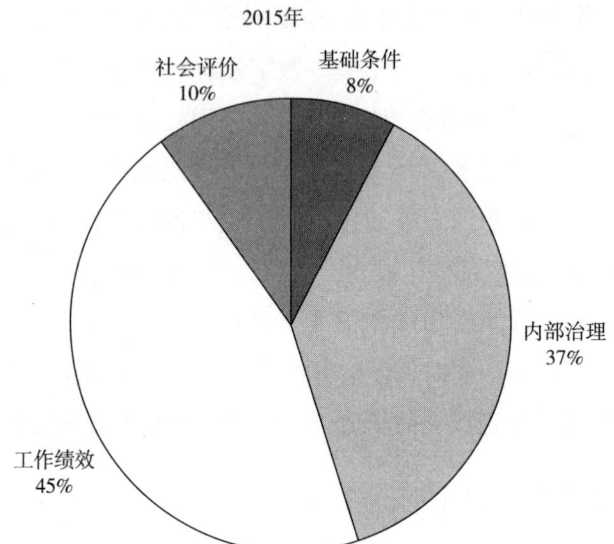

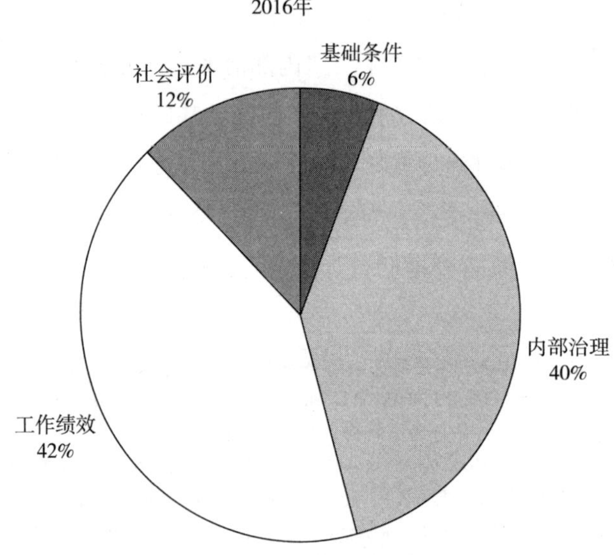

图 1　2015 年度与 2016 年度基金会一级指标分数占比情况

资料来源：根据中国社会组织网发布的资料编制。

在二级指标方面，各个模块下的指标权重设置各有侧重。基础条件模块下包含“法人资格”、“章程”、“变更登记和备案”以及“遵纪守法”4项二级指标，其中法人资格（23分）所占权重最高；内部治理模块下包含“组织机构”、“党组织”、“领导班子”、“人力资源管理”、“财务资产管理”、“档案、证章管理”6项二级指标，其中财务资产管理（230分）所占权重最高；工作绩效模块下同样包含6项二级指标，分别是“社会捐赠、政府购买服务”、“公益活动规模和效益”、“战略与计划”、“项目开发与运作”、“信息公开与宣传”以及“特色工作”，其中项目开发与运作（130分）所占权重最高；社会评价模块下则包含“内部评价”、“公众评价”和“管理部门评价”3项二级指标，其中管理部门评价（70分）所占权重最高。

与2015年度的评估指标相比，“财务资产管理”仍为评分占比最高的二级指标，且分值从200分进一步上涨至230分。对于以财产管理与运作为主要业务活动的基金会，这样的指标设置反映了其组织本质。同时，“项目开发与运作”取代“公益活动规模和效益”，成为分值第二高的二级指标，以及“工作绩效”一级指标下属分值最高的二级指标，其分值达到130分。这反映出本年度评估标准的变化——相较于公益支出金额，评估方更看重的是各家基金会具体项目的公益性、规范性、专业性和实际社会效益等特质。2016年度新增的二级指标“战略与计划”，反映了机构战略规划制定在当前的基金会发展工作中的重要性。

具体的2016年度基金会评估指标如表1所示。

（三）评估结果概述

2016年度共有24家基金会参加评估，较2015年度参评数量有所下降，与2013年度的参评数量持平。经过评估专家组的现场评估，24家基金会的评估等级情况为：4A级5家、3A级15家、2A级4家，3A级及以上基金会所占的比例为83.3%。总体来看，参评基金会管理普遍比较规范，总体情况良好。各评估等级基金会数量分布情况如图2所示。

表 1　2016 年度基金会评估指标构成

一级指标	二级指标	
基础条件(60 分)	法人资格(23 分) 章程(10 分)	变更登记和备案(10 分) 遵纪守法(17 分)
内部治理(400 分)	组织机构(65 分) 党组织(30 分) 领导班子(15 分)	人力资源管理(40 分) 财务资产管理(230 分) 档案、证章管理(20 分)
工作绩效(420 分)	社会捐赠、政府购买服务(50 分) 公益活动规模和效益(110 分) 战略与计划(15 分)	项目开发与运作(130 分) 信息公开与宣传(95 分) 特色工作(20 分)
社会评价(120 分)	内部评价(20 分) 管理部门评价(70 分)	公众评价(30 分)

资料来源：根据中国社会组织网发布的资料编制。

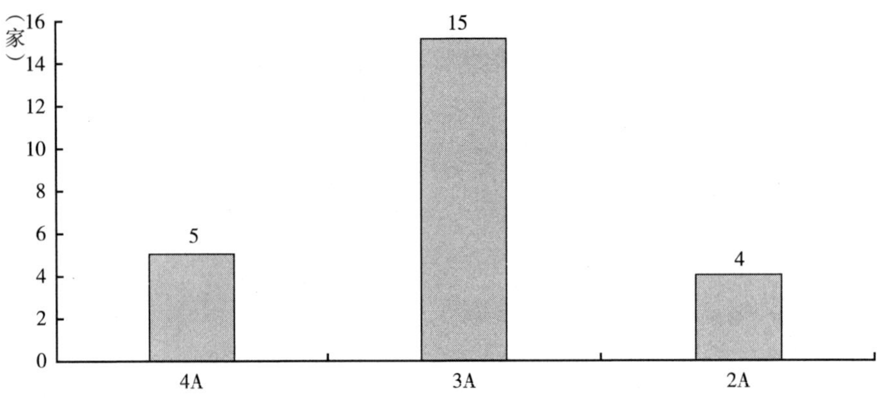

图 2　2016 年度各评估等级基金会数量分布

资料来源：根据中国社会组织网发布的资料编制。

2016 年度参评基金会的评估等级与其在各项一级指标的得分均呈现正相关。评估等级较高的基金会，在基础条件、内部治理、工作绩效和社会评价 4 项一级指标上的平均分都高于评估等级较低的基金会。不同等级基金会在各项一级指标上的得分情况反映在表 2 中。

2016 年度参加评估的 24 家基金会当中，有 11 家此前参与过评估。其中，参与 2007 年度评估的 1 家，参与 2010 年度评估的 5 家，参与 2011 年度评估的 2 家，参与 2012 年度评估的 3 家。其余 13 家则是首次参与评估。参加过评估的基金会中，对比两次评估结果可以看出，有 7 家基金会此次获

表 2　2016 年度各等级基金会在四个一级指标上的平均分情况

单位：分

评估等级	满分	基础条件	内部治理	工作绩效	社会评价
4A	839.80	56.60	346.00	339.20	98.00
3A	731.27	52.27	311.40	278.13	89.47
2A	602.75	51.25	229.25	237.50	84.75

资料来源：根据中国社会组织网发布的资料和 2016 年度全国性社会组织评估的资料编制。

得的评估等级与上一次评估相比有所提升，4 家与上一次持平。整体而言，参评基金会的评估结果取得一定进步，反映了其在运作与治理层面的改进。

截至 2016 年 10 月，共有 161 家民政部登记的基金会接受了社会组织评估并获取了相应的评估等级，其中 148 家基金会的评估等级截至 2016 年底仍为有效。95 家基金会参与过两次评估，尚无基金会参加过三次评估。148 家基金会评估等级依然有效的基金会中，16 家获评 5A 级，44 家获评 4A 级，4A 及以上等级基金会的比例达到 40.54%。其余 3A 级、2A 级、1A 级基金会的数量则分别为 77 家、9 家和 2 家。[①] 历年参评基金会的等级分布如图 3 所示。与 2015 年度相比，2016 年度 5A 级的基金会数量没有出现增长。

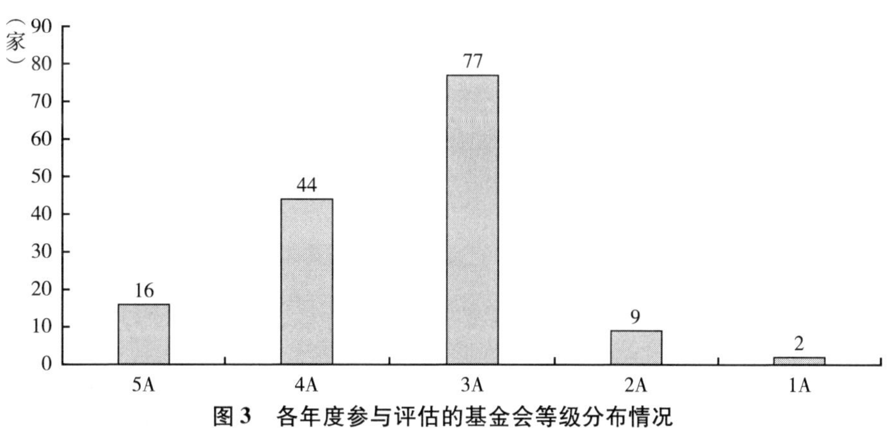

图 3　各年度参与评估的基金会等级分布情况

资料来源：根据中国社会组织网发布的资料编制。

① “全国性民间组织评估结果查询”，中国社会组织网，http：//www. chinanpo. gov. cn/search/doShowEvaluateResultInfoList. do? action = doShowEvaluateResultInfoList，最后访问时间：2017 年 9 月 18 日。

二 2016年度基金会评估结果分类指标分析

（一）基础条件指标评估结果描述

2016 年度的基金会评估指标体系中，“基础条件”一级指标下包含了“法人资格”、“章程”、“变更登记和备案”以及“遵纪守法”4 项二级指标。这 4 项二级指标总计涵盖了 10 项三级指标，满分分值共 60 分。从表 3 可以看出，所有参评基金会在此项上的平均得分比接近 90%，为所有一级指标中最高。各等级基金会在基础条件上平均分与基金会等级呈正相关，但不同等级的平均分差别较小。实际上，参评的 24 家基金会中有 18 家的基础条件得分在 50 分以上，只有 1 家低于 40 分。所有参评基金会在此项上的平均分为 53 分，得分比高达 88.33%。

表 3　2016 年度各等级基金会基础条件平均分与得分比

单位：分，%

评估等级	4A	3A	2A	总体
平均分	56.60	52.27	51.25	53.00
得分比	94.33	87.11	85.42	88.33

资料来源：根据中国社会组织网发布的资料和 2016 年度全国性社会组织评估的资料编制。

下文将对 24 家参评基金会的 4 项二级指标评估结果进行分别讨论，分析各家基金会在法人资格、章程、变更登记和备案、遵纪守法等基础性事项方面的情况。

1. 法人资格相关指标

基础条件下的首个二级指标是“法人资格”，这也是基础条件中分值最高（23 分）的二级指标。法人资格评估的是基金会资产状况、法定代表人产生程序和任职资格，以及基金会办公条件。总体来看，24 家参评基金会在法人资格方面的平均分为 20.21 分，得分比为 87.86%。无一家参评基金会获得23分满分，但大多数基金会（16家）的此项得分达到20分及以上。

在原始注册资金方面，2016年度参评的基金会，2015年年末净资产总额为218122.96万元，平均净资产额为9088.46万元。其中，净资产额度最高的是中国海油海洋环境与生态保护公益基金会，2015年年末净资产额度高达5.61亿元。24家基金会中有7家申报的年末净资产额度高于1亿元，资产额度最低的也达到1122.45万元。所有基金会2015年年末净资产额度均高于其原始注册资金额度，近三年基金会评估中首次出现这种情况。从图4中可以看出，不同等级基金会的平均净资产额度随着评估等级的下降而减少。

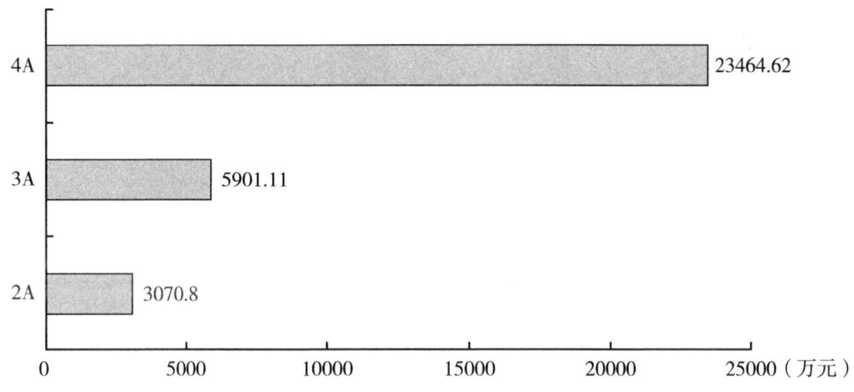

图4　各等级基金会平均净资产额度情况

资料来源：根据中国社会组织网发布的资料和2016年度全国性社会组织评估的资料编制。

在法定代表人的产生程序和任职资格方面，24家参评基金会中有22家的法定代表人按章程规定程序产生并能提供会议纪要，20家的会议纪要得到2/3以上理事签名。尽管参评基金会在法定代表人选举中的表决方式不同，有的鼓掌，有的举手，有的采取投票，但绝大部分参评基金会的法定代表人产生程序都符合规范，在理事会上经过选举产生。

在办公条件方面，所有参评基金会都具备一定条件的办公空间，但各家基金会的办公用房面积存在很大差别。根据评估材料，有22家基金会披露了其办公用房面积大小，平均面积达到538.66平方米。慈济慈善事业基金会办公面积达到7300平方米。这也是此次评估中仅有的一家办公室面积在1000平方米以上的基金会。另外，有6家不足100平方米，其中面积最小的为20平方米（各家基金会办公室面积分布可见图5）。参评基金会的办公用房来源包括自有、租赁和无偿使用三种，其中无偿使用场地的达到14家。大多数参评基金会能够将名称牌匾悬挂于办公场所外，个别基金会的名称牌匾未安放在醒目位置。

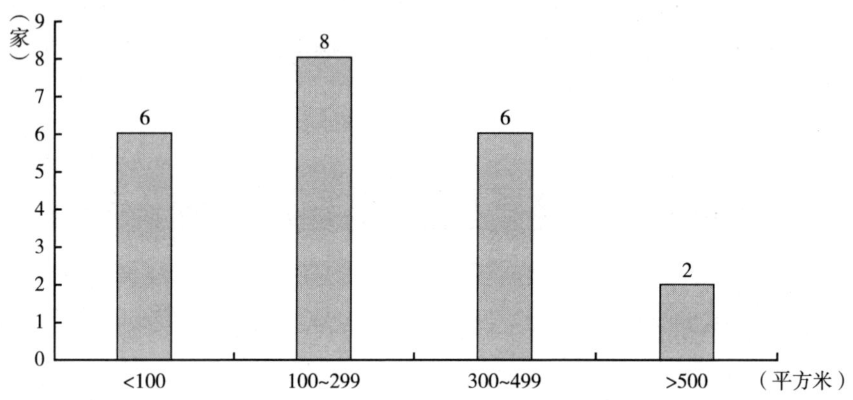

图5　2016年度参评基金会办公用房面积情况

资料来源：根据中国社会组织网发布的资料和2016年度全国性社会组织评估的资料编制。

2. 章程相关指标

章程[①]方面的三级评分指标包括章程制定（修改）和章程核准。参评基金会在章程指标上得分较高，20家基金会获得满分10分，其中4A级的5家全部得到10分。各家基金会平均分达到9.13分。

具体来说，2016年度参评基金会有17家能够提供最近章程制定或修改的具体时间和届次，包括当时的会议纪要，其中8家的会议纪要包含2/3以上的出席理事签名。而在章程核准方面，个别基金会未能提供章程在登记管

---

① 章程，是指经特定的程序制定的关于组织规程和办事规则的法规文书，是一种根本性的规章制度。一般包括总则、业务范围、组织机构、负责人、财产使用、终止条件、章程修改、附则等几个部分。

理机关接受核准的证明，大部分基金会向民政部提交过章程并获得了核准，但部分存在核准材料不全的情况。

3. 变更登记和备案相关指标

在变更登记和备案二级指标方面，主要从基金会主要事项变更之后向登记管理机关上报的情况，以及组织印章样式、理事和监事 3 项材料的备案情况来考察基金会的基础建设。参评基金会在变更登记和备案得分较高，16 家获得满分 10 分，其中 4A 级 5 家全部得到 10 分。各家基金会平均分达到 9 分。

在变更登记方面，在 2016 年度参评基金会中，有 15 家在 2014 年度和 2015 年度经历了重大事项变更。其中，经历过法定代表人变更的有 14 家，经历过住所变更的有 6 家，经历过注册资金变更的有 2 家。6 家基金会经历了两则以上事项的变更。大多数参评基金会能够提供变更登记相关证明材料，但有部分基金会的法定代表人变更和住所变更暂无登记证明。

在备案方面，大部分基金会都能提供印章样式、理事和监事的相关备案材料，除此之外，有 5 家基金会还提供了负责人的备案通知书。但同时有部分基金会存在理事调整后未及时到登记管理机关备案的情况，个别基金会未能提供监事备案通知书。

4. 遵纪守法相关指标

基础条件一级指标下最后一项二级指标是“遵纪守法”。2016 年度评估体系中，主要从基金会的年度检查、遵守国家法律法规和政策状况以及重大事项报告三个方面来衡量基金会在法治体系下的行为规范情况。24 家参评基金会在遵纪守法方面的平均分为 14.67 分，得分比为 86.27%，在基础条件下的 4 项二级指标中得分比最低。5 家基金会获得 17 分满分，16 家的此项得分达到 15 分及以上。

在年度检查情况方面，参评的 24 家基金会均于 2014 年和 2015 年分别参加年检，其中 22 家连续两年年检结果为合格，有 2 家基金会曾在 2014 年年检中被评为基本合格。

在遵守国家法律法规和政策方面，2016 年度参评基金会都能够保证机构活动的合法性。全部24家基金会均未在2014年或2015年遭受过任何政府部门任何形式的行政处罚，一定程度上反映出基金会的规范性。

在重大事项报告方面，参评基金会有20家建立了重大事项报告制度，其中8家制度详细，5家被评价为不够详细完善；还有4家则未能建立重大事项报告制度。在重大事项执行层面，有3家参评基金会在既定制度的执行上存在一定问题。而在重大活动报批方面，有12家基金会能够提供重大活动报批材料，有3家只能提供部分重大活动的报批材料。

（二）内部治理指标评估结果描述

“内部治理”一级指标下包含了“组织机构”、“党组织”、“领导班子”、“人力资源管理”、“财务资产管理”以及“档案、证章管理”6项二级指标。这些二级指标之下则总计囊括了25项三级指标，满分分值共400分。从表4中可以看出，各等级基金会内部治理平均分与基金会等级呈显著正相关。4A级基金会的内部治理得分普遍较高，5家参评基金会的内部治理得分均高于总平均分，4家得分高于330分，且本次评估中的内部治理最高分387分也来自4A级基金会。而2A级基金会的内部治理得分较低，得分比不足60%，没有1家得分在250分以上。

表4　2016年度各等级基金会内部治理平均分与得分比

单位：分，%

评估等级	4A	3A	2A	总体
平均分	346.00	311.40	229.25	304.92
得分比	86.53	77.85	57.31	76.23

资料来源：根据中国社会组织网发布的资料和2016年度全国性社会组织评估的资料编制。

下文将对参评基金会在内部治理方面的6项二级指标评估结果分别进行讨论，分析这些基金会在组织机构、党组织建设、工作团队建设以及人力资源管理方面的情况。

1. 组织机构相关指标

组织机构方面的三级指标包括理事会、监事或监事会、专项基金、分支（代表）机构与办事机构 4 项。2016 年度参评基金会在此项上的平均分为 56.21 分，得分比 86.47%。7 家基金会得分达到或超过 60 分，得分比超过 90%，但无基金会获得满分 65 分，最高分为 64 分。

在理事会方面，参评基金会平均理事人数约 12 人，其中理事人数最多的 23 人，最少的 5 人，理事人数分布情况如图 6 所示。大部分理事会能依据章程规定按期完成换届，2014 年度及 2015 年度的会议次数也大多符合要求。有 18 家能提供理事会会议纪要，其中 10 家的会议纪要得到了“详细规范”的评价。理事会的表决方式以投票和举手为主。

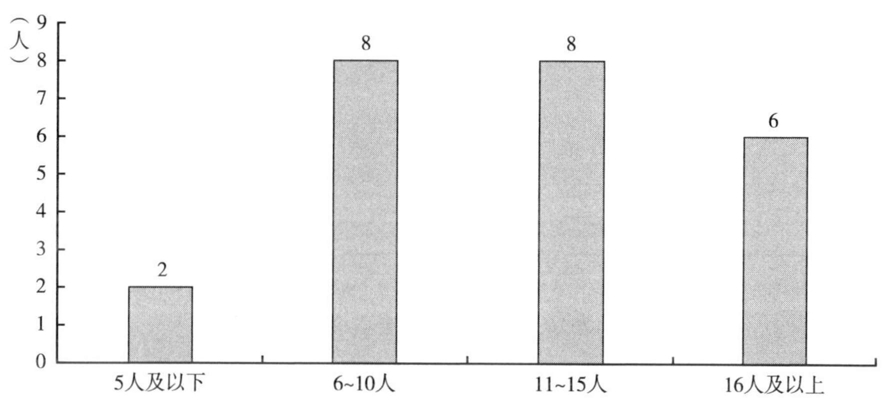

图 6　2016 年度参评基金会的理事人数情况

资料来源：根据 2016 年度全国性社会组织评估的资料编制。

理事会评价指标也反映出一些问题，其中较为典型的包括：理事会会议纪要内容不够详细规范，缺少部分重要的决议事项或理事签名；理事会会议表决未能安排更为规范的票选。另外，还有极少量参评基金会出现理事会延期换届、会议召开次数不符合规范、离退休领导干部在基金会兼职等情况。

监事[①]或监事会方面，2016 年度参评基金会全部设置监事会或聘请

① 基金会的监事对基金会的财务资料进行检查，并监督理事会工作。

监事，其中17家基金会选任了1名监事，剩余7家组建了包含2名以上监事的监事会（监事人数分布如图7所示），监事人数最多的慈济慈善事业基金会有5名监事。没有发现基金会监事领取报酬的违规现象。19家基金会的监事能够保证出席每次理事会会议。在履职情况方面，17家基金会的监事能够发挥较为明显的作用，行使监督权力，其中5家得到了“良好发挥作用，充分提供建议”的评价。不过，也有个别基金会的监事发挥作用不明显，未见其在理事会和年检报告中提出意见和建议的痕迹。

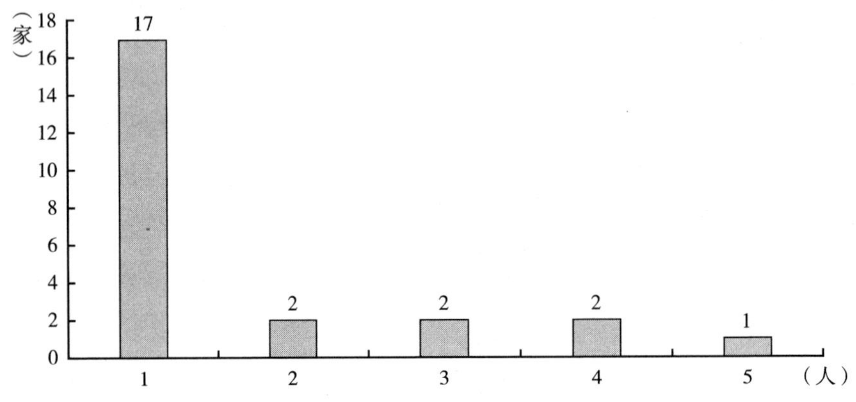

图7　2016年度参评基金会监事人数情况

资料来源：根据2016年度全国性社会组织评估的资料编制。

在分支机构方面与办事机构方面，此次参评基金会中大多数没有设置分支机构。具体来说，24家参评基金会中有6家设立专项基金，1家设立代表机构。同时，有16家基金会未设置任何形式的分支机构。评估材料显示，少数基金会存在专项基金设立未经理事会批准，或是专项基金和分支机构管理制度不健全乃至缺失的情况，还有少量基金会存在办事机构职责不明确、职能部门未能实现充分细分等待改进之处。

2. 党组织相关指标

党组织方面的三级指标包括“党组织建立”和“党组织活动情况”2项，以此考察各家基金会的党建工作实际开展情况。2016年度参评基金会在党组织方面的平均分为 17. 38 分，得分比为 57. 92%，未超过 60%，为内部治理二级指标中最低。6 家基金会得分达到 27 分及以上，得分比超过 90%，其中 1 家基金会获得满分 30 分。

在党组织建立方面，党员人数达到 3 人以上的 10 家基金会独立建立了党组织，3 家党员数量不足的基金会与其他机构建立了联合党组织，1 家基金会联合建立党组织的申请正在等待审批，其余基金会则暂未建立党组织。

在党组织活动方面，在建立了党组织的 13 家基金会中，有 10 家基金会开展了形式较为丰富的活动，另外几家党员活动开展较少，需进一步加强党组织建设，切实开展活动。

3. 领导班子相关指标

领导班子二级指标下设三级指标“负责人”，考察的是各家基金会的理事长、副理事长、秘书长等负责人情况。评估重点包括负责人届次、负责人年龄，秘书长专兼职情况，现职国家工作人员兼任情况以及负责人履职情况。2016 年度参评基金会在领导班子方面的平均分达到 13. 42 分，得分比 89. 44%，所有参评基金会得分均在 11 分及以上。15 家基金会得分达到 14 分及以上，其中 7 家获得满分 15 分。

在负责人届次方面，24 家参评基金会有 21 家的负责人届次正常，只有 3 家出现了超届情况。在负责人年龄方面，20 家基金会负责人年龄正常，剩余基金会则出现部分负责人超龄任职情况，其中大部分已经过登记管理机关批准。

在秘书长任职方面，24 家参评基金会中有 18 家的秘书长为专职，6 家秘书长为兼职，反映出大多数参评基金会能够聘用独立的日常事务负责人。6 家秘书长兼职的基金会中，有 2 家的秘书长为理事长兼任。另外，参评基金会中只有极少数存在现职国家工作人员兼任负责人的情况，且其中部分机构已经向登记管理机关提出申请，等待审批。

在履职情况方面，绝大部分参评基金会负责人能够承担自身责任，对机构实施领导管理。

4. 人力资源管理相关指标

人力资源管理①方面的三级指标包括“工作人员”、“人事管理”和“志愿者管理”3 项，以此考察基金会的工作人员配置情况、具体人事管理制度建设情况及志愿者队伍管理和发挥作用情况。2016 年度参评基金会在人力资源管理方面的平均分为 32. 63 分，得分比为 81. 56%。10 家基金会得分达到或超过 36 分，得分比高于 90%，其中 1 家获得满分 40 分。

在工作人员方面，2016 年度参评基金会有 22 家获得了员工“年龄结构合理”的评价；2 家基金会人员年龄偏大，需要进一步优化。各家基金会平均专职工作人员数量约为 7 人，专职工作人员数量超过 10 人的基金会有 5 家，人员规模最大的慈济慈善事业基金会专职员工总数达到 28 人。与此同时，少部分基金会的专职工作人员数量偏少，影响机构的长期发展，有待补充。平均每家机构中本科以上学历的工作人员数量接近 8 人，有 6 家基金会的本科以上学历工作人员数量超过 10 人，本科以上学历工作人员比例超过 50% 的则达到 20 家。图 8 反映的是不同等级基金会工作人员数量的分布情况。从图 8 中可以看出，基金会的评估等级与其专职工作人员数量并无显著相关性，但与工作人员学历存在一定的相关性。另外，个别基金会的工作人员培训机会较少，有待加强。

在人事管理方面，大部分参评基金会建立了人事管理制度，能够与员工签订正式的劳动合同，并为员工缴纳社会保险和住房公积金。人事管理的主要问题集中在薪酬管理领域，有少量基金会未能建立薪酬管理制度，个别基金会的工作人员薪资偏低。另外，还有个别基金会出现未替员工缴纳医疗保险和公积金的情况，需要改进。

在志愿者管理方面，24 家基金会中有 16 家建立了志愿者管理制度，其中 12 家制度详细；有 13 家基金会招募的志愿者达到一定数量，实现了常态化运作；16 家基金会的志愿者能够广泛地参与到机构的公益项目当中，发

① 人力资源管理，是指人员的选育用留，包括人力资源战略规划、招聘、培训、绩效管理、薪酬管理和员工关系几个方面。

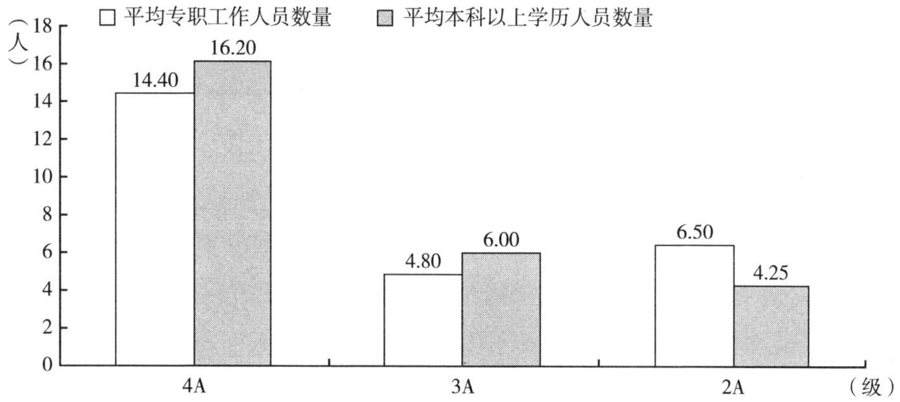

图 8　2016 年度各等级基金会工作人员配置情况

资料来源：根据中国社会组织网发布的资料和 2016 年度全国性社会组织评估的资料编制。

挥明显作用。同时，有个别基金会的志愿者管理存在服务项目单一或人员培训不足的问题。

5. 财务资产管理相关指标

财务资产管理是内部治理指标考察的重点方面，占据了 230 分，是所有二级指标中分值最高的一项。财务资产管理包含 12 项三级指标，分别是"合法运营"、"会计人员管理"、"会计核算管理"、"预算管理"、"资金管理"、"公益项目收支管理"、"实物和无形资产管理"、"投资管理"、"关联方关系及交易"、"税收和票据管理"、"财务报告"以及"财务监督"，其中公益项目收支管理一项分值即高达 59 分。

2016 年度参评基金会在财务资产管理方面的平均分为 168.38 分，得分比为 73.21%。5 家基金会的此项得分达到或超过 207 分，得分比高于 90%，最高分为 219 分。从表 5 中可以看出，不同等级基金会的财务资产管理平均分存在显著差异，对评估结果有较强影响。4A 级基金会在此项上的得分比高达 83.3%，3A 级基金会平均也能获得 76% 的分数，相反 2A 级基金会的得分比则仅略高于 50%。

根据评估资料，2016 年度专家团队对基金会财务资产管理评估主要集中在财务资产管理整体情况、会计核算管理、关联方关系及交易以及税收和

表 5 2016 年度各等级基金会财务资产管理平均分与得分比

单位：分，%

评估等级	4A	3A	2A	总体
平均分	191.60	174.80	115.25	168.38
得分比	83.30	76.00	50.11	73.21

资料来源：根据中国社会组织网发布的资料和 2016 年度全国性社会组织评估的资料编制。

票据管理 4 个方面。

在财务资产管理整体情况方面，所有参评基金会都不同程度建立了财务管理制度，其中 11 家基金会的财务管理制度较为完善，4 家的财务管理制度建设情况一般，9 家的财务管理制度较为简单。在财务制度执行层面，11 家基金会的财务管理制度执行情况较好，4 家执行情况一般，其余基金会的财务管理制度执行情况未在评估材料中得到披露。参评基金会中有 23 家对支出标准、审批权限均有相应规定，各项支出审批手续较为齐全。

在会计核算管理方面，有 23 家基金会设置了专职的会计人员及财务人员，但也有少部分基金会出现了会计与出纳为同一人，会计与出纳均为兼职或是会计没有从业资格证的现象。参评的 24 家基金会中有 19 家执行了《民间非营利组织会计制度》，18 家会计核算实现电算化，17 家能保证本机构所使用的财务软件符合《民间非营利组织会计制度》的要求。会计核算管理中较为集中的问题是《民间非营利组织会计制度》的执行程度问题，只有 8 家参评基金会获得了执行情况较为规范的评价。部分基金会存在会计核算不规范、科目编制混乱、会计档案管理制度缺失等问题。

在关联方关系及交易方面，大部分基金会的关联方交易管理符合规定。24 家参评基金会中，15 家建立关联方管理制度。有 12 家在评估过程中未发现有失公平的关联方交易，也未发现存在关联方资金占用行为；3 家虽然开展了关联方交易，但交易经过理事会批准，同样未发现存在有失公允的关联方交易情况。参评基金会中的 11 家较为完整地披露关联方和关联方交易内容。

在税收和票据管理方面，23 家参评基金会办理了地税登记，为按照规定纳税创造了基本条件。但同时，部分基金会在印花税缴纳、企业所得税预缴申报、工作人员所得纳税等方面存在问题。而在票据管理方面，24 家参评基金会中有 16 家捐赠票据开具和使用较为规范，有收据和发票的购入、领用、开具、交回等保管和使用登记记录，但仍有部分基金会存在捐赠收入未全部开具票据、开票人未签字、公益票据领购登记本欠缺、票据使用无登记领用和交回记录等问题。

除了上面提到的问题，2016 年度参评基金会的财务资产管理不足还集中体现在如下方面：财务管理制度建设不完善，如预算管理制度、投资管理制度、资产管理制度、财务报告制度不完善或缺失；预算执行情况模糊，缺乏预决算差异对比，项目预算支出无明细，支出依据不足；捐赠协议内容简单，部分项目甚至未签订捐赠协议；非货币捐赠额物资估价依据不充分，捐赠物资的出入库手续不齐备，缺少出入库清单及盘点手续；重大或长期公益项目缺乏第三方专项审计；财务监督执行不足，不仅缺乏监事监督，内部的负责人互签互批制度在部分基金会也未能建立，离任或换届财务审计未全面实施。

6. 档案和证章管理相关指标

在档案和证章管理方面的三级指标包括“档案管理”、“证书管理”和“印章管理”3 项，以此考察各家基金会的档案整理保管、登记证书悬挂和印章保管使用等工作情况。2016 年度参评基金会在档案和证章管理方面的平均分为 16. 92 分，得分比为 84. 58%。13 家基金会得分达到或超过 18 分，其中 8 家获得满分 20 分。值得一提的是，所有参评 4A 级基金会的此项得分均为 20 分。

在档案管理方面，24 家参评基金会中有 20 家建立了档案管理制度，其中 6 家的制度较为详尽，6 家有待加强。18 家基金会的档案资料保管较为齐全，但有部分存在资料存放一般的情况。

在证书管理方面，有 20 家基金会制定了证书使用管理规定，其中 5 家的证书有专人保管，23 家在办公场所悬挂登记证书正本。

在印章管理方面，23 家基金会建立了印章管理制度，其中 12 家的印章管理制度较为详尽规范。18 家基金会的用印登记较为详尽，其余则出现无用印登记记录本，银行印鉴由同一人保管等不合规问题。

（三）工作绩效指标评估结果描述

2016 年度基金会评估指标体系中，“工作绩效”一级指标下包含了“社会捐赠、政府购买服务”、“公益活动规模和效益”、“战略与计划”、“项目开发与运作”、“信息公开与宣传”以及“特色工作”6 项二级指标。这些二级指标之下总计囊括了 16 项三级指标，满分分值共 420 分。从表 6 可以看出，所有参评基金会在此项上的得分比为 67. 64%，为所有一级指标中最低。各等级基金会工作绩效平均分与基金会等级呈显著正相关，4A 级基金会的得分比超过 80%，而 2A 级基金会的得分比仅为 56. 55%。

表 6　2016 年度各等级基金会工作绩效平均分与得分比

单位：分，%

评估等级	4A	3A	2A	总体
平均分	339. 20	278. 13	237. 50	284. 08
得分比	80. 76	66. 22	56. 55	67. 64

资料来源：根据中国社会组织网发布的资料和 2016 年度全国性社会组织评估的资料编制。

下文将对参评基金会在工作绩效方面的 5 项二级指标评估结果进行分别讨论，分析这些基金会在捐赠收入、公益支出、项目管理以及信息公开方面的工作开展情况。

1. 社会捐赠、政府购买服务相关指标

测量基金会工作绩效的第一项指标，是其吸收资源的能力，这方面的三级指标包括“年度捐赠收入、政府购买服务收入”和“年人均接受捐赠金额”。2016 年度参评基金会在社会捐赠、政府购买服务上的平均分为 24. 04 分，得分比为 48. 08%，在所有工作绩效所属二级指标中最低。只有 1 家参评基金会在此项上的得分高于 40 分，得分比超过 80%。

从评估资料来看，此次参评的 24 家基金会在 2015 年度总捐赠收入约为

5.56 亿元，平均捐赠收入 2315 万元。参评基金会中 2015 年度捐赠收入最高的 1.31 亿元，最低的 0 元；年度捐赠收入超过 1000 万元以上的基金会达到 10 家，捐赠收入超过 5000 万元的基金会 3 家，捐赠收入超过 1 亿元的 1 家（慈济慈善事业基金会）。分析评估申报资料可以发现，4A 级以上的 5 家基金会 2015 年度捐赠收入合计 3.14 亿元，占整体捐赠收入总额的 56%。表 7 显示的是不同等级基金会 2015 年度接受捐赠的平均额度，其额度高低与基金会的等级显著相关。图 9 呈现的则是所有 2015 年度捐赠收入超过 1000 万元的基金会当年的募捐成果。

表 7　2016 年度参评基金会平均年度捐赠收入情况

单位：万元

评估等级	4A	3A	2A
2015 年度平均接受捐赠额度	6282.99	1482.75	482.63

资料来源：根据中国社会组织网发布的资料和 2016 年度全国性社会组织评估的资料编制。

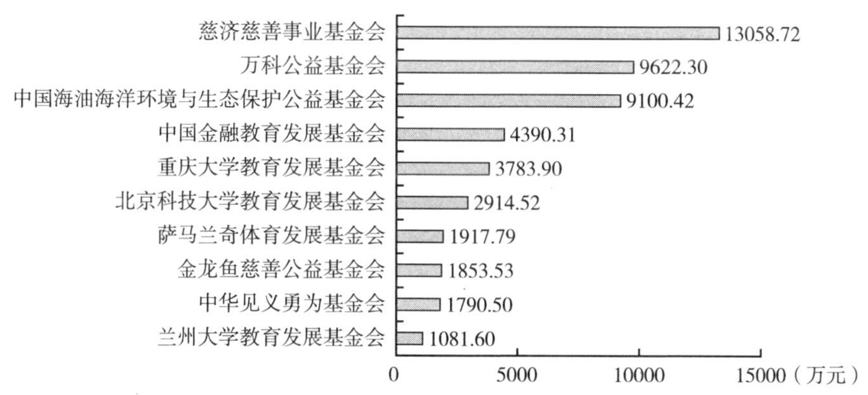

图 9　2015 年度捐赠收入在 1000 万元以上的参评基金会一览

资料来源：根据 2016 年度全国性社会组织评估的资料编制。

在年人均接受捐赠金额方面，24 家参评基金会的 2015 年度人均接受捐赠金额为 236.54 万元，其中 12 家基金会在该年度的平均接受捐赠金额达到 100 万元以上。额度最高的万科公益基金会人均获得捐赠 1374.61 万元，也是唯一一家人均获捐金额达到1000万元以上的参评基金会。

2. 公益活动规模与效益相关指标

公益活动规模与效益二级指标包含2个三级指标，分别是“公益支出水平”和“工作人员工资福利和行政办公支出比例”，其中公益支出水平指标的评分达到100分，超出其他所有三级指标分值。2016年度参评基金会在公益活动规模与效益方面的平均分为71.17分，得分比为64.70%。4A级基金会在此项上的得分比达79.27%，3A级基金会平均下降至62.24%，2A级基金会的此项得分比则仅为55.69%。

表8　2016年度各等级基金会公益活动规模与效益平均分和得分比

单位：分，%

评估等级	4A	3A	2A	总体
平均分	87.20	68.47	61.25	71.17
得分比	79.27	62.24	55.69	64.70

资料来源：根据中国社会组织网发布的资料和2016年度全国性社会组织评估的资料编制。

从评估资料来看，参评基金会在2015年度的公益事业支出总额约为4.92亿元，平均公益支出2050万元。参评基金会中年度公益事业支出最高的为1.10亿元，最低的为184.60万元；年度公益事业支出在1000万元以上的有13家，支出1亿元以上的有2家，分别是慈济慈善事业基金会和中国海油海洋环境与生态保护公益基金会。4A级以上的5家基金会，2015年度公益事业支出合计2.92亿元，占整体公益支出的59%。表9显示的是不同等级基金会2015年度公益事业支出的平均额度，与捐赠收入类似，各家基金会支出额度高低与基金会的等级显著相关。图10呈现的则是所有当年度公益事业支出超过1000万元的基金会支出金额。

在公益支出比例方面，大部分参评基金会公益支出比例均符合《基金会管理条例》的要求——公募基金会的公益事业支出未低于上一年总收入的70%，非公募基金会的年度公益事业支出未低于上一年基金余额的8%。同

表 9　2016 年度参评基金会平均公益支出情况

单位：万元

评估等级	4A 级	3A 级	2A 级
2015 年度平均公益支出额度	5849. 74	1165. 96	619. 91

资料来源：根据中国社会组织网发布的资料和 2016 年度全国性社会组织评估的资料编制。

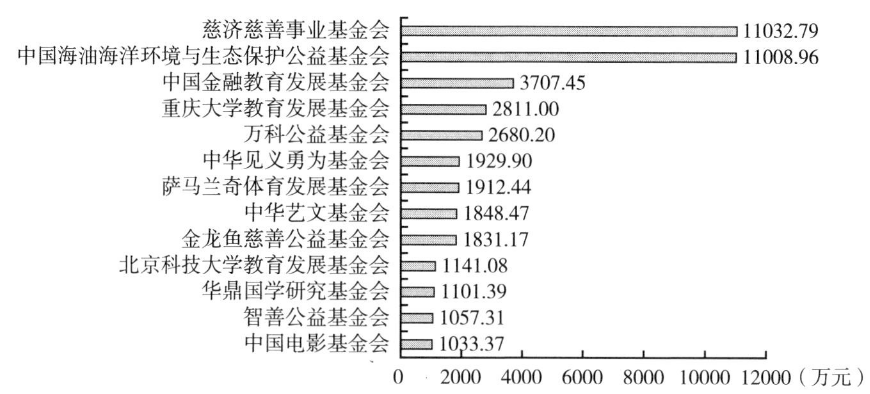

图 10　2015 年度公益事业支出在 1000 万元以上的参评基金会一览

资料来源：根据 2016 年度全国性社会组织评估的资料编制。

时，大部分参评基金会的人力成本与行政办公支出比例也符合《基金会管理条例》标准，未超过当年总支出的 10%，只有 2 家基金会略微超出标准。随着《中华人民共和国慈善法》出台，民政部、财政部、国税总局联合发布《关于慈善组织开展慈善活动年度支出和管理费用的规定》，《基金会管理条例》的修订在即，针对基金会的各项支出规范将进一步调整，并对未来的评估标准产生影响。

3. 战略与计划相关指标

战略与计划二级指标包含 2 个三级指标，分别是“战略规划”和“年度计划与实施”，旨在考察基金会的长期战略规划制定情况、年度工作计划制定和实施情况，以及年度工作计划与战略。2016 年度参评基金会在战略与规划方面的平均分为 9. 88 分，得分比为 65. 83%。4 家参评基金会此项得分在 14 分以上，其中 1 家获得满分 15 分。

评估材料显示，在2016年度参评基金会中，有17家制定了战略规划，其中7家的规划较为明确细致，剩余基金会则未能制定规划或规划内容过于简单，需要加以完善。同时，基本所有参评基金会都制定年度工作计划，其中10家的年度工作计划较为完善，且组织的大部分活动内容按照工作计划开展。部分基金会年度工作计划未涵盖机构的整体工作内容，需要优化。9家基金会的年度工作计划与战略规划基本匹配，剩余部分基金会存在短期与长期战略吻合度不足的问题。

4. 项目开发与运作相关指标

项目开发与运作方面的指标分值为130分，在工作绩效下属的各项二级指标中最高，其包含的三级指标为5项，分别是“项目的公益性”、“项目的规范性”、“项目的专业性”、“创新性和可积累性” 和“项目社会效益”。2016年度参评基金会在此项上的平均分为98.42分，得分比为75.71%。2家基金会得分高于117分，得分比超过90%，其中最高分为122分。从表10中可以发现，不同等级基金会的项目开发与运作得分存在显著差异，4A级基金会的得分比接近85%，3A级为74.46%，2A级则不足70%。

表10　2016年度各等级基金会项目开发与运作平均分与得分比

单位：分，%

评估等级	4A	3A	2A	总体
平均分	110.20	96.80	89.75	98.42
得分比	84.77	74.46	69.04	75.71

资料来源：根据中国社会组织网发布的资料和2016年度全国性社会组织评估的资料编制。

项目的公益性主要考察基金会运作的项目是否符合公益原则，与捐款人是否存在利益关系，以及项目的受益对象选择是否公平而非特定。本次参评的各家基金会的大多数项目都体现出较强的公益性，其中8个基金会的项目获得了“公益性突出” 的评价。个别基金会存在运作非公益性质项目的现象。3家基金会在评估材料中申明其项目通过公开筛选确定受益人，体现了选择受益对象时的公平原则，个别基金会受益对象选拔机制则有待完善。

项目的规范性是项目开发与运作方面的重要评估内容，考察的是项目从立项到总结评估的各个环节过程。24 家参评基金会中有 23 家建立了项目管理制度，其中 9 家的项目管理制度被评估专家评价为“详细而全面”；但也有部分基金会的项目管理制度存在科学性或规范性方面的问题，需要进一步完善。13 家基金会能够在项目立项前事先进行论证和计划，同时部分基金会的项目立项不够规范，缺乏书面论证和计划。8 家基金会的项目运作过程管理规范，也有少量基金会的项目流程管理较为薄弱，过程性资料少。10 家基金会建立项目执行过程监督机制，但也有部分基金会项目监督不到位，个别甚至无任何项目监督机制。12 家基金会能在项目执行完毕后进行评估和总结，其中部分基金会的重大项目能邀请第三方机构开展评估，但也有部分基金会的项目评估简单。

在项目的专业性方面，24 家参评基金会当中有 16 家瞄准了较为具体的社会问题，这些问题包括海洋环境与生态保护、农村金融、民众见义勇为、体育与国际交流、电影事业繁荣、美术事业发展和京剧艺术传承等焦点领域，也包括教育、文化、医疗、扶贫等社会重大议题。不过在专业技术水平上，只有 6 家基金会的部分项目得到高技术水平评价，部分基金会的项目存在目标不明确的问题。

在创新性和可积累性方面，有 14 家参评基金会获得项目具有创新性的评价。如爱佑万科儿童养护中心、益海嘉里助学工程等从运作模式上做出改变传统公益项目的创举。而在项目的可积累性与可持续性方面，有 7 家参评基金会的项目被认定为较有可积累性，其中大多为发展快、成果大、影响好的各家基金会品牌活动。同时，少部分基金会的项目创新性存在显著不足，项目持续性和可积累性有待加强。

在社会效益方面，此次参评的基金会在公益项目开展方面较为积极。根据申报材料，此次参评的 24 家基金会在 2015 年度共计开展了 394 个公益项目，平均每家基金会在 2015 年度开展约 16 个公益项目。表 11 显示的是各等级基金会的平均项目数量。

表 11　2016 年度参评基金会平均公益项目数量

单位：个

评估等级	4A	3A	2A
2015 年度平均公益项目数量	23.40	17.27	4.50

资料来源：根据中国社会组织网发布的资料和 2016 年度全国性社会组织评估的资料编制。

在 2016 年度的评估中，有 13 家基金会的项目获得“受益人广泛”、“覆盖范围广”、“社会效益好”等评价。一些基金会打造了持续多年、社会影响力突出、充分调动公众公益心的项目。如中国海油海洋环境与生态保护公益基金会的宁夏固原饮水安全连通工程项目分三年捐资 1 亿元支持宁夏固原饮水安全连通工程，解决彭阳县城 4 万人和农村 19 万人的饮水问题；慈济慈善事业公益基金会的“冬令发放”公益项目两年投入 5124 万元，持续关怀 20 个省、区、市的受灾或贫穷、患病的民众，给 4 万户 7 万多民众送去温暖，使大量困难家庭渡过难关；中国金融教育发展基金会的“金惠工程—农户项目”于 2008 年启动，在全国 14 个扶贫连片特困地区及以外的国家扶贫开发工作重点县向农村中学生、农村基层领导干部、农村基层金融机构从业人员开展金融知识普及教育，改善农村信用和金融环境，取得了较为明显的效果，社会影响力较大。不过，也有部分基金会存在项目社会影响力不足、动员参与较弱等问题。

5. 信息公开与宣传相关指标

信息公开与宣传方面的三级指标包括“信息公开制度及管理”、“信息公开内容”、“对捐赠人的反馈”以及“社会宣传”4 项，考察各家基金会的透明度建设和宣传工作开展情况。2016 年度参评基金会在此项上的平均分为 68.17 分，得分比为 71.75%。1 家基金会得分高于 86 分（获得 92 分），得分比超过 90%。从表 12 中可以看出，不同等级基金会的信息公开与宣传得分情况存在显著差异，4A 级基金会的此项得分比超过 85%，3A 级降至 72.84%，2A 级的得分比则仅达到 50%。

在信息公开制度及管理方面，参评基金会中有 19 家建立信息公开制度。其中 11 家的信息公开制度建设较好，5 家建立信息公开档案，3 家的信息公

表 12　2016 年度各等级基金会信息公开与宣传平均分与得分比

单位：分，%

评估等级	4A 级	3A 级	2A 级	总体
平均分	81.60	69.20	47.50	98.42
得分比	85.89	72.84	50.00	75.71

资料来源：根据中国社会组织网发布的资料和 2016 年度全国性社会组织评估的资料编制。

开制度被评价为详细。13 家基金会的信息公开工作有专人专岗负责。与此同时，少部分基金会出现信息公开制度缺失或制度内容不完善的问题。

各家基金会的常用信息公开渠道为网站、刊物、手机 App、纸质媒体、网络媒体等。参评基金会全部建立官方网站，其中 20 家建立专门网站，剩余 4 家的网站则依附于发起单位或主要捐赠机构建设。12 家基金会的网站得到“内容/栏目齐全、更新及时”的评价。另外，共计有 18 家基金会开设微信公众号，在移动互联网高度活跃的背景下高效发布信息。然而，也有少量基金会获得“信息公开渠道较为单一”的评价，需要进一步加强渠道开发。

信息公开内容分为 7 项，分别是组织机构信息、组织运作管理信息、年度工作报告、财务审计报告、接受捐赠信息、资金使用情况和公益项目信息。在所有参评基金会中，有 7 家公开了完整准确的组织机构信息，3 家公开了较为完整的组织运作管理信息，20 家公开了年度工作报告全文或摘要，11 家公开了财务审计报告全文或摘要，10 家公开了接收捐赠情况，10 家公开了资金使用情况，还有 12 家公开了项目信息。信息公开内容存在的主要问题包括部分基金会组织运作管理信息公开较少、年度工作报告和财务审计报告未做到逐年公开、年度工作报告未全文披露、接受捐赠信息和资金使用信息公开不够详细完整等。

在捐赠人的反馈方面，有 21 家基金会的捐赠人反馈机制建立较为完善，剩余基金会则存在捐赠反馈机制未完全建立、反馈信息内容不完善、捐赠用途未充分汇报等问题。同时，只有 7 家基金会将保护捐款者和受助者隐私作为重点工作，大部分基金会对相关方隐私保护的重视程度有

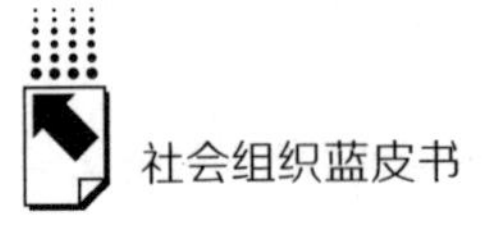

待提升。

在社会宣传方面，有 17 家基金会印制了内容较为丰富的项目宣传资料来开展社会宣传。部分基金会，如中国经济改革研究基金会编制多本内部刊物，如《中国改革与发展报告》、《中国宏观经济分析》、《中国市场化指数——各地区市场化相对进程》等，报送有关部委。申报材料显示，此次参评的 24 家基金会中有 22 家接受各类媒体报道，其中包括新华社、《人民日报》、《光明日报》、《法制日报》、中央电视台、人民网、新华网、凤凰网等。媒体报道反映了各家基金会对社会宣传工作的重视和对传媒的有效利用。不过，也有少部分基金会被评价为“宣传手段单一”，其社会推广工作开展水平有待提升。

6. 特色工作相关指标

特色工作指标主要考察基金会不能完全涵盖在前述指标中，但业绩十分突出，代表某种发展方向的工作。2016 年度参评基金会在此项上的平均分为 12.42 分，得分比为 62.08%。1 家基金会在此项上的得分达到 18 分，得分比为 90%，另有 5 家基金会得分达到 15 分及以上。

评估资料及各机构年度工作报告显示，合计有 19 家参评基金会申报 62 项特色工作，表明大部分基金会能够开展与其关注领域或使命愿景密切相关的工作，较为典型的例子包括中国海油海洋环境与生态保护公益基金会的“海洋增殖放流工程”，中国金融教育发展基金会的“红色金融历史巡展”项目和兰州大学教育发展基金会的“丝绸之路行”项目等。

（四）社会评价指标评估结果描述

2015 年度的基金会评估体系当中，“社会评价”一级指标包含了“内部评价”、“公众评价”和“管理部门评价”3 项二级指标，涵盖 8 项三级指标。满分分值共 120 分。从表 13 中可以看出，不同等级基金会在社会评价方面的得分与其评估等级仍然呈正相关，但各等级基金会之间的差距较内部治理和工作绩效指标要更为接近，2A 级基金会的得分比也可达到 70% 以上。

表 13　2016 年度各等级基金会社会评价平均分与得分比

单位：分，%

评估等级	4A 级	3A 级	2A 级	总体
平均分	98.00	89.47	84.75	90.46
得分比	81.67	74.56	70.63	75.38

资料来源：根据中国社会组织网发布的资料和 2016 年度全国性社会组织评估的资料编制。

内部评价指标包含 2 个三级指标，分别是“理事评价”和“监事评价”；公众评价指标则包含 3 个三级指标，分别是“捐赠人评价”、“受助人评价”和“志愿者评价”。在专家团队的评估报告和各家基金会的申报材料中，极少有涉及社会评价指标的内容，因此很难充分了解参评基金会获得的内部评价和公众评价。从评估分数来看，2016 年度参评基金会在内部评价方面的平均分为 18 分，得分比为 90%；在公众评价方面，平均分为 27.04 分，得分比为 90.14%，普遍得分较高。有 3 家基金会获得内部评价满分为 20 分，1 家基金会获得公众评价满分 30 分。

管理部门评价指标的分值在本年度评估中有所提升，达到 70 分，其下设三级指标包括“登记管理机关评价”、“业务主管单位评价”和“表彰奖励情况”3 项。与内部评价和公众评价相比，2016 年度参评基金会在管理部门评价方面得分有所下降，平均分为 15.42 分，得分比为 61.88%。各家基金会的得分差异主要体现在其获得的表彰和奖励情况上。根据对评估资料的初步统计，24 家参评基金会中有 11 家获得过政府部门等授予的各类奖项，其中 2 家曾经在近年获取中华慈善奖。相应地，这些机构在管理部门评价上能够获得较高分数。

三　2016年度基金会评估特点总结

评估材料显示，2016 年度参与全国性社会组织评估的基金会在基础条件、内部治理和社会评价相关的部分指标中有比较好的表现，而在工作绩效得分上体现出较大差异。具体来说，参评基金会的基础条件符合需要，内部治理结构趋于完善，各项管理制度建设较为健全，也打造了较高素质的人员队伍。但同时，参评基金会也在党组织建设、款物资源募集、战略规划与年度计划、特色工作开展等方面呈现出一定的局限性，需要引起相关机构的重视。

（一）参评基金会的主要优势

1. 基础条件符合机构需要

2016 年度参评基金会的基础条件状况较佳，相关一级指标得分比高达 88.33%。24 家基金会均有符合条件的独立办公场地，满足基金会开展工作的基本要求；所有基金会 2015 年年末净资产额度均高于原始注册资金额度。绝大部分基金会的法定代表人产生和章程修改程序符合规定，并能提供产生法定代表人的理事会会议纪要。各主要事项的变更在登记管理机关进行，并能提供变更登记相关证明。所有参评基金会没有在过去两年遭受过任何政府部门的行政处罚，连续两年的年度检查中仅有 1 家基金会出现基本合格的情况，其余全为合格。基础建设的牢固，为参评基金会组织建设和项目活动奠定了良好基础。

2. 内部治理结构较为完善

2016 年度参评基金会的内部治理结构较为完善，在组织机构和领导班子相关二级指标上的得分比均超过 85%。绝大部分基金会建立了人数符合要求且人员构成多元化的理事会，通过理事会表决来制定各项决策，每年召开的理事会会议次数符合规定，且能按时完成理事会换届。在监督机构、分支机构、专项基金和办事机构的设置和管理上，大多数基金会也都能较为圆满地完成工作。同时，参评基金会的负责人基本能保证届次和年龄正常，大部分基金会秘书长为专职，且各位负责人都能较为忠实地履行自身的职责。决策团队和日常管理团队的充分建设，理顺了各家参评基金会的内部治理结构，为机构的良好运营提供顶层设计保障。

3. 管理制度制定与执行规范

2016 年度参评基金会管理制度建设、规范化建设情况良好。参评的 24

家基金会都不同程度地建立了财务管理制度和信息公开制度，23 家建立了项目管理制度。同时，参评基金会普遍较为关注档案、证章管理，相应的二级指标得分比达到 84.58%。参评基金会不仅在管理制度条文方面较为规范，在具体的制度执行层面也有可取之处：23 家基金会对支出标准、审批权限均有相应的规定，各项支出审批手续较为齐全；19 家基金会执行《民间非营利组织会计制度》，且使用的财务软件大多数符合规范；20 家建立了独立官方网站，通过网站公开信息。

4. 人员队伍素质较高

2016 年度参评基金会的人员队伍建设情况普遍较佳，大多数基金会无论是专职员工还是志愿者团队都具备一定规模，相应的人力资源管理得分比也达到 80% 以上。参评基金会总共雇用 235 名工作人员，其中本科以上学历人数为 188 人，占据总数的 80%，整体来看参评基金会的工作人员学历较高。基本所有基金会的员工队伍都能满足机构的基本需求，相当比例的基金会员工素质较高，能够为机构业务活动的开展做出贡献，实现机构项目目标。同时，绝大部分基金会都建立了一定规模的志愿服务队伍，充分利用社会资源招募志愿者，投入到机构相应的服务工作当中。在专职和志愿团队的通力配合下，参评基金会大多拥有了较高水准的人员队伍。

（二）参评基金会的主要问题

1. 党组织建设有待加强

2016 年度参评基金会的党组织建设有待加强。如前文所述，24 家基金会中有 10 家独立建立党组织，3 家与其他机构建立了联合党组织，1 家基金会联合建立党组织的申请正在等待审批，其余 10 家基金会暂未建立党组织。未建立党组织的原因，包括党员人数不足等，需要注意与政策要求相一致。

2. 资源吸纳能力有待提升

2016 年度参评基金会的社会捐赠规模较小，吸纳社会资源的能力未得到充分激发。24 家基金会在 2015 年的年度捐赠收入之和约为 5.56 亿元，平均捐赠收入 2315 万元，年度捐赠收入在 1000 万元以上的基金会有 10 家，年度捐赠收入在5000万元以上的有3家。作为对比，2015年度参与全国性社会组织评估的基金会在2014年度的平均捐赠收入为5189.5万元，年度捐赠收入在1000万元以上的基金会有22家，在5000万元以上的有10家。捐赠收入额度不足，不仅导致各家基金会在相应指标上的评分较低，还直接影响本机构的公益活动规模——与2015年度参评基金会相比，2016年度参评基金会在公益支出额度上也出现一定程度的下降。

3. 战略规划有待充实调整

2016年度参评基金会的战略规划和年度计划制订、实施存在改进空间。部分参评基金会未能制定或战略规划过于简单，没有列明组织的中长期发展目标和实现路径，需要加以完善。同时，尽管所有参评基金会均制订了年度工作计划，且大部分的年度工作计划较为完善，但也有个别基金会出现年度工作计划未涵盖机构的整体工作内容，年度计划中体现的短期战略与战略规划中的长期战略不相吻合等情况。上述缺失使参评基金会的战略与计划相关指标得分情况不太理想，同时影响了基金会的长期稳定发展。

参考文献

邓国胜，2007，《民间组织评估体系：理论、方法与指标体系》，北京大学出版社。

莱茵哈德·施托克曼，2008，《非营利机构的评估与质量改进》，唐以志等译，中国社会科学出版社。

廖鸿主编，2012，《社会组织评估指引》，中国社会出版社。

卢玮静，2012，《基金会评估历程、开展状况与特点》，《社团管理研究》第2期。

卢玮静，2012，《基金会评估的理论框架》，《社团管理研究》第2期。

罗文恩、周延风，2014，《公益组织如何树立品牌信任：经验机制的视角》，《中国第三部门研究》第2期。

陶传进、赵小平、祝贺，2009，《基金会评估中的指标体系问题——以抗震救灾中的募捐组织为例》，《学会》第2期。

徐家良、廖鸿主编，2015，《中国社会组织评估发展报告（2015）》，社会科学文献出版社。

徐家良、卢永彬、赵璐，2014，《中国基金会治理核心评估内容研究》，《社会科学辑刊》第 6 期。

徐家良、郝斌、卢永彬，2015，《个人被动捐赠影响因素的探索性研究——以上海地区公众为例》，《学习与实践》第 3 期。

徐家良、刘春帅，2016，《资源依赖理论视域下我国社区基金会运行模式研究——基于上海和深圳个案》，《浙江学刊》第 1 期。

Gazley, Beth & Gordon Abner. Evaluating a Product Donation Program: Challenges for Charitable Capacity," *Nonprofit Management & Leadership*, 2014, 24 (3): 337 - 355.

Hall, Matthew. "Evaluation Logics in the Third Sector." *VOLUNTAS: International Journal of Voluntary and Nonprofit Organizations*, 2014, 25 (2): 307 - 336.

Sargeant, Adrian & Jen Shang. "Outstanding Fundraising Practice: How do Nonprofits Substantively Increase their Income?" *International Journal of Nonprofit and Voluntary Sector Marketing*, 2016, 21: 43 - 56.

B.5

民办非企业单位评估专题分析

摘　要：在2016年度社会组织评估中获得评估等级的民办非企业单位有5家，评估等级分布情况为4A级1家、3A级4家。从评估结果看，2016年度参评民办非企业单位在工作人员队伍建设、业务管理、业务服务专业性、政策制定过程参与等方面表现较为理想。但同时，参评机构也呈现业务规模效益不足、信息公开内容较单一等问题。

关键词：社会组织评估　民办非企业单位　社会服务　业务管理

一　2016年度民办非企业单位评估总体情况

（一）评估背景

2009年8月，参考全国性社会团体及基金会的评估实践，民政部启动民办非企业单位的规范化评估工作。2009年度共有29家民办非企业单位参加评估并取得评估等级，其中4A级6家，3A级16家，2A级3家，1A级4家。在2012年度全国性社会组织评估工作中，共有4家民办非企业单位获得评估等级；其后的2013～2015年度，分别有1家、2家和5家民办非企业单位获得评估等级。①

---

① 《2012年度全国性社会组织评估等级结果公告》，民政部网站，http：//www. mca. gov. cn/article/zwgk/tzl/201309/20130900516341. shtml，最后访问时间：2016年10月20日。《2013年度全国性社会组织评估等级结果公告》，民政部网站，http：//www. mca. gov. （转下页注）

2016 年 10 月，国家社会组织管理局在中国社会组织网上发布《国家社会组织管理局关于开展 2016 年度全国性社会组织评估工作的通知》（国社函〔2016〕2 号）。[①] 该通知将 2016 年社会组织评估工作的对象定为“2013 年 12 月 31 日前在民政部登记成立，未参加过评估的全国性社会团体、基金会和民办非企业单位，或 2011 年前（含 2011 年）参加过评估，评估等级有效期满的”社会组织。另外，评估等级有效期满 3 年的全国性社会组织也可提前参加 2016 年度评估。

（二）指标构成情况

根据中国社会组织网“社会评估”栏目所提供的评估资料，2016 年度针对民办非企业单位的评估指标与 2015 年度版本相比有所变动。在一级指标方面，民办非企业单位参评指标仍然被分为“基础条件”、“内部治理”、“工作绩效”和“社会评价”4 个模块，但各模块评估分值与往年度不同：基础条件满分为 60 分（2015 年度指标为 100 分），内部治理满分 390 分（2015 年度指标为 350 分），工作绩效满分为 430 分（2015 年度指标为 450 分），社会评价满分为 120 分（2015 年度指标为 100 分）。4 项一级指标满分与之前一样，依然为 1000 分。与 2015 年度相比，基础条件和工作绩效指标分数占比有所下降，内部治理和社会评价指标分数占比则呈上升趋势。图 1 反映的是两年度的评估一级指标的变化情况。

在二级指标方面，各个模块下的指标权重设置各有侧重。基础条件模块下包含“法人资格”、“章程”、“变更和备案”以及“年度检查”四项二级指标，其中法人资格（28 分）分值最高；内部治理模块下包含“组织机

（接上页注①）cn/article/zwgk/tzl/201405/20140500641845. shtml，最后访问时间：2016 年 10 月 20 日。《2014 年度全国性社会组织评估等级结果公告》，民政部网站，http：//www. mca. gov. cn/article/zwgk/tzl/201506/20150600838725. shtml，最后访问时间：2016 年 10 月 29 日。《2015 年度全国性社会组织评估等级结果公告》，民政部网站，http：//www. mca. gov. cn/article/zwgk/tzl/201608/20160800001393. shtml，最后访问时间：2017 年 9 月 17 日。

① 《国家社会组织管理局关于开展 2016 年度全国性社会组织评估工作的通知》，中国社会组织网，http：//www. chinanpo. gov. cn/3988/99019/pgindex. html，最后访问时间：2017 年 9 月 17 日。

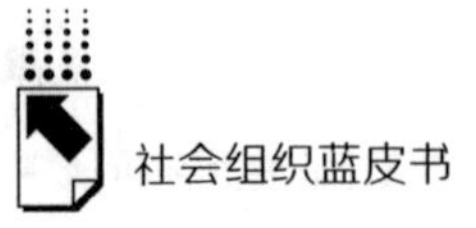

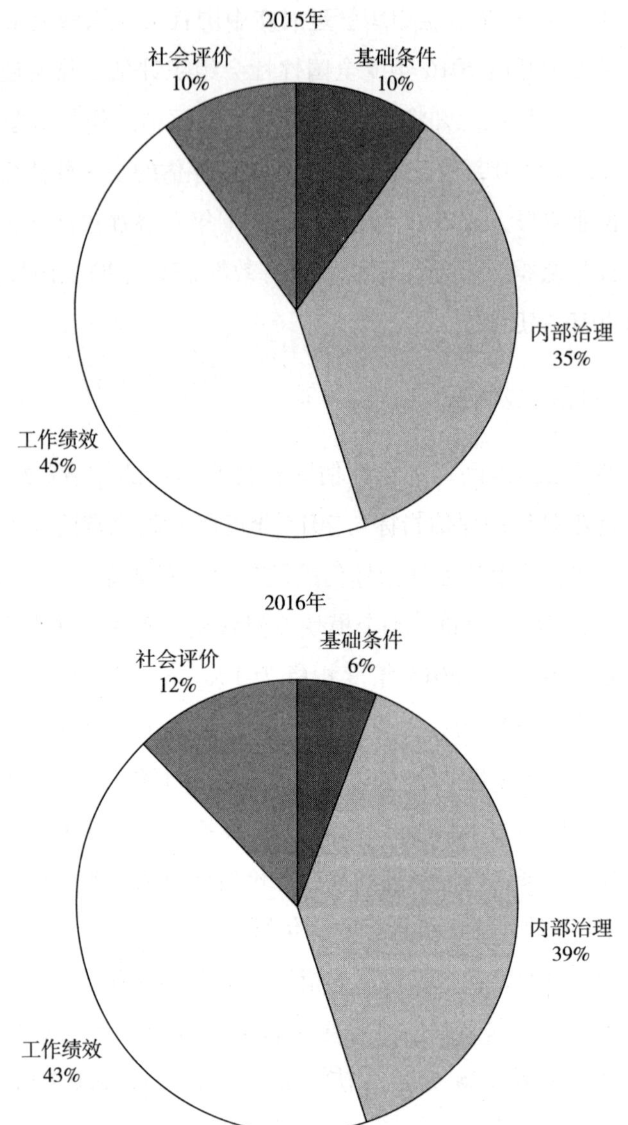

图1　2015 年度与 2016 年度民办非企业单位一级指标分数占比情况

资料来源：根据中国社会组织网发布的资料编制。

构”、“党组织”、“人力资源”、“领导班子”、“财务资产管理”、“档案、证章管理”六项二级指标，其中财务资产管理（160 分）权重最高；工作绩效模块下包含“业务管理”、“提供业务服务”、“信息公开和服务承诺”、“国际活动”、“社会宣传”以及“特色工作”六项二级指标，其中提供业务服务（185 分）权重最高；社会评价模块下则包含“内部评价”、“公众评价”和“管理部门评价”三项二级指标，其中管理部门评价（70 分）权重最高。

具体的 2016 年度民办非企业单位评估指标如表 1 所示。

表 1　2016 年度民办非企业单位评估指标构成

一级指标	二级指标	一级指标	二级指标
基础条件(60 分)	法人资格(28 分)	工作绩效(430 分)	业务管理(75 分)
	章程(10 分)		提供业务服务(185 分)
	变更和备案(14 分)		信息公开和服务承诺(110 分)
	年度检查(8 分)		国际活动(15 分)
内部治理(390 分)	组织机构(70 分)		社会宣传(25 分)
	党组织(30 分)		特色工作(20 分)
	人力资源(55 分)	社会评价(120 分)	内部评价(40 分)
	领导班子(35 分)		公众评价(10 分)
	财务资产管理(160 分)		管理部门评价(70 分)
	档案、证章管理(40 分)		

资料来源：根据中国社会组织网发布的资料编制。

（三）评估结果概述

2016 年度共有 5 家民办非企业单位参加评估并获得了评估等级。经过评估专家组的实地考察和评估，5 家民办非企业单位评估等级情况为：4A 级 1 家、3A 级 4 家。所有参评民办非企业单位评估登记达到 3A 及以上等级。这 5 家民办非企业单位中有 4 家是第二次接受评估。从两次评估结果对比看，有 1 家民办非企业单位此次获得的评估等级与上一次评估相比有所提升，3 家民办非企业单位此次评估等级与上一次相比持平。

评估分数显示，2016 年度参评民办非企业单位的评估等级与其在内部治理和工作绩效 2 项一级指标上的得分情况均呈现正相关，4A 级民办非企业单位在这 2 项指标上的得分显著高于 3A 级民办非企业单位。与此同时，评估等级与基础条件和社会评价 2 项一级指标上的得分则无太大相关性，4A 级民办非企业单位在这 2 项上的得分并无明显优势。不同等级民办非企业单位在各项一级指标上的得分情况见表 2。

表 2　2016 年度各等级民办非企业单位在四个一级指标上的平均分情况

单位：分

等级	满分	基础条件	内部治理	工作绩效	社会评价
4A 级	846.00	51.00	346.00	355.00	94.00
3A 级	752.75	53.00	312.00	290.00	97.75

资料来源：根据中国社会组织网发布的资料和 2016 年度全国性社会组织评估的资料编制。

截至 2017 年 10 月 31 日，已有 46 家在民政部登记的民办非企业单位接受评估，但仍然没有出现 5A 级民办非企业单位，4A 级民办非企业单位共有 5 家，分别是新时代青少年体质健康促进中心、新探健康发展研究中心、国杰老教授科学技术咨询开发研究院、历道证券博物馆、东方银行业高级管理人员研修院。在民政部登记的民办非企业单位中尚无 5A 级组织，各家机构需要进一步提升管理和运营水平。

二　2016年度民办非企业单位评估结果分类指标分析

（一）基础条件指标评估结果描述

在 2016 年度民办非企业单位评估指标体系中，“基础条件”一级指标下包含了“法人资格”、“章程”、“变更和备案”以及“年度检查”4 项二级指标。这 4 项二级指标又总计涵盖了 9 项三级指标，满分为 60 分。从表 3 可以看到，所有参评民办非企业单位在基础条件方面的平均分为 52.60 分，得分比为 87.67%，最高分为 55 分。4A 级民办非企业单位在此项上的得分为 51 分，低于 3A 级民办非企业单位的平均分 53 分。

表 3　2016 年度各等级民办非企业单位基础条件平均分与得分比

单位：分，%

等级	4A 级	3A 级	总体
平均分	51.00	53.00	52.60
得分比	85.00	88.33	87.67

资料来源：根据中国社会组织网发布的资料和 2016 年度全国性社会组织评估的资料编制。

下文将对 5 家参评民办非企业单位在基础条件方面的 4 项二级指标评估结果进行讨论，分析这些民办非企业单位在活动资金、办公条件、重大事项备案等基础性事务方面的情况。

1. 法人资格相关指标

基础条件下的第一个二级指标是法人资格，其下设三级指标："法定代表人"、"活动资金"、"名称使用"以及"办公条件"4 项，合计分值 28 分。2016 年度参评民办非企业单位在法人资格方面的平均分为 26.40 分，得分比为 94.29%。2 家民办非企业单位获得满分 28 分。

法定代表人方面，评估材料显示所有参评民办非企业单位的法定代表人都是按章程规定程序产生，并能提供相应的会议纪要。

活动资金方面，2016 年参评的 5 家民办非企业单位在 2015 年年末净资产总额为 650.40 万元，平均净资产额 130.08 万元。其中，净资产额度最高的东方银行业高级管理人员研修院 2015 年年末净资产达到 505.21 万元，其余 4 家机构的同期净资产额度均未超过 60 万元。与 2015 年度参评民办非企业单位相比，2016 年度参评民办非企业单位的平均资产额度显著降低，有 1 家机构 2015 年年末净资产出现低于注册资金的现象。

名称牌匾使用和办公条件方面，所有参评民办非企业单位都能做到将名称牌匾悬挂于办公场所外，办公场所都能满足业务活动开展需要。根据评估材料，5 家参评民办非企业单位办公场所的平均面积为 268 平方米，其中场地面积最大的是东方银行业高级管理人员研修院，有 1140 平方米的办公用房。其余 4 家民办非企业单位的办公用房面积均未超过 100 平方米。5 家民办非企业单位中有 3 家办公用房属于租用，2 家无偿使用其他机构提供的办公用房。从活动资金和办公用房面积来看，4A 级民办非企业单位的基础条件显著好于 3A 级民办非企业单位。

2. 章程相关指标

章程二级指标下的三级指标包括“制定程序”和“章程核准”2 项，合计分值 10 分，主要考察民办非企业单位的章程制定（修改）和核准程序规范性。2016 年度参评民办非企业单位在章程方面全部获得满分 10 分，表明各家机构对章程制定与核准工作非常重视。

3. 变更和备案相关指标

变更和备案二级指标下的三级指标包括“变更”和“备案”，合计分值 14 分。变更指标考察的是各项主要事项变更之后向登记管理机关上报的情况，备案指标用来衡量的是理事、负责人、印章 3 项材料的备案情况。2016 年度参评民办非企业单位在变更和备案方面的平均分为 8.20 分，得分比 58.57%，在所有基础条件下属二级指标中最低。1 家参评民办非企业单位获得满分 14 分。

变更方面，2016 年度参评民办非企业单位中有 2 家在评估周期内经历过法定代表人变更，按规定办理了变更登记，能提供登记管理机关出具的变更通知书；有 2 家变更办公地址的民办非企业单位则未能办理变更登记。

备案方面，有 2 家参评民办非企业单位能提供负责人的备案材料，同时有 2 家在理事会换届后产生新增负责人，但未向登记管理机关备案。

4. 年度检查相关指标

年度检查二级指标只包含“年度检查”一项三级指标，主要考察参评机构的参检时间和年检结论，分值为 8 分。2016 年度参评的 5 家民办非企业单位在此项上均获得满分 8 分。评估资料显示，各家民办非企业单位 2014 年和 2015 年都按时接受年检，且连续两年检查结果合格。同时，参评民办非企业单位也没有受到行政机关行政处罚的事项，守法程度较高。

（二）内部治理指标评估结果描述

“内部治理”一级指标包含“组织机构”、“党组织”、“人力资源”、

“领导班子”、“财务资产管理”、“档案、证章管理”6项二级指标。这些二级指标总计囊括22项三级指标，满分分值390分。从表4可以看到，2016年度参评民办非企业单位在内部治理方面的平均分为318.80分，得分比81.74%。4A级民办非企业单位在此项上的得分高于所有3A级民办非企业单位。

表4 2016年度各等级民办非企业单位内部治理平均分与得分比

单位：分，%

等级	4A级	3A级	总体
平均分	346.00	312.00	318.80
得分比	88.72	80.00	81.74

资料来源：根据中国社会组织网发布的资料和2016年度全国性社会组织评估的资料编制。

下文将对5家参评民办非企业单位在内部治理方面的6项二级指标评估结果进行分别讨论，分析这些民办非企业单位在治理结构、人员构成、财务管理、制度建设等方面的工作开展情况。

1.组织机构相关指标

组织机构方面的三级指标包括“理事会”、“工会”、“监督机构”、“办事机构”4项，旨在考察各家民办非企业的决策机构、监督机制和日常运营主体的建设情况，合计分值70分。2016年度参评民办非企业单位在组织机构方面的平均分为56分，得分比80%；最高分为63分，由2家民办非企业单位并列获得。

理事会方面，所有参评民办非企业单位在2014年度与2015年度理事会召开次数都符合章程规定，并能按期完成理事会换届。但评估过程中也发现部分民办非企业单位的理事会存在会议纪要撰写欠规范，未注明重大事项表决方式、计票监票情况等问题，有2家民办非企业单位甚至连续两年会议决议未经理事签字。大部分民办非企业单位的理事选举产生和罢免过程均采用规范的投票表决形式，但也出现了个别理事罢免未经理事会审议的现象。5家参评民办非企业单位的理事人数分别为10人、16人、10人、4人和13

人，总体理事数量达标，构成较为多元，但也有个别机构出现理事人数未达到章程要求或理事变动过于频繁。

工会方面，5 家参评民办非企业单位中有 3 家与其发起单位建立联合工会，其中 2 家发挥了工会参与民主决策、民主管理和民主监督的作用，另 1 家的工会作用则较为有限。剩余 2 家民办非企业单位未能建立工会。

监督机构方面，2016 年度 5 家参评民办非企业单位全部设置了监事会或聘请了监事，但一个较为突出的问题是各家机构的监事会或监事作用发挥不够。具体来说，有 4 家民办非企业单位的监事未在年度工作报告上签字，3 家的监事虽然列席理事会但未在会议纪要上签字。另外，个别民办非企业单位的监事未对机构的财务状况进行审查监督，履职程度不足。

办事机构方面，此次参评的 5 家民办非企业单位全部设立办事机构，且均得到评估专家“设置合理、职责明确”的评价。

2. 党组织相关指标

党组织方面的三级指标包括“党组织建立情况”和“党组织活动情况”，考察民办非企业单位的党建工作开展情况，合计分值 30 分。2016 年度参评民办非企业单位在党组织方面的平均分为 23.6 分，得分比 78.67%；最高分为 29 分，有 2 家得到 27 分，得分比达到或超过 90%。

2016 年度参评的 5 家民办非企业单位中，有 3 家建立了独立党支部，其中 1 家的党员活动开展较为丰富，另 2 家的党组织活动有待加强。剩余 2 家民办非企业单位各有 1 名党员，无法建立独立党组织，分别与其他机构共同建立联合党组织。

3. 人力资源相关指标

人力资源方面的三级指标包括“人事管理”和“工作人员”。前者考察民办非企业单位的人员聘用、薪酬制度、人员培训、劳动合同，以及社会保险和公积金缴纳情况；后者则考察民办非企业单位的工作人员数量、年龄结构和学历情况，合计分值 55 分。2016 年度参评民办非企业单位在人力资源方面的平均分为 46 分，得分比 83.64%，在所有内部治理所属二级指标中最高。参评民办非企业单位在此项上的最高得分为 54 分，得分比高达

98.18%。

人事管理方面，参评民办非企业单位全部与工作人员签订劳动合同，购买社会保险并缴纳住房公积金，其中 4 家建立了较为完善的薪酬管理制度。各家民办非企业单位为员工组织了不同程度的培训，其中 1 家的人员培训制度需要加强。

工作人员方面，5 家参评民办非企业单位中平均工作人员数量约为 18 人，其中规模最大的东方银行业高级管理人员研修院工作人员总数达到 57 人，而其余 4 家的工作人员数量均未超过 10 人。所有参评民办非企业单位的工作人员本科以上学历比例均超过 50%。有 3 家民办非企业单位的工作人员年龄结构被评价为合理，另外 2 家的年龄结构则有待优化。所有参评民办非企业单位的人员队伍均获得“素质较高、能满足业务发展”的评价，显示出 2016 年度参评民办非企业单位在工作人员方面的良好配置。

4. 领导班子相关指标

“领导班子”二级指标下属三级指标只有“负责人”一项，考察的是各家民办非企业单位负责人的产生程序和产生方式、行政负责人专兼职情况、履职情况和绩效考核情况，合计分值 35 分。2016 年度参评民办非企业单位在领导班子方面的平均分为 26.20 分，得分比 74.86%；最高分 33 分，由 2 家机构并列获得。

5 家参评民办非企业单位负责人能按各家机构章程规定的方式选举产生，经过理事会投票表决确定。在行政负责人专兼职情况方面，有 2 家民办非企业的负责人为专职，能够将全部精力投入到机构的管理运作当中。剩余 3 家民办非企业单位的行政负责人或担任其发起单位领导职务，或在业务主管单位任职，这在一定程度上限制了其充分履行负责人职责。各家参评民办非企业单位在负责人方面存在的普遍问题是对行政负责人的工作绩效考核不足，需要加强。

5. 财务资产管理相关指标

财务资产管理是内部治理考察的重点方面，占据 160 分分值。财务资产管理包含的三级指标包括“合法运营”、“会计人员管理”、“会计核算管理”、“资金管理”、“项目收支管理”、“实物和无形资产管理”、“投资管理”、“税务和票据管理”、“财务报告”以及“财务监督”10 项。与 2015 年度评估指标相比，2016 年度的民办非企业单位财务资产管理评估指标复杂程度有较大提升，分值也相应从 120 分上涨至 160 分。2016 年度参评民办非企业单位在财务资产管理方面的平均分为 133.60 分，得分比 83.50%；最高分为 4A 级民办非企业单位的 139 分，得分比 86.88%。

根据评估材料，对于参评民办非企业单位财务资产管理的评估主要集中在财务管理整体情况、会计核算管理、税收和票据管理三个方面。

财务管理整体情况方面，2016 年度参评民办非企业单位均建立了财务管理制度，但总体来说财务管理制度均不甚完善，只有 2 家的财务管理制度执行情况较好。5 家民办非企业单位各项支出审批手续普遍齐全，有 3 家还建立了支出审批、收支管理制度，对支出标准或审批权限有明确规定，但有 4 家未能建立单位负责人互签互批制度。此外，个别参评民办非企业单位存在费用审批制度和捐赠监督使用制度缺失的现象。

会计核算管理方面，5 家参评民办非企业单位都能够执行《民间非营利组织会计制度》，按照《民间非营利组织会计制度》来设置会计科目、编制全部会计报表，呈现机构的财务状况，并制定了会计人员岗位职责。不过，有部分机构账务处理存在不足现象，个别会计科目使用不正确，出现了业务活动成本计算错误，物资采购未附明细的情况。参评民办非企业单位充分实现会计核算电算化，并且保证本机构所使用的财务软件符合《民间非营利组织会计制度》的要求。同时，参评民办非企业单位中有 3 家出现会计档案保管清单建设不完善的现象。

税收和票据管理方面，5 家参评民办非企业单位均按照《中华人民共和国税收征收管理法》（以下简称《税收征管法》）及《中华人民共和国税收征收管理法实施细则》等有关规定办理税务登记，按期进行纳税申报。有 4 家参评民办非企业单位被评估专家评价为“发票、专用收据的开具较规范”，显示出在捐赠票据管理方面的专业性；1 家未能取得捐赠专用票据。

参评民办非企业单位在财务资产管理领域还存在一些较为典型的问题，

集中在项目收支管理、财务报告、监督制度等方面：2家民办非企业单位项目未按限定性核算收支，未设置限定性明细账；3家的财务报告未经理事会及监事（会）审议；2家的财务监督制度不完善；此外，还有个别民办非企业单位存在项目财务管理制度不完善，无固定资产盘点表，未编制财务报告，未建立财务监督制度等问题。

6. 档案、证章管理相关指标

档案、证章管理方面的三级指标包括“档案管理”、“证书管理”和“印章管理”3项，考察各家民办非企业单位对重要文件和印章的管理情况，合计分值40分。2016年度的参评民办非企业单位在档案、证章管理方面的平均分为33.40分，得分比83.50%，最高分35分，由3家机构并列获得。

档案管理方面，参评的5家民办非企业单位均制定档案管理规定，作为内部管理制度对机构人员进行约束，其中3家的档案管理制度较为完善。4家参评民办非企业单位经评估团队验收，证实为档案资料保存齐全、存放有序，便于查询，有1家的归档保管记录则需要进一步规范。

证书管理方面，所有参评民办非企业单位的证书保管情况良好，但有3家的登记证件正本未能在办公场所公开悬挂，造成评估分数损失。

印章管理方面，5家参评民办非企业单位均制定了成文的印章管理使用制度，其中4家的制度设计较为完善。通过对印章保管负责人和单位工作人员的访谈了解，评估专家对所有参评民办非企业单位做出“印章管理和使用规范”的评价。

（三）工作绩效指标评估结果描述

2016年度的民办非企业单位评估指标体系中，“工作绩效”一级指标下包含了“业务管理”、“提供业务服务”、“信息公开和服务承诺”、“国际活动”、“社会宣传”以及“特色工作”6项二级指标。这些二级指标之下总计囊括了15项三级指标，满分分值430分。从表5可以看到，2016年度参评民办非企业单位在工作绩效方面的平均分为303分，得分比70.47%。4A

级民办非企业单位在此项上的得分达到355分，得分比82.56%，显著高于3A级民办非企业单位。

表5　2016年度各等级民办非企业单位工作绩效平均分与得分比

单位：分，%

等级	4A级	3A级	总体
平均分	355	290	303
得分比	82.56	67.44	70.47

资料来源：根据中国社会组织网发布的资料和2016年度全国性社会组织评估的资料编制。

下文将对参评民办非企业单位在工作绩效方面的6项二级指标评估结果进行分别讨论，分析这些机构在业务效益、服务政府与社会以及信息披露方面的情况。

1. 业务管理相关指标

测量民办非企业单位工作绩效的第一项指标，是管理本机构项目的能力，这方面的三级指标包括"业务计划"、"业务（项目）开展执行"和"业务（项目）监督、总结与评估"3项，合计分值75分。2016年度参评民办非企业单位在业务管理方面的平均分为61.80分，得分比82.40%，在所有工作绩效所属二级指标中最高。参评民办非企业单位在此项上的最高得分为68分，得分比90.67%。

业务计划方面，所有参评民办非企业单位均制订了业务发展规划和年度业务计划，其中3家的业务发展规划思路清晰、目标明确，仅有1家机构的业务发展规划被评价为"不够详细"；5家的年度业务计划均包含较为丰富的内容，且所有参评民办非企业单位都能够开展符合单位宗旨和业务范围的活动，显示出参评机构对自身使命愿景的忠实。

业务（项目）开展执行方面，参评的5家民办非企业单位都制定了项目管理制度，并能提供一定的项目管理过程资料。5家民办非企业单位能实现对项目的流程化管理，其中3家对全流程充分把控，但有1家广泛开展培训业务的民办非企业单位，其培训管理被评估专家评定为有待加强。4 家民办非企业单位能够顺利完成年初制订的工作计划，业务开展符合预期。

业务（项目）监督、总结与评估方面，所有参评民办非企业单位都能对项目实行一定程度的监督，且至少进行了部分业务的项目总结。但有 3 家民办非企业单位面临重大项目专业评估不足的问题。这些投入大量资金项目的总结与验收对机构的服务效果评价有较大影响，应引起重视。

2. 提供业务服务相关指标

提供业务服务是民办非企业单位评估体系中权重最高的二级指标，满分 185 分，其包含的三级指标为“业务规模效益”、“服务专业性”、“服务效果与影响”、“服务政府”和“服务社会”5 项。2016 年度参评民办非企业单位在提供业务服务方面的平均分为 130. 60 分，得分比 70. 59%；最高分为 4A 级民办非企业单位的 167 分，得分比 90. 27%。

业务规模效益方面，参评民办非企业单位未能提供其年度服务收入和支出的具体数据，只有 4A 级的东方银行业高级管理人员研修院在申报材料中提到其由于接受委托管理廊坊教学基地而获得中央财政专项补助经费 300 万元。从评估分数来看，大多数参评民办非企业单位的年度服务收入和支出规模较为有限，但都能实现年度收支平衡。2 家民办非企业单位实现年度收入增长，3 家实现资产规模不同程度的增加。

服务专业性方面，各家参评民办非企业单位都能提供符合自身定位、体现较强技术能力的专业化服务，因此也获得了较高评分：东方银行业高级管理人员研修院组织开展银行业专业人员职业资格考试工作，合理设置科目体系，开发及编写培训教材和题库，获得“国家级专业技术人员继续教育基地”的称号；华坤女性生活调查中心先后为全国妇联系统实施 18 项调查，包括“中国好家风万户城乡家庭大型调查”、“第二次全国家庭教育现状调查”、“内蒙古万名城乡妇女大型调查”等，其中 9 项大型调查样本量达到 1 万份；华坤女性消费指导中心开展多项女性消费专题调查，包括年度“中国城市女性消费状况调查”、“中国母婴安全消费状况调查”、“品牌与女性消费调查”等，跟进中国女性消费实际状况；世针针灸交流中心开展一系列专业培训，包括手穴诊疗培训、刮痧师培训、中医英文培训、中医诊疗系统培训等，同时编写相关文稿；现代工笔画院开办“工笔画家创作高研班”、“现代重彩研究班”、“现代工笔画创作班”等高度专业化的培训班。总体来说，各家参评民办非企业单位有较为准确的服务定位，同时在服务过程中能够聚合相应资源保障服务的顺利完成。

服务效果与影响衡量的是民办非企业单位业务服务的独特性、创新性、社会效果和行业影响力。各家参评民办非企业单位在此项上有不同的闪光点：东方银行业高级管理人员研修院举办的各类研修班已延续100余期，共为超过1万名银行高管和业务骨干组织了培训，得到监管部门和会员单位的广泛好评；华坤女性生活调查中心和华坤女性消费指导中心共同出版的《女性生活蓝皮书》（2006～2016）是社会科学文献出版社400多本皮书中的佼佼者，而双方共同举办的中国女性消费高层论坛已经成为国内最富有时代特性和民生特征，具有高端位势和影响力的品牌论坛之一；世针针灸交流中心培养大批获取国家资格证书的中医刮痧师，为针灸技术和中医疗法的存续做出贡献；现代工笔画院的培训学员中则有千余人次入选全国美展，数百余人次在全国各项画展中获奖。

服务政府是民办非企业单位提供服务的重要方向。此次参与评估的民办非企业单位大部分能积极向政府提出政策建议，如东方银行业高级管理人员研修院积极履行协调职责，为监管部门建言献策，组织国家发改委、工信部、环保部、人民银行、银监会和12家绿色信贷单位等金融机构召开绿色信贷工作研讨会，起草《关于提供各银行绿色信贷政策反馈意见》，并呈报相关主管部门，力争解决行业共性问题；华坤女性生活调查中心和华坤女性消费指导中心基于调查向政府主管部门提供数据和调查报告，其调查成果多次被全国妇联办公厅编入《妇工要情》，为政府决策提供参考，并获得国务院领导的批示；世针针灸交流中心针对中药立法、针灸提高收费等提出建议，得到政府部门的重视。

服务社会指标实质考察的是民办非企业单位公益活动的开展情况。2016年度的参评民办非企业单位都能够开展公益性质的活动：东方银行业高级管理人员研修院开展以商业银行价值提升、信息化银行建设、探索微型金融的本质、金融支持大众创新万众创新最佳实践探讨等为主题的公益性“银行前沿问题大讲堂”约 30 期；世针针灸交流中心组织“中医关怀”健康咨询、交流和义诊活动 10 余项；现代工笔画院大批画家参加“百名画家进灾区，笔绘龙门新面貌”画展，并将部分名家画作捐赠给龙门山脉灾区的残疾人和孤儿。

3. 信息公开和服务承诺相关指标

信息公开和服务承诺二级指标下设的三级指标包括“信息公开建设”、“信息公开内容”和“服务承诺”3 项，合计分值 110 分。2016 年度参评民办非企业单位在信息公开和服务承诺方面的平均分为 67.20 分，得分比 61.09%，最高分 81 分，得分比 73.64%。

信息公开建设方面，此次参评的 5 家民办非企业单位都被评价为“重视信息公开工作”，能通过网站、刊物、微信等信息平台刊登各种形式的活动信息，且基本能做到各类信息及时更新，涵盖项目较为齐全。美中不足的是，有 2 家民办非企业单位的信息公开制度被认为尚需完善。

信息公开内容包含 5 大类型，分别是单位基本信息、收费项目和标准、业务活动信息、财务审计报告和年度工作报告。2016 年度参评的民办非企业单位在单位基本信息公开方面较为主动，通过网站向社会公开章程、组织机构、负责人等信息。相比较而言，其他信息公开内容较少：有 2 家参评民办非企业单位公布收费项目和标准，业务活动信息则基本只能通过各家网站的机构动态进行了解。参评民办非企业单位的信息公开不足直观体现在财务审计报告方面，有 3 家机构被认为在此方面公开力度不足。研究团队也发现，难以从公开渠道查询到参评民办非企业单位的年度工作报告全文。种种迹象表明，在信息公开内容上参评民办非企业单位还有相当多的工作要做。

服务承诺方面，只有 1 家参评民办非企业单位明确公布服务承诺内容，有 3 家参评民办非企业单位服务承诺内容被建议需加以完善。各家参评民办非企业单位的服务承诺制度工作有待改进。

4. 国际活动相关指标

国际活动二级指标下设三级指标“国际合作与交流”，考察民办非企业单位的对外开放程度和国际化意识，满分值为15分。2016年度参评民办非企业单位在国际活动方面的平均分为12分，得分比80%。2家民办非企业单位在此项上获得满分15分。

2016年度部分参评民办非企业单位在国际活动开展方面有较为出色的表现，组织多项国际交流活动：东方银行业高级管理人员研修院举办中国银行家资本之路高级研修班、绿色金融与银行业可持续发展高级研修班等国际性培训，还参加联合国环境规划署《绿化中国金融体系综述报告》发布会、绿色信贷跨国工作组会议暨国际可持续银行大会、中国俄罗斯绿色发展与合作研讨会等大型国际论坛；世针针灸交流中心与德国、瑞典和美国相关组织建立长期稳定合作，不定期开展互访活动，向海外介绍中医原理，普及针灸基础知识；现代工笔画院参与主办“纪念中韩建交20周年——暨2012当代中国画名家邀请展”以及“中国当代著名工笔画家·悉尼展”等海外展览，并应邀参加乌克兰民间油画作品展等活动，与世界各国友人增进文化交流，引领中国工笔画走向世界。

5. 社会宣传相关指标

社会宣传二级指标包含2项三级指标，分别是“宣传推广”和“媒体报道”，合计分值25分。2016年度参评民办非企业单位在社会宣传方面的平均分为20.40分，得分比81.60%。1家民办非企业单位在此项上获得满分25分。

宣传推广方面，根据申报材料，此次参评的5家民办非企业单位都建立了机构官方网站、编写内部刊物，并注册微信公众号，多渠道开展机构宣传活动。其中，3家参评机构的网站和微信公众号建设较为出色，信息齐全且更新及时。刊物方面，华坤女性生活调查中心和华坤女性消费指导中心参与主编的《中国女性》是国内较有影响力的女性读物，具备较强的行业引领作用。

媒体报道方面，申报材料显示2016年度参评的5家民办非企业单位在

2014年和2015年受到过包括《中国日报》、新华网、中国广播网、人民网、中国网、中国经济网、财经网、凤凰网在内的多家主流媒体报道，反映出各家民办非企业单位对社会宣传工作的重视和对媒体尤其是网络媒体资源的有效运用。

6. 特色工作相关指标

特色工作指标下设唯一三级指标“特色贡献”，主要考察的是参评民办非企业单位创新性强、业绩突出的工作，分值20分。2016年度参评民办非企业单位在特色工作方面的平均分为11分，得分比55%。各家参评民办非企业单位在此项上的得分较为平均，最高分13分，最低分10分。

此次参评的5家民办非企业单位全部提交了与特色工作相关的申报材料，其中一些活动具备突出创新性和社会贡献特点。如东方银行业高级管理人员研修院为积极推动绿色信贷而组织起草《银行业金融机构绿色信贷业务考核评级管理办法（讨论稿）》，组织编写并正式印发《2015中国银行业绿色信贷优秀案例汇编》，助推银行业绿色信贷业务健康科学发展。其2014年出版发行了《绿色信贷》培训教材，是中国第一本对绿色信贷进行全面、系统解读的教材，在全球也处于领先地位。又如现代工笔画院主办的“版纳大讲堂”活动，从2012年春天至2015年4月先后组织近400余名画家走进西双版纳采风写生，并将课堂搬进西双版纳，为边疆地区的爱好者免费辅导和授课，促进美术教育在当地的发展。

（四）社会评价指标评估结果描述

2016年度的民办非企业单位评估体系当中，“社会评价”一级指标之下包含“内部评价”、“公众评价”和“管理部门评价”3项二级指标，依据理事、监事、服务对象、登记管理机关、业务主管单位等相关方评价，结合各家民办非企业单位获得的政府表彰和奖励情况来进行评分，满分分值为120分。通过表6可以看到，2016年度参评民办非企业单位在社会评价方面的平均分为97分，得分比80.83%。4A级民办非企业单位在此项上的得分为94分，得分比不到80%，低于所有3A级民办非企业单位。

表6　2016 年度各等级民办非企业单位社会评价平均分与得分比

单位：分，%

等级	4A 级	3A 级	总体
平均分	94.00	97.75	97.00
得分比	78.33	81.46	80.83

资料来源：根据中国社会组织网发布的资料和 2016 年度全国性社会组织评估的资料编制。

内部评价指标包含 2 个三级指标，分别是“理事评价”和“监事评价”，合计分值 40 分；公众评价指标则包含唯一三级指标“服务对象评价”，分值 10 分。在专家团队的评估报告和各家民办非企业单位的申报材料中，极少有涉及上述 2 项二级指标的内容，因此很难充分了解参评民办非企业单位获得的内部评价和公众评价。从评估分数来看，2016 年度参评民办非企业单位在内部评价方面的平均分为 35.40 分，得分比 88.50%；公众评价方面平均分 9.40 分，得分比 94.00%，普遍得分较高。有 3 家民办非企业单位在内部评价上获得高分 39 分，2 家民办非企业单位获得公众评价满分 10 分。

管理部门评价下属的三级指标包括 3 项，分别是“登记管理机关评价”、“业务主管单位评价”和“获得表彰奖励情况”。2016 年度参评民办非企业单位在管理部门评价方面的平均分为 52.20 分，得分比 74.57%；最高分 55 分，另有 3 家民办非企业单位此项得分在 53 分及以上。

民办非企业单位获得的荣誉类型各异，从中反映出各家机构的业务活动侧重点不同：东方银行业高级管理人员研修院被人力资源和社会保障部办公厅授予“国家级专业技术人员继续教育基地”，以表彰其在银行界高管及专业人员培训上的突出成绩。华坤女性生活调查中心和华坤女性消费指导中心同时收获中国社会科学院的“中国社会科学院创新工程学术出版项目”和中国社会科学院社会科学文献出版社的“优秀皮书奖”荣誉，体现出其主编的《女性生活蓝皮书》获得社会科学界的高度认同。世针针灸医疗中心被中国科协授予“全国优秀科技工作者”称号，以表彰其在中医著作及教学资料编写方面的卓越贡献。

三 2016年度民办非企业单位评估特点总结

评估材料显示，2016 年度参与社会组织评估工作的民办非企业单位在人员队伍建设、业务管理规范性、业务服务专业性、服务政府等方面表现较为理想。但同时，参评民办非企业单位也呈现监督机构未充分发挥作用，业务规模效益较低，信息公开力度不足，特色工作内容不够鲜明等问题，亟待改进。

（一）参评民办非企业单位的主要优势

1. 人员队伍符合需求

2016 年度参评民办非企业单位的工作人员队伍建设状况良好，相关指标在内部治理下属指标中得分比最高。全部 5 家参评民办非企业单位的工作人员本科以上学历比例均超过 50%，且绝大部分民办非企业单位的工作人员年龄结构较为合理。所有参评民办非企业单位的工作人员队伍均获得“素质较高、能满足业务发展”的评价，对于主要开展社会服务活动、人员个体能力依赖程度较强的民办非企业单位来说，工作人员的整体素质高低基本直接决定机构的业务水准。高素质工作人员队伍的配备，使参评民办非企业单位具备提供专业化、细致化、创新化服务的基本条件。

2. 业务管理规范性高

2016 年度参评民办非企业单位业务活动的规划和开展情况较好，相关指标在工作绩效下属指标中得分比最高。规划方面，各家民办非企业单位均制订不同程度的业务发展规划，且大部分业务发展规划思路清晰、目标明确；全部 5 家单位制订内容丰富的年度业务计划，并能够开展符合其单位宗旨和业务范围的活动，显示出参评机构对自身使命愿景的忠实。而在执行层面，参评的民办非企业单位都制定了项目管理制度，实现对项目的流程化管理，且大部分能够顺利完成年初制订的工作计划，业务开展符合预期。高质量的业务管理，为民办非企业单位的业务开展提供了制度保障。

3. 业务服务专业性强

2016 年度参评民办非企业单位基本都能提供符合自身定位，体现较强技术能力的专业化服务，且在开展服务的过程中能够充分动员自身及相关方资源，保证服务的延续性。参评民办非企业单位的服务内容横跨培训教学、调查研究、出版、活动组织等多种形式，关注领域包括金融、经济、医疗卫生、文化艺术等多个行业，服务对象则涵盖银行从业人员、妇女、医务人员、艺术家等不同群体。各家民办非企业单位所实施的项目在上述领域和服务对象中普遍产生了积极回应和社会影响，充分体现了参评民办非企业单位作为非营利组织所承担的社会责任与义务，也为相关机构打造了特色服务品牌。

4. 广泛参与政策制定

2016 年度参评民办非企业单位在业务活动方面的另一大亮点是充分参与政策制定过程。多家单位不仅参与到相关法律、行政法规、部门规章的制定过程中，还利用各种渠道向政府提出政策建议。在绿色信贷、母婴健康、中药立法等不同领域的政策制定过程中，参评民办非企业单位积极参与讨论，提供了诸多可行的政策建议。此外，参评民办非企业单位还投身行业标准制定、规范性文件起草、成果要报撰写等工作，为所在行业的良性发展做出了贡献。

（二）参评民办非企业单位的主要问题

1. 监督机构未充分发挥作用

2016 年度参评民办非企业单位全部建立监事会或选任监事，但无论是监事会还是监事发挥作用的情况均不甚理想。绝大多数参评民办非企业单位的年度工作报告未经监事签字，财务状况也未得到监事的审查监督。尽管监事普遍能够列席理事会，会议纪要及决议上却普遍缺少监事签字。种种现象导致 5 家参评民办非企业单位都得到“监事（会）发挥作用不够”的评价。后续如何将监督机制落实到位，是参评民办非企业单位在治理结构上面临的一大难题。

2. 业务规模效益不足

2016 年度参评民办非企业单位中的大多数业务规模效益不足，无法通过服务创造充裕收入。除 1 家 4A 级机构之外，大部分参评民办非企业单位的相关指标得分比在 60% 以下。业务服务规模方面的主要问题包括参评民办非企业单位的年度服务收入和支出规模较为有限，虽然各家机构基本能实现年度收支平衡，但收入和支出的不足限制了项目的覆盖范围和受益群体规模。大部分参评民办非企业单位年度收入无增长，对机构的可持续发展产生潜在威胁。

3. 信息公开内容有待丰富

2016 年度参评民办非企业单位普遍存在的问题之一，是信息公开内容较为单一。除了 4A 级机构能够公布单位基本信息、收费项目和标准，财务审计报告摘要、年度工作报告摘要以及服务承诺之外，几家 3A 级的民办非企业单位信息公开内容都较为有限，集中在单位基本信息层面，对财务信息和业务活动信息的公开非常不完全、不系统，年度工作报告全文也难以从公开渠道获取。尽管各家民办非企业单位都建立了各自的官方网站，能够多渠道开展宣传推广相关工作，但符合规范的信息公开制度建设和充分的信息内容披露才是打造机构公信力、提升社会信任的必要条件。

参考文献

邓国胜，2007，《民间组织评估体系：理论、方法与指标体系》，北京大学出版社。

莱茵哈德·施托克曼，2008，《非营利机构的评估与质量改进》，唐以志等译，中国社会科学出版社。

黎永红、张平，2016，《社会治理视域下民办非企业单位信息公开问题研究》，《学术论坛》第 10 期。

刘传铭，2013，《社会组织绩效评估指标体系构建研究》，《中国社会组织》第 4 期。

罗文恩、周延风，2014，《公益组织如何树立品牌信任：经验机制的视角》，《中国第三部门研究》第 2 期。

汪锦军，2011，《从服务效率到服务有效性：公共服务外包中的非营利组织绩效》，

《中国第三部门研究》第 2 期。

温庆云，2013，《对社会组织评估工作的再认识》，《中国社会组织》第 2 期。

徐家良、廖鸿主编，2015，《中国社会组织评估发展报告（2015）》，社会科学文献出版社。

徐家良主编，2016，《中国社会组织评估发展报告（2016）》，社会科学文献出版社。

周红卫、王彦玮，2012，《民办高校举办者变更与控制权私利》，《中国第三部门研究》第 1 期。

Poister, Theodore H., Maria P. Aristigueta, & Jeremy L. Hall. 2014. *Managing and Measuring Performance in Public and Nonprofit Organizations: An Integrated Approach.* Jossey-Bass Publication.

Tatian, Peter. 2016. Performance Measurement to Evaluation. World Bank Group Community Outreach Program Reprot, March.

Tassie, B., Vic Murray, & James Cutt. 1998. Evaluating Social Service Agencies: Fuzzy Pictures of Organizational Effectiveness. *VOLUNTAS: International Journal of Voluntary and Nonprofit Organizations*, 9 (1): 59 –79.

案 例 篇

Case Studies

B.6

金龙鱼慈善公益基金会案例

摘 要： 本案例内容主要是金龙鱼慈善公益基金会的基本情况、工作特色与工作经验、面临的问题以及对策建议等。金龙鱼慈善公益基金会长期致力于赈灾济困、助学工程、复明工程、教育激励、扶残助孤和公益捐助等方面，开拓了公益事业新视野，特别是开展的益海嘉里助学工程，开创了政企合作、集中供养、从输血到造血的模式，取得了较好的效果。未来，该基金会将聚焦于有效地应对和解决新生的、复杂的社会问题，提供更加专业化、个性化、多样化、系统化的服务。

关键词： 金龙鱼慈善公益基金会　助学工程　金龙鱼烹饪班　公益项目

一　基本情况

金龙鱼慈善公益基金会（以下简称“基金会”）是由益海嘉里集团捐资

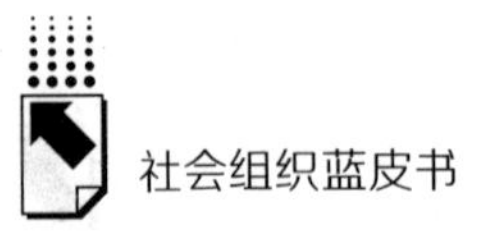

3000 万元发起，于 2013 年经民政部登记成立的非公募基金会，主管单位是国务院侨办。益海嘉里集团是新加坡丰益国际有限公司（以下简称“丰益国际”）投资的集粮油加工贸易、油脂化工、仓储物流于一体的多元化侨资企业，旗下有金龙鱼、胡姬花、香满园、口福等多个知名品牌，总部位于上海浦东新区，母公司丰益国际是世界五大粮商中唯一的华人企业，2015 年位列世界 500 强中的第 254 位。

根据《社会组织评估管理办法》和《国家社会组织管理局关于开展 2016 年度全国性社会组织评估工作的通知》，经过第三方评估机构初评和全国性社会组织评估委员会终评，确定金龙鱼慈善公益基金会评估等级为 3A 级。根据评估统计，截至 2015 年末，基金会现有理事 8 名，监事 1 名；有工作人员 10 人，专职工作人员 5 人，学历均为本科以上，年龄结构合理；两个年度召开理事会 5 次，召开次数符合章程规定；基金会理事会会议全部保留了会议纪要，会议纪要内容详细规范，全部理事会的会议纪要都有理事的签名，签名理事超过理事总数的 2/3；基金会负责人无超龄、超届，无国家现职工作人员兼任情况，秘书长为专职。基金会建立了党组织，并结合项目开展了党员活动。

制度建设方面，基金会建立了志愿者管理制度，使之常态化运作且作用较为明显；建立了档案证章管理制度，档案资料齐全，印章证书管理规范；建立了信息公开制度，公开渠道有网站、微信和宣传资料，网站栏目齐全，更新及时，项目宣传资料详尽；建立了项目管理制度，项目管理较好，事先有论证和计划，事后有总结。基金会对支出标准、审批权限有规定，各项支出审批手续齐全；执行了《民间非营利组织会计制度》，会计核算实行电算化，财务软件符合《民间非营利组织会计制度》的要求，捐赠票据开具规范；建立了财务报告制度。

2016 年 3 月，基金会成立了党支部委员会，成立后联合上级党组织及支部单位开展了党建活动，同时结合基金会的优势，在本地社区服务、扶贫济困活动中发挥了党组织的核心作用和党员的先锋模范作用。

在媒体报道方面，中央电视台、《新京报》、人民网、中国侨网等多家媒体对基金会的活动进行了报道。在获奖方面，2013 年基金会获得了民政部授予的“中华慈善奖”，2014 年和 2015 年获得了国务院侨务办公室授予的“点亮藏区牧民新生活”荣誉捐赠单位称号，2015 年获得了雅安市人民政府授予的“雅安芦山‘4·20’强烈地震灾后恢复重建”荣誉捐赠单位称号。

二　工作特色与工作经验

（一）工作特色

金龙鱼慈善公益基金会“益海嘉里助学工程”形成了立体、多层次的帮扶体系。一是通过硬件改造，帮助学校改善硬件条件；二是通过义工助学活动，提升学校的教育教学水平、改善校园环境和文化氛围；三是开展年度贫困生帮扶助学活动；四是通过奖学金项目，激励优秀学生继续深造；五是通过“金龙鱼烹饪班”项目，资助应届初中毕业生（贫困学子）学习烹饪技术，进而实现家庭脱贫致富的梦想。

“金龙鱼烹饪班”项目是金龙鱼慈善公益基金会“益海嘉里助学工程”中的特色项目，也是该基金会 2016 年的一项重点工作，其主要目的是资助贫困初中毕业生（贫困学子）学习烹饪技术，使其能够凭借一技之长改变个人命运和家庭生活。“金龙鱼烹饪班”项目是对“益海嘉里助学工程”帮扶体系的丰富和完善。首期“金龙鱼烹饪班”由来自全国各地的 30 名贫困学生组成。这个项目以及奖学金、助学金等多种帮扶方式，基本可以帮助贫困学生实现自身的持续发展。

“益海嘉里助学工程”从选址开始就设定了非常严格的条件：一是贫困地区急需且当地政府没有能力改善；二是符合教育部门的长远规划布局；三是选址距离当地工厂尽可能不超过 3 小时的车程，从而便于监督施工以及日后持续帮扶。在规划、设计和施工管理过程中，公司的工程技术人员参与每一个环节，严格把关，确保工程质量；学校建成后，由员工组成的义工队伍与校长、老师共同研究如何提高学校教育质量、教学水平，如何借助工厂的优势帮助学校开展素质教育活动，拓展学生的视野，如何联系国内外的大学生、当地优秀小学开展互助活动。所有的益海学校背后都有一支由员工组成的义工队伍常年开展助学志愿活动。在他们的帮助下，每个学校都可以开展很多富有特色的夏令营活动、德育活动和拓展活动。目前，很多已经建成投入使用的学校，无论是硬件设施还是教学水平都处于当地领先水平。

“益海嘉里助学工程”项目长期致力于改善贫困落后地区的教育条件，提升其教育水平。2007～2015 年，“益海嘉里助学工程”累计捐资 1.02 亿元，已在全国 14 个省、自治区和直辖市的 20 个地区援建了 30 个益海学校，约有 12000 多名学生和 1000 多名教师受益。仅 2016 年，就有三所“益海嘉里助学工程”益海学校落成并投入使用，一所新的益海学校立项（捐资 277.5 万元）。新近落成的学校沿袭“益海嘉里助学工程”的帮扶模式，组建义工团队，主导学校的帮扶工作；正在施工阶段的学校，义工全程参与规划设计、招投标以及工程质量的监督与管理，确保工程质量，确保每一分钱花到学校教育、教学需要的地方。

（二）工作经验

基金会开展的所有公益项目，注重赈灾济困、助学工程、复明工程、教育激励、扶残助孤和公益捐助等方面，开拓了公益事业的新视野。正在开展的“益海嘉里助学工程”，形成了从输血到造血的模式，取得了较好效果。益海嘉里集团近年来累计捐资 3.26 亿元，发挥了益海嘉里集团的优势，志愿者工作突出，将公益项目与集团在全国的 2000 多个分公司、50 多个生产基地结合，让职工作为志愿者广泛参与公益项目，同时在公益事业中注入企业文化。开展的主要公益项目包括如下几个方面。

（1）益海助学中心项目。该项目是与兴平市政府合作创立的助教公益项目。主要是针对该地小学生要走 20 里路上学、学校设备破旧等状况，与市政府联手，出资 205 万元，当地农民筹资 20 万元，建了新学校；关怀 98 名孤儿，不仅让他们感受到了家的温暖，还辅导他们学习。

（2）金龙鱼奖学金项目。最早可追溯到益海嘉里集团捐资5000万元与中国青少年基金会合作的“益海嘉里中国公益基金”，该基金在2004～2008年累计资助了60000多人次的进城农民工子女、1200名西部贫困农村家庭的孩子得以继续学业；1900多名在校大学生获得了益海嘉里奖学金。为更好地助力慈善公益事业，益海嘉里集团在2013年捐资成立了金龙鱼慈善公益基金会。2011年在13所高校设立的“益海嘉里奖学金”也正式更名为“金龙鱼奖学金”，旨在鼓励多个专业领域内成绩优异的本科生、研究生和青年教师锐意进取，为科技创新、社会进步、国家发展做出贡献。“金龙鱼奖学金”项目是益海嘉里集团回报社会、履行社会责任的重要部分。截至2016年底，“金龙鱼奖学金”项目累计捐赠3200余万元，逾4000名优秀本科生、研究生和杰出的青年教师获得奖励。

（3）“金龙鱼复明工程”项目。该项目始于2008年，最早是益海嘉里集团开展的一个资助当地工厂或附近地区自身无力承担白内障手术费用的贫困白内障患者进行手术复明的慈善项目。2013年2月，基金会成立后，“金龙鱼复明工程”就作为一项重要的慈善项目进行运作管理。金龙鱼复明工程合作单位的联系人员信息的核查、手术效果的回访都是由金龙鱼义工主导进行的。2016年，基金会在武汉、盐城、广汉、营口、昌吉、防城港资助1300名贫困白内障患者完成了复明手术。截至2016年底，该项目已在全国16个省、自治区、直辖市的31个地级市资助23000多名贫困白内障患者完成了复明手术，投入资金2240多万元，帮助22000多名贫困白内障患者重见光明。

（4）“金龙鱼敬老抚幼”项目。益海嘉里集团始终关注孤、老、残、障等弱势群体的生活，自2008年至2016年底，累计捐赠1000多万元用于这些弱势群体的生活和康复条件的改善：2011年9月，益海嘉里集团在秦皇岛出资100万元，资助秦皇岛市残疾人救助协会购买医疗设备，用于0～6岁残疾儿童的抢救性康复治疗项目；2011年6月，益海嘉里集团在连云港出资380万元，资助建设孤儿救助中心，用于集中救助连云港地区的孤儿，使他们能够完成九年义务教育；2008～2009年，益海嘉里集团在连云港先后投入143万元资助建设了曲阳益海敬老院，使当地的孤寡老人能够老有所依。2013年2月27日，基金会成立后，该项目转由基金会运作和管理。

（5）侨爱工程——点亮藏区牧民新生活项目。2014年和2015年金龙鱼慈善公益基金会向青岛海信采购了5000台价值250万元的便携式直播卫星数字一体机，实现了电视机、卫星接收天线、电源及箱体包装便捷式一体化设计，保证了电视机操作简单、占用空间小的特点，使其能适应高原高寒地区极端自然环境，以资助西藏阿里地区贫困藏族农牧民，进而开拓他们的眼界，丰富广大藏区牧民的精神文化生活。

（6）“金龙鱼助行工程”项目。该项目于2015年7月启动，选择极富假肢安装经验的上海假肢厂，由其选派技术人员赴项目实施地调研、取模，为下肢残疾、资金困难的患者免费安装质量可靠、轻便舒适的进口义肢。受助者不仅可以免费接受假肢安装手术，还可以得到专业的康复指导和后期免费的调试维护。2016年，基金会在2015年秦皇岛试点“集中采购服务和材料，异地安装”新模式的基础上，又在秦皇岛、贵港两地采用这种方式，效果非常理想，很多患者经过简单的适应就恢复了行走能力，秦皇岛青龙县的一位小朋友甚至能够跳绳和参加课间操活动。

（7）金龙鱼救灾扶贫项目。金龙鱼慈善公益基金会的主要救灾扶贫项目有：2016年7月，通过射阳县民政局捐赠30万元善款，用于2016年“6·23”江苏盐城龙卷风、冰雹自然灾害受损地区的民众紧急救助和家园重建工作；2016年2月，向上海市慈善基金会虹口分会捐赠30.21万元款物用于“蓝天下的至爱”助困项目；2015年8月，通过天津滨海新区慈善协会捐赠100万元，用于2015年“天津8·12爆炸”事故伤亡人员的慰问；2014年8月，向鲁甸地震灾区捐赠价值500万元的金龙鱼食用油、大米、挂面、豆奶等生活必需物资；2013年12月，向上海市慈善基金会捐赠价值20.4万元的金龙鱼大米和豆奶，用于走访慰问上海市周边崇明三岛的贫困家庭及福利院；2013年4月，向雅安地震灾区捐赠1200万元款物，包括500万元现金和700万元的米、面、油、豆奶产品。

三　问题与建议

一是基金会网站建设过于简单、网页搭载容量有限，限制了基金会在信息公开方面的有效性和全面性。建议基金会对网站进行改造，并依照信息公开制度及时维护，全面披露数据、制度及其他信息。

二是理事会决议对于中长期规划、战略目标的指向性尚不够明确。建议基金会围绕“扶贫资助、教育帮扶、人才培养、支持慈善公益项目”的业务范围，进一步提炼和明确基金会中长期战略规划，使之发挥对年度预算的制定和实施、日常业务开展等方面的指导作用。

三是随着公益事业的发展，基金会也在不断地探索和发展中成长。就公益事业来讲，公益情怀往往是踏入公益领域的起因，但若想在这条道路上走得更远和更有意义，还需具备专业性的态度和技能。建议基金会不断学习专业知识，使之与国家“精准扶贫”的号召相契合，保证基金会项目的稳步推进，提供更加专业化、个性化、多样化、系统化的服务，更好地助力社会慈善公益事业的发展。

B.7

慈济慈善事业基金会案例

摘　要：该案例的主要内容是介绍慈济慈善事业基金会的基本情况、工作特色与工作经验，分析其存在的问题，提出相应的对策与建议。慈济慈善事业基金会长期致力于开展社会救济、医疗卫生及资助教育、人文事业和活动等慈善事业，注重关爱协助社会上的弱势群体，开展的项目能够瞄准社会的需求，具有较强的公益性、创新性。未来，慈济慈善事业基金会将进一步优化内部治理，积极参与各种业务培训活动，把慈善事业做细、做实、做到基层社区中去。

关键词：慈济慈善事业基金会　公益项目　核心精神　志愿者精神

一　基本情况

慈济慈善事业基金会（以下简称“基金会”）由台湾佛教慈济慈善事业基金会投入一亿元人民币，于2008年1月经批准登记成立，接受国家宗教事务局业务管理。

经第三方评估机构初评和全国性社会组织评估委员会终评，慈济慈善事业基金会2016年度的评估等级为4A级。基金会现有理事11名、负责人3名，秘书长为专职；有监事5名，成立了监事会，监事履职情况较好。截至2015年末，基金会有专职工作人员28人，本科以上学历工作人员17人，工作人员的数量能满足基金会业务活动需要。基金会2015～2016年召开理事会4次，召开次数符合章程规定；理事会会议全部制作了《会议纪要》，签名理事超过全体理事的2/3，重要事项全部采取投票方式表决。

基金会建立了详细的志愿者管理制度，形成了常态化的运作方式，志愿者广泛参与公益项目且作用明显；建立了详尽的档案管理制度，档案资料齐全，保管有序；建立了印章管理制度，印章、证书管理规范，登记证书正本悬挂在明显位置。建立了信息公开制度，建立了信息公开档案，对捐款数额、资金使用情况、财务审计报告、年度工作报告摘要、年度工作报告进行了公开，公开媒介有网站、微信、出版物；获评4A级社会组织、民政部第九届“中华慈善奖”最具影响力慈善项目提名奖。

基金会制定了完善的财务管理制度，执行情况较好。对支出标准有明确规定，各项支出审批手续齐全；执行《民间非营利组织会计制度》，执行情况较好，会计核算实行电算化，财务软件符合《民间非营利组织会计制度》的要求；关联方及交易披露内容较完整；捐赠票据使用未发现不规范情况；财务报告编制规范。

基金会建立了项目管理制度，制度详细、全面；项目运作管理制度规范，事先有论证和计划，事中有项目监督和基础反馈机制，事后有总结并对重大项目有第三方审计与评估。

二　工作特色与工作经验

（一）工作特色

秉持“尊重生命，肯定人性”的精神，基于“人伤我痛，人苦我悲”的情怀，基金会以“开展社会救济、医疗卫生及资助教育、人文事业和活动等慈善事业为目标，使社会上的弱势群体能得到关爱和协助，使人人富有爱心，服务于和谐社会的构建”为宗旨；开展的项目公益性突出，有些项目有可持续性发展潜力、有创新性，如“雅安专项”、“甘肃与贵州的移民迁村”等项目。截至2015年底，资产达到3.8亿元；2014年度捐赠收入为12965.31万元，公益事业支出8179.79万元；2015年度捐赠收入为

13058.72 万元，公益事业支出 11032.79 万元。开展的主要公益项目包括如下几个方面。

（1）“雅安专项”项目。该项目是灾后重建很有特色、很有成果的公益项目，该项目 2014～2015 年投入 8533 万元，志愿者秉持“直接、重点、尊重、务实、及时”原则，主要前往受灾严重地区进行安心、抚慰工作，并全面参与从救急、陪伴、安心到重建的工作。基金会在芦山县兴建了三所中学和一所教师培训中心，还建立了雨城小学、前进幼儿园等，解决了当地学生读书的困难，提升了教师的教育水平，改善了教育环境。基金会也因此获得了第九届中华慈善奖提名奖。

（2）“冬令发放”公益项目。该项目两年共投入 5124 万元，秉持“主动关怀，尊重需求，协助自立”原则，持续关怀受灾或贫穷、患病的民众，给 20 个省、自治区、直辖市的 4 万户 7 万多名百姓送去了温暖，让有困难的家庭和群众获得了资助，渡过了难关。

（3）“新芽计划”教育助学项目。该项目 2014 年和 2015 年共投入 2198.3 万元，结合慈善与助学，以奖学、助学方式让贫困学子持续接受教育；通过家访、校访定期关心学生及其家庭，制订适宜的助学方案，传递正确的人生观与价值观，让孩子树立自信心、积极向学、圆满完成学业。此项目近两年资助了 8422 位贫困学子。

（4）“移民迁村”公益项目。该项目 2014 年和 2015 年共投入 1571 万元，陆续开展建村、建校、生活关怀等活动，使贫困户过上有水、有电的新生活，脱贫致富奔小康，给 510 户百姓送去了福音。

（二）工作经验

1. 用爱搭起两岸交流桥梁。为增进两岸同胞情感，基金会秉持血浓于水与无私奉献的大爱精神，努力通过举办各种慈善互助、环保经验分享等活动，使两岸社会各界人士彼此互动与加深认识。

2. 走在最前，做到最后。基金会秉持慈悲喜舍的救灾精神，在灾难发生之时或需要之处，都会尽己所能地提供援助；秉持慈善永续的精神，制订详细的救助方案，从紧急、中期、长期，从落实安身、安心、安生活“三安”到全人、全家、全程“三全”，陪伴灾民脱贫致富。

3. 济贫教富，教富济贫。“济贫教富，教富济贫”是慈善的核心精神，从弱势家庭济助到心灵关怀，基金会重视的不仅仅是救济、援助的成效，更在乎启人性善的良能，让越来越多的人愿意尽一己之力，且能在付出中自我成长。

4. 移民迁村是扶贫的治本之策。配合政府政策，基金会积极与各地政府合作，协助干旱山区困难群众异地搬迁，有效改善了困难群众的生产、生活条件，增强了困难群众脱贫致富奔小康的信心，获得了各方的一致好评。

5. 关注特殊患病个案。在慈善济助过程中，基金会发现少数特殊患病个案，病况堪怜，因此通过两岸慈善与医疗方面的合作，将特殊患病个案送往我国台湾地区进行诊治，效果显著，为两岸的慈善与医疗合作树立了爱心典范。

6. 教育是慈善的治本之道。基金会把教育援助列为慈善的核心工作，例如，通过各项奖助学计划使失学孩童减少。

7. 弘扬志愿者精神。多年来，基金会积极通过慈善援助，鼓励社会大众参与志愿活动，并通过志愿者培育，弘扬付出无所求之志愿者精神，启发人人心中的善念，让社会处处充满温暖，使志愿者精神成为和谐社会建设的一股重要力量。

8. 推进环保工作，预防灾难发生。基于环境灾难的巨大影响，基金会积极推进环保工作，保护环境。基金会呼吁社会大众身体力行做环保，参与资源分类、垃圾减量的活动，携手同心，一起保护环境、呵护地球。

三　问题与建议

基金会法定代表人虽已超龄，但获得了国家宗教事务局和民政部的批准。2014 年和 2015 年的四次理事会由副理事长主持，理事长（法定代表人）因健康原因通过视频电话等方式参加理事会。建议进一步明确理事会会议制度，完善有关授权委托规定，优化基金会的运行。建议多参加民政部组织的基金会管理和业务知识培训，并进一步加强公益项目捐赠人反馈机制。建议基金会在秉持慈善理念推进工作的同时，不断开拓思路，把“济贫教富，教富济贫”的工作做细、做实、做到基层社区中去。

B.8 重庆大学教育发展基金会案例

摘　要：本案例主要内容是重庆大学教育发展基金会的基本情况、工作特色与工作经验、存在问题及建议等。重庆大学教育发展基金会长期致力于在学校人才培养、科学研究、社会服务、文化传承等领域不断追求卓越、造福社会，特别是开拓出了一条具有西部高校特色的道路，打造出了“积极主动走出去”的口号，利用特定的“符号资源”成功挖掘出潜在的捐赠资源并获得了成功。未来，特色学科重点建设、教学奖励、国际与海外合作项目等都将是重庆大学教育发展基金会的重要内涵。

关键词：重庆大学教育与发展基金会　高校基金会　特色募捐

一　基本情况

为促进重庆大学教育事业的发展，广泛争取各届校友以及国内外友好人士支持重庆大学，2013 年 3 月，经教育部批准，重庆大学教育发展基金会（以下简称“基金会”）在民政部登记成立。

汇涓流之溪，以成江海；聚绵薄之力，共助发展。在重庆大学教育发展基金会理事会的领导下，基金会紧密围绕学校“加快推进建设国内一流、国际知名、特色鲜明的研究型综合性大学”的总体目标，团结协作、锐意进取，不断加强学校与社会各界的联系与合作，筹集并管理各类捐赠资金，支持学校在人才培养、科学研究、社会服务、文化传承方面不断追求卓越、造福社会。迄今为止，重庆大学教育发展基金会成立以来共募集资金近10亿元，这些捐赠中既有校友捐赠，也有各界友好人士的大力支持，其中校友捐赠占65%。

重庆大学教育发展基金会基础较好，法定代表人产生程序规范，理事会议全部保留了《会议纪要》，并有出席理事的签名。基金会内部治理情况也很规范，能够按照基金会章程要求召开理事会。基金会有工作人员20人，其中，党员6名，建立了党组织，2015年开展党组织会议4次，开展党员教育活动3次。

在制度建设方面，建立了志愿者管理制度、会计核算报销等财务管理制度、档案印章管理制度、薪酬管理制度、信息公开制度，而且执行情况较好。基金会执行《民间非营利组织会计制度》，执行情况较好，会计核算实行电算化，财务软件符合《民间非营利组织会计制度》的要求；基金会的专项基金实行统一管理；捐赠票据使用未发现不规范情况；财务报告编制规范。

二　工作特色与工作经验

重庆大学教育发展基金会是高校基金会的典型代表，主要经历了两个发展阶段。第一阶段主要依靠校友捐赠。如为了迎接建校80周年以及建设新校区，仅2008年校庆基金会就募集6000万元。另外，基金会借助重庆大学在西部地区的影响力，逐步建立起校友会与基金会的合作募款渠道。第二阶段是“走出去”发展阶段。为了更好地服务于学校各项事业的发展，基金会2011年开始探索“走出去”战略。基金会主要依托重庆大学的校友网络以及与重庆有渊源、有感情的企业家，充分开发“重庆”、“重庆大学”等符号资源，以此探索“走出去”战略。目前来看，基金会基本确定了“双轮并行”的发展思路，走出了一条具有自身特色的发展道路；提出了“积极主动走出去”的口号，成功挖掘潜在的捐赠资源并获得了成功。基金会负责人表示，校友捐赠与社会捐赠的同步发展，更有利于基金会的整体发展。

基金会的运作特色有以下几点。①立足学校的教育资源和当地经济社会发展基本情况来发掘募集对象或筹资对象，这也是基金会的出发点。②主动联络一批境外与重庆大学联系密切的企业家，充分发掘其募捐特质，走出了一条具有西部高校募集境外资金的特色道路。③发动重庆大学的二级学院，把筹资工作纳入二级学院的考核工作，纳入二级学院的日常工作，作为二级学院的长期规范性工作任务，这些都是长效性的而非短期的，在这个过程中，基金会也建立了一些激励机制。

自成立以来，基金会在“四大项目、五大基金”的基础框架下，年均募集来自社会各界的奖助学金近 1000 万元，设立了 100 余项奖助学金，惠及了 30% 以上的在校学生。2013 年筹款 3910.49 万元，2014 年筹款 4899.50 万元，2015 年筹款 1989.22 万元，2016 年筹款 3782.24 万元，2014 年后学生资助与学校发展基金两项支出占 70% 以上。2016 年度总支出 2864.14 万元，实现创会以来的最高值。

三　问题及建议

作为一个非营利组织，募集资金额和募集成功率受到多种因素的限制，其中基金会所在地的经济发展水平便是一个非常重要的影响因素。不同区域间存在难以避免的地域差距，也影响着基金会的资金募集。基金会所处的西部地区的企业家还没有形成较强的捐赠意识，捐赠氛围不够浓厚。另外，对于高校来说，校领导对于基金会的发展定位与认识程度往往能够直接影响高校基金会的发展水平和募捐能力。

此外，高校基金会也面临普遍挑战：一是高校基金会内部虽然按照规定设立了法人，但是其权利义务往往难以得到保障和体现；二是高校基金会获得的支持不足，对西部高校基金会的政策倾斜还有较大提升空间；三是高校基金会的专业化运作能力不足，由于人员设置、重大决策等受制于学校的运行逻辑，导致难以吸引专业化人才，从而影响基金会的社会化运行。

对策分析篇

Questions & Suggestions

B.9
社会组织评估的问题与建议

摘　要：从利益相关者的视角来看，社会组织评估涉及民政部门、第三方评估机构、社会组织、公众等多方利益主体，由于利益诉求的差异，在评估过程中不可避免地存在诸多问题，这些问题既体现在制度层面，也体现在主体层面，同时，社会组织评估的技术方法也有待改进。针对社会组织评估存在的问题，应当完善社会组织评估的运作机制，加强对第三方评估机构的培育和监管，加强社会组织评估的激励约束机制建设，创新社会组织评估指标体系和评估流程。

关键词：社会组织　社会组织评估　第三方评估机构

随着党和政府对社会组织发展重视力度的不断加强，社会组织发展卓有成效，在创新社会治理和满足公众需求方面发挥了重要作用。根据民政部最新统计数据，截至2017年第二季度，全国共有社会组织72.49万个，其中社会团体34.40万个，民办非企业单位37.50万个，各类基金会5919个。在全面深化改革背景下，社会组织规模的增加和质量的提升也对社会组织评估工作提出了新要求。毋庸置疑，推进社会组织有序发展需要良好的监督规范机制，社会组织评估是促进社会组织健康发展的重要推动力。一方面，需要加强第三方评估组织的能力建设，特别是需要培育一批拥有评估资质和评估能力的评估机构，使其能够脱颖而出，有效承接政府委托的社会组织评估项目；另一方面，社会组织扮演被监督者的角色时，能够充分利用接受评估的机会，进一步健全法人治理结构，规范社会组织运作，增强社会组织自主发展、自我管理能力，推进社会组织诚信自律建设，提高社会组织的透明度和公信力。

2007年《民政部关于推进民间组织评估工作的指导意见》和《全国性民间组织评估实施办法》下发以来，民政部陆续启动了对基金会，民办非企业单位，全国性行业类、学术类、联合类、职业类、公益类社团等社会组织的评估工作。2015年5月民政部发布《民政部关于探索建立社会组织第三方评估机制的指导意见》，明确了第三方评估的总体思路、基本原则、内容和操作流程等，2016年9月正式实施的《中华人民共和国慈善法》明确规定："民政部门应当建立慈善组织评估制度。鼓励和支持第三方机构对慈善组织进行评估。"2017年1月，民政部办公厅下发了关于《社会组织抽查暂行办法（征求意见稿）》，公开征求意见。根据这个办法，社会组织评估制度进一步完善。社会组织登记管理机关按照法定职责，随机抽取一定比例的社会组织，对其依法开展活动的情况进行检查。2016年针对全国性社会组织的评估数据显示，社会组织的专业性和规范性逐步提升，等级的分布科学合理、党建成效显著、信息传播平台多元而便捷。然而，从利益相关者的视角来看，社会组织评估涉及民政部门、第三方评估机构、社会组织、公众等多方利益主体。由于利益诉求的差异，在评估过程中不可避免地存在诸多问题，这些问题既体现在制度层面，也体现在主体层面，同时，社会组织评估的技术方法也有待改进。

一　社会组织评估存在的问题

（一）从制度层面来看，评估制度缺失是当前社会组织评估面临的突出困境

“有效的评估制度作为管理工具与自律手段，可以改善民间组织的问责性及决策制定。”（王名，2008）目前评估存在的问题表现为如下几个方面。一是第三方评估准入制度缺失。社会组织第三方评估机构还处于初级发展阶段，需要逐步培育和引导专业的第三方评估机构；第三方评估机构准入制度缺失，需要待条件成熟时适时建立第三方评估准入制度。二是第三方评估机构监督制度不健全。社会组织具有非营利性、志愿性等特点，为了规范社会组织的发展，目前强调对于社会组织监管的全过程管理，然而，监管手段仍然比较匮乏，在监管中往往依赖于事前登记、事中检查、事后执法等管理手段，因而易导致社会组织“志愿失灵”状况发生。在我国新一轮行政体制改革背景下，评估作为新的管理手段尤其易引发社会关注。三是缺乏有效的评估反馈机制。社会组织第三方评估的周期长，相关社会组织没有得到及时的评估情况反馈。社会组织收到反馈意见后，也难以马上更正。四是没有形成制度规范，许多评估结果没有与物质奖励、政府购买公共服务挂钩，缺少相应的引导和鼓励性政策，社会组织评估工作不够深入（徐家良、廖鸿，2015）。

（二）从主体层面来看，社会组织评估机构承接能力有限

我国对社会组织第三方评估机构并没有严格界定。第三方评估机构既可以是在民政部门注册的社会组织，也可以是在工商部门注册的企业，还可以是高校或科研院所。形态和类别的复杂多样，造成了第三方评估机构“鱼龙混杂”，从而很难对其进行统一管理和有效评估。以至于出现“有时候一个所长带几个研究员，就建起一个提供调研评估服务的第三方评估机构，其专业性和可靠度确实容易引人质疑”（齐静，2016）的情况。专业性是指第三方主体对评估理论熟悉，拥有人才技术优势，能够制定科学合理的评估指标体系，

运用定量与定性相结合的评估方法对评估对象进行定期评估、跟踪评估，评估结果具有可检验性（林鸿潮，2014）。在第三方组织绩效评估技术层面，人才匮乏是当前面临的突出困境。许多社会组织评估从业人员缺乏相应的理论储备和专业素养，评估理念和评估方法相对滞后，缺乏有效的评估手段，容易出现评估效度和信度较低、评估指标权重失衡等问题。目前，社会组织的存量和增量均比较大，社会组织登记部门和业务主管部门的管理任务非常繁重，加之当前推进行政机构改革，政府机构面临着精简合并、人员分流等现状，专职人员的缺乏也往往容易造成监管缺失的困境（曹天禄，2014）。

（三）从技术层面来看，社会组织评估的指标体系和技术方法有待进一步完善

社会组织的评估指标体系既包括硬指标，又包括软指标，硬指标主要体现在基础条件、工作绩效等方面，较明显，易评估，而对于社会组织内部人员的评价和外部评估，都具有较强的主观性，且难以测量和准确把握。有研究机构 2015 年在北京、上海、杭州、银川和广州五个城市的社会组织第三方评估机构工作满意度调查显示，社会组织评估指标体系亟待提升，主要表现在评估指标体系科学性得分不高，为 45.36 分，尤其是指标项目设置合理程度不够，为 33.37 分（徐双敏、崔丹丹，2016）。社会组织自身结构和运作项目都具有复杂性的特征，故而其运作成效和组织产出难以采用单一指标来衡量，当前评估模式和评估流程缺乏较为科学的评价标准，尤其是忽略了社会组织利益相关者的评价因素，因此，需要多维度从政府机关、公众以及社会组织内部、社会组织协会、同行等多元主体角度对社会组织绩效进行考量，综合考虑其差异性，对社会组织的绩效评估体系进行数据化操作（曾本伟，2016）。

二　完善社会组织评估的对策建议

（一）完善社会组织评估的运作机制

一方面，需要完善社会组织评估的沟通协调机制。加强社会组织评估的

沟通与协调工作，社会组织评估涉及多方利益主体，需要各个主体的通力配合与协同。这需要政府与社会组织建构起良好的政社关系，相互信任，形成符合目标的利益共同体，确保社会组织评估工作顺利展开。与此同时，在评估过程中，社会组织与第三方评估机构也要相互配合，加强沟通，相互理解与支持，防止评估过程中出现各类寻租、道德和技术风险，共同提高社会组织评估工作的科学性。另一方面，要加强社会组织评估的应用反馈机制。社会组织评估既是目的，又是手段，通过社会组织评估，推动社会组织健康有序发展，使其更好地承接社会服务以及发挥其创新社会治理的作用。与此同时，还要进一步推进社会组织评估结果的应用与反馈，以评促建，使社会组织能够不断完善其内部治理结构、人员结构和提高业务能力。可以将社会组织评估结果与政府购买服务、公益项目创投以及相应的政府资助或奖励挂钩，凸显其重要性。

（二）加强对第三方评估机构的培育和监管

社会组织的第三方评估能够打破评估的管理主义倾向，更好地体现社会组织评估工作的准确性和科学性。目前应当从以下几个方面对社会组织第三方评估机构予以完善。

首先，完善第三方评估机构的招投标机制，在社会组织评估机构的招投标和遴选环节，严格规范程序，向社会公开评估的具体项目、周期、自治要求和评估内容；在合同订立时，要明确第三方评估机构的权利和义务。其次，第三方评估机构作为社会组织的重要监管主体，其本身也应当受到动态的监督和规制，以确保评估的客观性和准确性。这需要民政部门不断加强监管责任，对社会组织第三方评估的进程、效果进行监管，同时，第三方评估机构需要与政府部门保持密切的沟通与联系，按照规范定期汇报其工作进度，达到帮助参评社会组织提高自身能力的目的。最后，完善评估专家的考核机制。评估纪律的严格与否关乎评估的规范性和科学性与否，因此要完善专家库制度，根据评估工作进度，现场考察前由登记管理机关从专家库中随机抽取评估专家，组成专家组，确保专家的利益并兼顾其专业性，从而实现评估的公正性。可以建立和完善社会组织评估专家的考评制度，规范评估专家的问责机制，实行“谁签名、谁负责”，要求评估专家承担起相应的法律责任，如利益回避、保密信息等（徐双敏、崔丹丹，2016）。

（三）加强社会组织评估的约束机制

就政府层面而言，应当建立社会组织评估的激励约束机制。在社会服务评估中委托人、代理人和被评估机构的三方关系，需要强有力的激励约束机制，“委托人需要建立这种制度，不仅能够获得绩效监督信息，而且能够产生激励约束机制以确保代理人能够履行相应的义务”（Brett，1993）。欧美国家在社会组织激励约束方面已经积累了非常丰富的经验，20 世纪末，英国政府和社会组织联合订立了《英国政府与志愿及社会部门协议》，确立了政府与社会部门关系的基本原则，明晰了包括政府部门、社会组织在内的组织的各种权利和义务。而美国也确立了社会组织的多种监管、评估指标，比较有代表性的如明尼苏达慈善评论协会标准、慈善组织劝募行为标准等（林闽钢，2006）。上述标准都对社会组织的治理结构、透明度和内部管理等行为进行了严格的规定。

现阶段应当发挥第三方评估的监督作用，不断建立和完善独立的第三方评估机制。“第三方机构看起来更加具备合法性，因为它们的独立性使得其更加具备可信度”（Brown，Potoski，& Van Slyke，2016），在约束方面，进一步强化监管，对不同类型的社会组织进行有效分类、分层次管理；若有关部门认为评估结果不符合实际情况，可以依据相关申诉程序向评估主体或改革主管部门提出评估申诉，评估主体或改革主管部门必须对评估申诉做出处理，给申诉人明确回复，确保评估问责的客观、公正（陆明远，2008）。

（四）创新社会组织评估指标体系和评估流程

社会组织涉及行业众多，组织发展阶段和类型各不相同，因此评估指标体系也应当注重行业特色和区域特色，尤其是在反映社会组织公共服务能力的指标方面，应当着重凸显。另外，在公共服务标准化建立的同时，也应当建立和完善社会组织评估的标准化体系，科学准确反映评估的科学性、评估流程的规范性以及评估效果的客观性。有学者从“主体－社会组织”、“服务对象－社会公众”、“监管者－政府”等层面建构了社会组织评估立体化的“GPO”（主体、服务对象、监管者）模式（曾本伟，2016），这可以作为今后创新社会组织评估指标体系的有益尝试，从而进一步确保评估工作的科学性和客观性。与此同时，建议各地探索社会组织评估的定级方法，同时加大社会组织评估指标体系和相关业务流程等相关内容的培训力度。以民政部社会组织培训基地的建设和发展为契机，不断提升社会组织评估人员的专业素养和业务能力，设计出能够满足一线实务操作人员的项目培训、组织培训和财务培训课程，学习先进的评估理论、指标和评估工具及手段，以更好地促进社会组织评估能力的提升。深圳在社会组织评估中探索出了社会组织评估的地方标准。2017 年 8 月，我国第一个社会组织地方标准在深圳实施，深圳市社管局和市社会组织总会牵头制定的《深圳社会组织评估指南》，分别对几大类社会组织进行评估，明晰了类别指标；强调了评估指标的可操行性，突出了评估的通用性指标和关键性指标；对社会组织不同管理模块进行了均衡与处理，还凸显了社会组织评估中的党建评估指标的重要性。

从目前来看，社会组织评估工作已经全面铺开，制度化水平和规范化程度也在日臻完善。一些独具地方特色的，反映行业特征的社会组织评估体系也开始出现。然而，相关制度的缺失、社会组织自身特点以及评估机构的能力等因素，形成了社会组织评估进步发展的现实阻碍。在此背景下，各种问题也接踵而来，对如何更加科学地评估评价、社会组织，完善社会组织评估的制度建设，加强对第三方评估机构的培育和监管、构建社会组织评估激励约束机制，以及创新社会组织评估指标体系等有新的、更高的要求，这将成为未来一个时期社会组织评估工作亟须解决的重要理论问题和实践议题。

参考文献

曹天禄，2014，《评估困境：当前社会组织评估面临的软肋》，《深圳职业技术学院学报》第6期。

林鸿潮，2014，《第三方评估政府法治绩效的优势、难点与实现途径》，《中国政法大学学报》第4期。

林闽钢，2006，《慈善组织社会问责探究》，《东岳论坛》第6期。

陆明远，2008，《政府绩效评估中的第三方参与问题研究》，《生产力研究》第15期。

民政部，《2017年第二季度全国社会组织发展统计数据》，民政部网站。

齐静，2016，《第三方评估遭遇“成长的烦恼”》，《大众日报》2月22日。

王名，2008，《中国民间组织30年》，北京：社会科学文献出版社。

徐家良、廖鸿主编，2015，《中国社会组织评估发展报告》（2015），北京：社科文献出版社。

徐双敏、崔丹丹，2016，《完善社会组织地方评估工作机制研究——基于5市调查数据的分析》第6期。

曾本伟，2016，《多维视阈下社会组织评估的“GPO”模式探讨》，《广东行政学院学报》第3期。

Brett, E. A. 1993. “Voluntary Agencies as Development Organizations: Theorizing the Problem of Efficiency and Accountability.” *Development and Change*, 2: 269 - 303.

Brown, T. L., Potoski, M., & Van Slyke, D. 2016. “Managing Complex Contracts: A Theoretical Approach.” *Journal of Public Administration Research and Theory*, 2: 32.

B.10
促进社会组织发展的建议

摘　要：推进国家治理体系和治理能力现代化，实现政府治理、社会调节、居民自治良性互动，需要促进社会组织发展。当前，应当进一步加强社会组织中党的建设，改革社会组织登记管理制度，完善社会组织自律机制，促进社会组织积极承接政府购买公共服务。

关键词：社会组织　社会组织发展　社会治理

2017年10月，中国共产党第十九次全国代表大会重新定义了新时代我国社会的主要矛盾，即人民日益增长的美好生活需要和不平衡不充分的发展之间的矛盾。在此背景下，如何发挥社会组织的功能和价值、推动其在解决社会矛盾中的重要作用也成为当前需要解决的重要议题。从中观层面而言，推进国家治理体系和治理能力现代化，实现政府治理、社会调节、居民自治良性互动，同样需要促进社会组织发展，我们认为，当前有必要从以下几个方面进行有效推进。

一　进一步加强社会组织党的建设

社会组织党建的有效开展对引导社会组织有序参与公共服务和社会治理具有全局性的战略意义。为了推进社会组织党建，近年来中共中央和民政部出台了一系列的政策文件。2015年6月，《中国共产党党组工作条例（试行）》要求社会组织领导机关设立党组织；2015年9月，中共中央办公厅印发《关于加强社会组织党的建设工作的意见（试行）》，对加强社会组织党建工作的重要性和意义提出了明确要求；2016 年 8 月，中共中央办公厅、国务院办公厅印发的《关于改革社会组织管理制度促进社会组织健康有序发展的意见》（以下简称《意见》），2016 年 10 月，民政部研究制定的《民政部关于社会组织成立登记时同步开展党建工作有关问题的通知》（以下简称《通知》），都督促地方登记管理机关推动社会组织建立党的组织，开展党的工作，落实党建责任。然而，社会组织党建也存在诸多困境，集中体现在党组织作用的减弱使其对其资源的控制能力开始下降，党组织功能定位的模糊化使其对资源的需求感不强，社会组织党建人才相对匮乏。当前困境的深层根源在于社会组织党建内生需求与外在供给的不匹配，尤其是党建运作机制与新形势下社会组织党建要求的不适应。要解决这个问题，就应当进一步加强社会组织党的建设，我们认为，可以从“利益共生”的党建生态、“资源整合”的运作机制、有效协同的外部保障三个维度建构起有效的社会组织党建新模式。一是营造好社会组织的党建生态环境，社会组织党的建设涉及多元利益主体，尤其是社会组织推进党的建设与追求自身发展和组织利益是不矛盾的，应促进社会组织中党组织发展目标与社会组织发展目标的契合性，实现党员和组织成员利益的有机结合。二是建立社会组织党的建设的资源整合机制，积极促进组织资源、人力资源、信息资源的整合，通过党的建设调动多种资源，以实现有机整合。三是进行有效协同的外部保障，当前推动社会组织党的建设的关键在人，要培养一批社会组织党建人才，不断推进社会组织党的建设。

二　改革社会组织登记管理制度

2013 年《国务院机构改革和职能转变方案》明确了行业协会商会类、科技类、公益慈善类、城乡社区服务类社会组织未经业务主管单位审查同意，可向民政部门申请登记。当前《社会团体登记管理条例》、《基金会管理条例》和《民办非企业单位登记管理暂行条例》正在修订中，建议尽快推动上述管理条例的修订工作，同时适时出台《中华人民共和国社会组织法》，以为社会组织发展提供制度保障和法律支撑。目前，许多地区已经开展了社会组织登记管理的试点工作，如中关村国家自主创新示范区领导小组下发了《中关村社会组织改革创新试点工作意见（2010）》，明确提出了中关村社会组织直接登记和管理、取消业务主管单位、由政府部门根据社会组织的业务范围和类型进行业务指导等意见。在推进政府职能转变和激发社会组织活力的大背景下，改革社会组织登记管理制度是培育和发展社会组织的重要推动力。我们认为，一方面，需要进一步明确社会组织的准入条件和准入标准，通过清单管理等方式明确政府在社会组织管理中的职责。另一方面，形成动态调整和末位淘汰机制，减少直接登记中的不确定性（马庆珏，2015），有效防范社会组织登记管理中出现的各类风险。有学者提出的“三层协同”，就是在社会管理体制创新下，建立起以登记为基础、以服务为关键、以监管为保障的社会组织管理新体系，并实现三者协调、整合和一体化发展的管理新格局（张玉强，2017）。

三 完善社会组织自律机制

2016 年度，全国性社会组织均存在财务管理制度不健全的问题，如缺少薪酬管理、资产管理、预算管理、投资管理、财务监督、财务报告等制度，其中有 16.07% 的社会组织存在未按《民间非营利组织会计制度》执行财务制度的问题。对于社会组织自身而言，应当形成对于自身组织发展的良好约束制度。新制度主义理论中的社会学制度主义学派认为，组织追求的不仅是效率，还有价值目标。相对于他律而言，社会组织的自律更多的是从自身理念、愿景出发，是对于社会组织责任的强化和落实。从本质来看，诚如康德所言，制度规范充其量只能做到行为合乎律令，而道德自律则能使行为本乎律令。加强社会组织的自律机制，从价值层面上看，需要不断内化社会组织的使命和价值，坚持其非营利性和公共性的特征，发挥社会组织在弥补政府失灵和市场失灵方面的重要作用，同时彰显其志愿性优势。从工具层面来看，完善的内部治理结构和监管体系能够有效地实现组织发展和项目运作的均衡。同时，还要强化透明度和信息披露，使社会组织能够接受包括同行、公众以及媒体的有效监督和质询，从而提升社会组织的公信力和声誉。

四　积极承接政府购买公共服务

基于降低成本和提高效率的需要，政府通过招投标、委托、竞争性谈判向社会组织购买服务，已经成为政府治理的一种新型工具，各级政府开始积极推进，公共服务购买的制度化和规范化程度也在逐渐提升（吴磊、徐家良，2017）。正如美国学者珍妮弗·布林克霍夫所强调的，政府与社会组织合作能够凸显各自的优势，有效地获得单一主体无法取得的各类资源（Brinkerhof，2002）。社会利益主体的多元性，以及多元需求的日益增长，传统的、政府单一主导的供给模式越来越不适应公共服务的需求。政府的资助和合同收入也是社会组织收入的主要来源。美国公共服务外包的经验表明，截至2011年，社会组织从美国各级政府部门获得的合同和捐赠收入已经占总收入的1/3，多于私人捐赠的收入（占比为13%），略少于私人部门获得的费用（占比为47%）（Pettijohn et al.，2013）。当前各地政府在购买服务时一般会规定社会组织须获得3A及以上等级的基本门槛，2016年度参与政府购买服务的全国性社会组织中，4A级占22.73%，3A级占72.73%，2A级占4.54%，这大致反映了这一趋势。当前，为了有效推进政府购买公共服务，提高公共服务的效率，社会组织应当不断提升自身专业化能力和服务水平，坚持非营利性、志愿性等特征，以民众公共服务需求为出发点，在公共服务供给领域有所作为。

参考文献

马庆珏，2015，《“十三五”时期我国社会组织发展思路》，《中共中央党校学报》第2期。

吴磊、徐家良，2017，《政府购买公共服务中社会组织责任的实现机制研究——一个利益相关者理论的视角》，《理论月刊》第9期。

张玉强，2017，《从“双重管理”到“三层协同”——中国社会组织登记管理体制的重新构建》，《天津行政学院学报》第2期。

Brinkerhof, J. M. 2002. “Government-Nonprofit Partnership: A Defining Framework.” *Public Administration and Development*, 22 (1): 19 – 30.

附　录

Appendix

B.11
中国社会组织评估大事记（2016年1～12月）

2016年2月1日

由成都新民社会组织发展中心、四川省群团组织社会服务中心、成都市社会组织联合会等多家社会组织举办的主题为“探索　创新　规范　发展”大型公益论坛——对话2016“公益成都”论坛在成都举行。论坛现场发布全国首个《政府购买社会组织服务项目绩效评估操作指引》，政府购买服务第三方评估开启标准化时代。

2016年2月18日

上海市社会组织评估院召开第一届理事会第四次会议，会议审议并通过了评估院2015年度工作报告，部署了2016年度的主要工作，听取了成立评估院监事会的有关情况。会议还通报了建立评估专家数据库和有关专家受聘情况，通过制定《评估工作守则》和《评估专家守则》来规范评估工作及评估专家行为，建立和完善评估工作长效管理机制。

2016年2月26日

内蒙古自治区民政厅召开社会组织评估评审会。会议对参评的97家社会组织进行等级评估，最终确定5A级6家、4A级22家、3A级47家、2A级10家、1A级12家。内蒙古自治区2015年社会组织等级评估采取委托第三方评估机构进行考核，并将评估结果在内蒙古民政网公示，公示结束后将向参评单位颁发证书及牌匾。

2016年3月18日

上海市青浦区民政局委托上海市社会组织评估院专家对青浦区社会组织开展规范化建设评估工作。评估小组通过听取自评工作汇报、查阅工作档案等程序，对社会组织工作情况进行评估分析，并结合社会组织发展现状和相关政策，为其提出完善建议与整改措施。

2016年3月22日

上海市杨浦区民政局委托第三方评估机构评估社会组织培育扶持政策。为进一步加快社会组织培育发展、完善政策扶持体系，上海市杨浦区民政局委托上海零点咨询公司对2015年1月份出台的《关于促进杨浦区社会组织发展的若干政策（试行）》实施效果进行评估。评估采取问卷调查和深度访谈方式，了解政府部门、政策受益者、相关专家等社会群体的态度，分析政策实施过程中的优势与问题。

2016年3月24日

由广东省汕头市民政局委托汕头市社会组织总会承办的汕头市社会组织等级评估培训班开班，汕头市40多家社会组织申报参加评估培训。培训内容包括：社会组织等级评估政策法规、评估实施流程、评分细则等。

2016年4月13日

上海市浦东新区民政局召开2015年度社会组织评估颁奖大会暨2016年评估工作动员会。会议宣读了2015年上海市浦东新区社会组织评估等级名单，其中5家单位获评5A级，13家单位获评4A级，18家单位获评3A级，13家单位获评2A级，2家单位获评1A级，大会为36家获得5A、4A和3A级的社会组织代表授牌。

2016年4月20日

广东省民政厅召开“创建5A社会组织、服务‘十三五’发展”社会组织评估工作研讨会。广东省民政厅副厅长王长胜提出，广东省民政厅将进一步扩大省级社会组织评估覆盖面，提升参评率；进一步增强评估结果的实践运用，提高社会认可度；鼓励社会组织积极投身到新时期精准扶贫、精准脱贫工作中，推动社会组织为经济社会发展做出“看得见、摸得着”的实绩。

2016年6月1日

广州市民政局在官方网站（中山民政信息网）对具备承接政府职能转移和购买服务资质的161家社会组织的名单进行公示。广州市自2010年开展社会组织等级评估工作至今，已先后四次印发了具备承接政府职能转移和购买服务资质的社会组织目录，并将其作为政府部门委托职能和购买服务的对象。广州市民政局从2016年开始将每年公布一次承接政府职能转移和购买服务资质的社会组织目录，以方便政府部门委托职能和购买服务时选择合适的社会组织承担相关工作任务。

2016年6月23日

鄂尔多斯市举行2015年度社会组织等级评估授牌仪式。经初评、终评、公示，鄂尔多斯市第一批社会组织评估工作已全部完成。经鄂尔多斯评估委员会审核通过，共评估136家社会组织，其中5A级3家、4A级30家、3A级69家、2A级19家、1A级15家。

2016年7月12日

上海市虹口区社团局举办2016年度社会组织规范化建设评估培训。此次培训内容包括：规范化建设评估工作应“做什么、怎么做”，并结合“民办非企业单位、社会团体评估指标”的各级指标逐一进行详细解读，上海市虹口区25家社会组织参加了本次培训。

2016年7月15日

山东省通报了第二批93家3A级以上社会组织评估结果名单。其中3A级以上社会组织将优先承接政府购买服务项目，并将获得一定的资金奖励。此次评估中初评采取第三方评估方式，并对社会组织评估指标进行了重新分

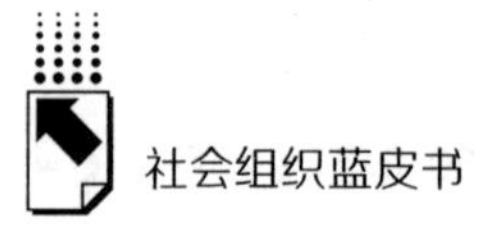

类，由7类社会组织评估指标扩充至10类评估指标，由原来的4级评估指标细化到5级评估指标，并首次将诚信建设纳入主要评估指标。

2016年7月15日

内蒙古自治区包头市民政局召开包头市社会组织评估工作动员暨培训会。会议通过了《关于成立社会组织评估委员会和评估复核委员会的通知》，包头市社会组织将可申请等级评估，凡获得3A级以上的社会组织将优先承接中央财政支持项目和各级政府购买服务项目。培训会上，评估专家对社会组织评估工作流程和指标做了详尽解读，以便各社会组织了解评估的具体要求。

2016年8月2日

全国性社会组织评估委员会发布《2015年度全国性社会组织评估等级结果公示》。本次评估根据《社会组织评估管理办法》和《民政部关于开展2015年度社会组织评估工作的通知》要求，经2016年7月26日全国性社会组织评估委员会全体会议终评，共确定了46家全国性行业协会商会、8家全国性学术类社团、7家全国性联合类社团、4家全国性公益类社团、3家全国性职业类社团、33家基金会、5家民办非企业单位的评估等级。

2016年8月12日

四川省绵阳市民政局召开社会组织评估委员会和复核委员会成立大会。会议决定成立绵阳市社会组织评估委员会，负责绵阳市社会组织评估工作；同时成立复核委员会，负责社会组织评估裁定工作；下设办公室，主要负责评估委员会的日常工作，受理复核申请和举报并报复核委员会复核和裁定。

2016年8月19日

2016年深圳市社会组织等级评估授牌仪式在深圳市社会组织总会举行。本次评估首次由第三方评估机构作为评估主体对社会组织展开评估。深圳市计算机行业协会、深圳市零售商业行业协会、深圳市律师协会等13家社会组织获评5A级，深圳市花样盛年慈善基金会、深圳市半导体行业协会等6家社会组织获评4A级，深圳市松禾成长关爱基金会等7家社会组织获评3A级。

2016年8月24日

广东省湛江市民政局举行2016年社会组织评估授牌仪式，为湛江银行同业公会、湛江市装饰行业协会、湛江市价格协会、湛江市厨师协会、湛江市女企业家协会、湛江市依法行政研究会、湛江培力社会工作服务中心七家社会组织分别授予5A、4A和3A级牌匾。

2016年9月26日

北京市民政局发布《北京市社会组织评估机构管理办法（试行）》（以下简称《办法》）。《办法》对承接北京市社会组织登记评估工作机构的条件、准备材料、审核程序、承接条件管理和行为规范等内容进行了详细规定，市民政局负责对全市评估机构的承接条件进行统一审核和管理。

2016年11月2日

民政部民间组织服务中心在京召开慈善组织评估标准研讨会。为贯彻落实《中华人民共和国慈善法》，按照国家社会组织管理局关于制定慈善组织评估标准的安排，来自北京、上海、天津、深圳等地社会组织登记管理机关的有关人员，北京大学、华北电力大学、中山大学等高校院所的专家学者及中国扶贫基金会、中国红十字基金会、中国国际民间组织合作促进会等社会组织代表参加了此次会议。会上，北京师范大学慈善组织评估标准研究课题组从机构公益性、项目专业性、机构社会责信、基础条件与内部治理四个部分进行了专题汇报，与会专家展开了热烈讨论。民政部民间组织服务中心党委书记刘忠祥强调了慈善组织评估的重要意义，指出制定一套科学、完善的慈善组织评估标准体系是做好慈善组织评估的核心与关键。

2016年12月12日

河北省社会组织评估委员会对2016年度51家3A（含）级以上社会组织予以公示。其中，5A级社会组织20家，4A级社会组织18家，3A级社会组织28家。

2016年12月19日

国家社会组织管理局、民政部民间组织服务中心、上海交通大学与社会科学文献出版社共同发布《中国社会组织评估发展报告（2016）》蓝皮书

（以下简称“蓝皮书”）。国家社会组织管理局社会组织与社会建设上海交通大学研究基地主任徐家良教授表示，社会组织评估是推动我国社会组织持续健康发展的重要抓手和助推器，是建立政社分开、依法自治的现代社会组织体制的重要平台。第三方评估是社会组织评估的主要形式，是完善社会组织综合监管体系的关键环节和重要内容。2015 年民政部首次全面实施第三方评估、首次创新前置评估公示程序、首次全面突出党建工作、首次全面强化评估整改，这对加强政府监管和社会监督、推动社会组织有序发展意义重大。

Abstract

Annual Report on Social Organizations Evaluation in China is the cooperation working results from the School of International and Public Affairs, Institute for Philanthropy Development, Study Center for the Third Sector, Shanghai Jiao Tong University and the Ministry of Civil Affairs Administration of Social Organizations.

The report is based on data from the Ministry of Civil Affairs Administration, which includes the data on annual evaluation reports and rating level of national social organizations from the entire nation. Specific types of social organizations include national trade associations, national academic associations, national joint associations, national professional associations, foundations and private non-enterprise units.

The context of the report has five parts which combines main report and sub-reports, covers many case studies, brings up questions and suggestions, and attaches appendix and references at the end.

The general report analyses the national social organizations evaluation, which includes the work review, the results analysis, the contents analysis, the status summary and policy recommendations of social organizations evaluation.

Several sub-reports are covered in the report. Respectively reports to the national trade associations/chambers of commerce, national academic associations, national joint associations, national professional associations, foundations and private non-enterprise units have been carried on.

Case-study reports present five representative national social organizations with the brief introductions, which are Arowana Charity Foundation, Compassion Relief Tzu Chi Foundation, Chongqing University Education Development Foundation, Chinese Society of Aeronautics and Astronautics and China Education Association of Chemical Industry.

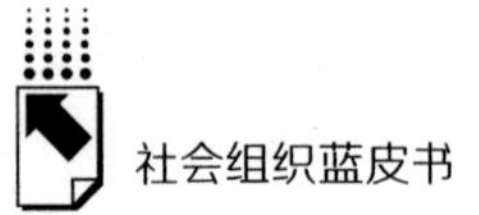

Finally, the suggestions of report provides several keys for improving the social organizations evaluation and their future development based on the finding of the problems existing in the social organizations evaluation.

Appendix provides the historical events of Chinese social organizations evaluation from January 2016to the end of 2016.

Contents

I General Reports

Abstract: The national social organizations evaluation has lasted for 10 years since 2007, in which year "Guiding Opinions on Promoting Non-Governmental Organizations Evaluation from Ministry of Civil Affairs" and "Implementation Measures on National Non-Governmental Organizations" were issued. The normative, scientific, authoritative, orderly and universality of evaluation are significantly improved. Especially since 2015, in which year "Guiding Opinions on Exploring and Establishing the Third-Party Evaluating Mechanism for Social Organizations" was issued by Ministry of Civil Affairs, the evaluation used an effective method for cooperation between government and social organizations. The evaluation has fully opened up a new era. First, the authoritative and orderly on evaluation are ensured by the leading of National Social Organizations Authority and Social Organizations Service Center in Ministry of Civil Affairs. Second, the normative and scientific on evaluation are promoted by the evaluation of third-party evaluating agencies which are public bidding and the participation of multi-field evaluating experts. On this basis, the correlation between evaluating results and organizational capabilities has been popularized in all sectors of society. At present, the main highlights of evaluation are the maturing method of third-party evaluation, the scientific and rational distribution of evaluating level, and differentiated evaluating level which can meet the social need of cognition and choice. But there are still some key issues such as unbalanced participating social organizations, and incomplete matching degree between evaluating results and government procurement of services. It is necessary to continue to summarize the evaluating experience, increase social mobilization, strengthen the standardization building of social organizations, and optimize the third-party evaluating system of cooperation between government and social organizations.

Keywords: National Social Organizations; Cooperation Between Government and Social Organizations; Evaluation Analysis; Experience Summary

Ⅱ Sub-Reports

Abstract: This report bases on the results of 2016 national trade associations/ chambers of commerce evaluation. On one hand, it describes the fundamental conditions, internal governance, working performance and social evaluation of units being assessed; on the other hand, it compares the last five years' results of different assessment levels. Besides, this report concludes the achievements and problems of associations being assessed as a whole.

Keywords: Evaluation; National Trade Associations/Chambers of Commerce; Fundamental Conditions; Internal Governance; Working Performance; Social Evaluation

Abstract: This report bases on the results of 2016 national academic, joint and professional associations evaluation. On one hand, it describes the fundamental conditions, internal governance, working performance and social evaluation of units being assessed; on the other hand, it compares the last five years' results of different kinds of associations. Besides, this report concludes the current situation of associations being assessed as a whole.

Keywords: Association Evaluation; Fundamental Conditions; Internal Governance; Working Performance; Social Evaluation

Abstract: Twenty-four foundations participate in the 2016 National-Level Social Organizations Evaluation. Among them five are awarded Grade 4A, 15 receive Grade 3A, while 3 get Grade 2A. According to the evaluation result, the foundations involved are basically doing well on most evaluation items under index sections of Basic Condition, Internal Governance and Social Judgment, while their governance structure, regulatory framework and staff team are generally outstanding. However, the foundations being assessed should upgrade on aspects such as party organization construction, donation amount, strategic plan making.

Keywords: Social Organizations Evaluation; Foundations; Governance Structure; Regulatory Framework

Abstract: Five non-enterprise units participate in the 2016 National-Level

Social Organizations Evaluation. Among them, one is awarded Grade 4A and the rest four get Grade 3A. According to the evaluation result, the non-enterprise units involved are basically doing well on a number of evaluation items, most prominently are their staff team, operation management, professional service and policy making advocacy. However, the non-enterprise units being assessed should upgrade on aspects such as scale of service provision and information disclosure.

Keywords: Social Organizations Evaluation; Non-enterprise Units; Social Service; Operation Management

Ⅲ Case Studies

Abstract: The contents of this case are mainly the basic situation, specific work practices, work achievements, challenges and countermeasures and suggestions of Arowana Charity Foundation. Arowana Charity Foundation has long been committed to disaster relief and relief, student work projects, rehabilitation projects, education incentives, helping disabled and public welfare donations, etc., opened up a new vision of public welfare, especially the development of benefit sea Kerry Project, creating a government-enterprise cooperation, centralized support, from blood transfusion to form a pattern of blood, achieved good results. In the future, the Foundation will focus on effectively addressing and resolving emerging and complex social issues and provide more specialized, personalized, diversified and systematic services.

Keywords: Arowana Charity Foundation; Student Aid Project; Arowana Cooking Class; Public Welfare Project

B. 7 Case Study of Compassion Relief Tzu Chi Foundation / 148

Abstract: The main content of this case is to introduce the basic situation, work characteristics and work experience of the Compassion Relief Tzu Chi Foundation, analyze the existing problems and put forward corresponding countermeasures and suggestions. Compassion Relief Tzu Chi Foundation has long been committed to carrying out social welfare, medical and health care and philanthropy projects such as education, humanities, focusing on caring and helping the disadvantaged groups in society. Its projects target the needs of the community, and have strong public service and innovation. In the future, Compassion Relief Tzu Chi Foundation will further optimize its internal governance and actively participate in various business training activities so as to make the charity work in a grass-roots community.

Keywords: Compassion Relief Tzu Chi Foundation; Charitable Projects; Core Spirit; Volunteer Spirit

B. 8 Case Study of Chongqing University Education Development Foundation / 153

Abstract: The main content of this case is the basic situation, work characteristics and experience, problems and suggestions of Chongqing University Education Foundation. The Foundation for Education of Chongqing University has long been committed to the school personnel training, scientific research, social services, cultural heritage and other fields continue to strive for excellence for the benefit of society, especially it has pioneered a road that has the characteristics of Western universities and created the slogan of "going proactively and going abroad." Successfully tapped the potential donation resources and achieved excellent results. The future, construction of characteristics disciplines, teaching incentives, international and overseas cooperation projects will be Chongqing University Education Foundation campus development projects important connotation.

Keywords: Chongqing University Education Foundation; University Foundation; Featured Fund-raising

Ⅳ Questions & Suggestions

Abstract: From the perspective of stakeholders, the assessment of social organizations involved in the Civil Affairs Department, the third party assessment agencies, social organizations, public and other stakeholders, due to differences in interests. There are inevitably many problems in the evaluation process, not only reflected in the system level, but also the main level, technical methods and society the assessment organization also need to be improved. In view of the problems existing in the assessment of social organizations, we should improve the operational mechanism of social organizations evaluation, strengthen the cultivation and supervision of the third party evaluation institutions, strengthen the incentive and restraint mechanism of social organizations evaluation, and innovate the evaluation index system and evaluation process of social organizations.

Keywords: Social Organizations; Social Organizations Evaluation; The Third Party Assessment Agencies

Abstract: It is necessary to improve the development of social organizations to promote the modernization of national governance system and governance capacity, to achieve the positive interaction of government governance, social regulation and residents' autonomy. At present, we should further strengthen the party building of social organizations, reform the registration management system of social organizations, improve the self-discipline mechanism of social organizations, and promote social organizations to actively undertake government procurement of public services.

Keywords: Social Organizations; Social Organization Development; Social Governance

Ⅴ Appendix

皮书起源

“皮书”起源于十七、十八世纪的英国，主要指官方或社会组织正式发表的重要文件或报告，多以“白皮书”命名。在中国，“皮书”这一概念被社会广泛接受，并被成功运作、发展成为一种全新的出版形态，则源于中国社会科学院社会科学文献出版社。

皮书定义

皮书是对中国与世界发展状况和热点问题进行年度监测，以专业的角度、专家的视野和实证研究方法，针对某一领域或区域现状与发展态势展开分析和预测，具备原创性、实证性、专业性、连续性、前沿性、时效性等特点的公开出版物，由一系列权威研究报告组成。

皮书作者

皮书系列的作者以中国社会科学院、著名高校、地方社会科学院的研究人员为主，多为国内一流研究机构的权威专家学者，他们的看法和观点代表了学界对中国与世界的现实和未来最高水平的解读与分析。

皮书荣誉

皮书系列已成为社会科学文献出版社的著名图书品牌和中国社会科学院的知名学术品牌。2016 年，皮书系列正式列入“十三五”国家重点出版规划项目；2012~2016 年，重点皮书列入中国社会科学院承担的国家哲学社会科学创新工程项目；2017 年，55 种院外皮书使用“中国社会科学院创新工程学术出版项目”标识。

中国皮书网

发布皮书研创资讯，传播皮书精彩内容
引领皮书出版潮流，打造皮书服务平台

栏目设置

关于皮书：何谓皮书、皮书分类、皮书大事记、皮书荣誉、皮书出版第一人、皮书编辑部

最新资讯：通知公告、新闻动态、媒体聚焦、网站专题、视频直播、下载专区

皮书研创：皮书规范、皮书选题、皮书出版、皮书研究、研创团队

皮书评奖评价：指标体系、皮书评价、皮书评奖

互动专区：皮书说、皮书智库、皮书微博、数据库微博

所获荣誉

2008 年、2011 年，中国皮书网均在全国新闻出版业网站荣誉评选中获得“最具商业价值网站”称号；

2012 年，获得“出版业网站百强”称号。

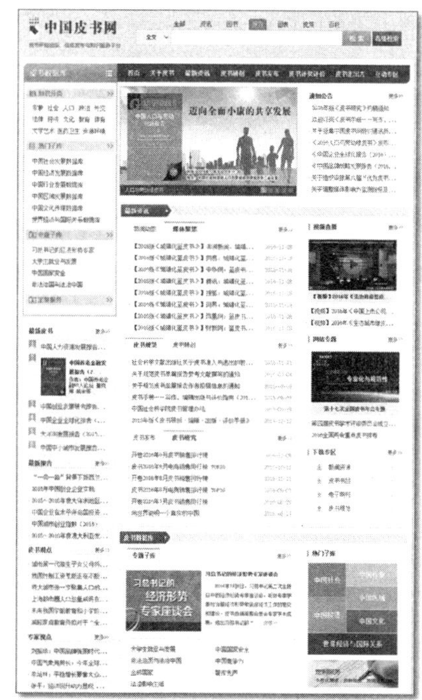

网库合一

2014 年，中国皮书网与皮书数据库端口合一，实现资源共享。更多详情请登录 www.pishu.cn。

S 子库介绍
Sub-Database Introduction

中国经济发展数据库

涵盖宏观经济、农业经济、工业经济、产业经济、财政金融、交通旅游、商业贸易、劳动经济、企业经济、房地产经济、城市经济、区域经济等领域，为用户实时了解经济运行态势、 把握经济发展规律、 洞察经济形势、 做出经济决策提供参考和依据。

中国社会发展数据库

全面整合国内外有关中国社会发展的统计数据、 深度分析报告、 专家解读和热点资讯构建而成的专业学术数据库。涉及宗教、社会、人口、政治、外交、法律、文化、教育、体育、文学艺术、医药卫生、资源环境等多个领域。

中国行业发展数据库

以中国国民经济行业分类为依据，跟踪分析国民经济各行业市场运行状况和政策导向，提供行业发展最前沿的资讯，为用户投资、从业及各种经济决策提供理论基础和实践指导。内容涵盖农业，能源与矿产业，交通运输业，制造业，金融业，房地产业，租赁和商务服务业，科学研究，环境和公共设施管理，居民服务业，教育，卫生和社会保障，文化、体育和娱乐业等 100 余个行业。

中国区域发展数据库

对特定区域内的经济、社会、文化、法治、资源环境等领域的现状与发展情况进行分析和预测。涵盖中部、西部、东北、西北等地区，长三角、珠三角、黄三角、京津冀、环渤海、合肥经济圈、长株潭城市群、关中—天水经济区、海峡经济区等区域经济体和城市圈，北京、上海、浙江、河南、陕西等 34 个省份及中国台湾地区 。

中国文化传媒数据库

包括文化事业、文化产业、宗教、群众文化、图书馆事业、博物馆事业、档案事业、语言文字、文学、历史地理、新闻传播、广播电视、出版事业、艺术、电影、娱乐等多个子库。

世界经济与国际关系数据库

以皮书系列中涉及世界经济与国际关系的研究成果为基础，全面整合国内外有关世界经济与国际关系的统计数据、深度分析报告、专家解读和热点资讯构建而成的专业学术数据库。包括世界经济、国际政治、世界文化与科技、全球性问题、国际组织与国际法、区域研究等多个子库。

法 律 声 明